詳細　政事要略索引

阿部　猛　編

同　成　社

目　次

凡　例
第Ⅰ編　事項別索引——1
1　官　　職……3
2　位　　階……68
3　人　　名……75
4　典籍・法令……101
5　国名・地名……136
6　寺　　社……149

第Ⅱ編　一般項目索引——153
あ　　行……155
か　　行……164
さ　　行……205
た　　行……255
な　　行……281
は　　行……285
ま　　行……308
や　　行……312
ら　　行……316
わ　　行……325

あとがき——327

凡　例

1　この索引は新訂増補国史大系本『政事要略』(吉川弘文館刊)の総索引である。
2　この索引は、第Ⅰ編・事項別索引、第Ⅱ編・一般項目索引より成る。
3　第Ⅰ編は、①官職、②位階、③人名、④典籍・法令、⑤国名・地名、⑥寺社に類別した。
4　第Ⅰ編については、各語句は、ほぼ音訓《よ》みにしたがい五十音順に配列したが、③位階については上位から下位に、順に配列した。③人名は名によって配列し、氏はカッコ内に記した。
5　①官職・②位階については、その官位についた人名も掲げた。
6　①官職の中の配列では役所、役職（上位から下位）の順とし、④典籍・法令では一部について年月日順とした。
7　第Ⅱ編・一般項目については、各語句の第一字めの音により五十音順に配列した。但し、第一字めが同音異字の場合は第一字めの部首の画数順にほぼ従った。また第一字めが同字の場合は、第二字め以降の音の五十音順に配列するのを原則とした。
8　各語句の所載ページ・行の示し方は、たとえば第80ページ5行めの場合は、80－5 と示した。
9　本書では底本で使用されている旧字・俗字・略字・異体字などをおおむね常用漢字に訂正したが、一部はそのままとした。

第Ⅰ編　事項別索引

1 官　職

あ

阿衡　223－1･2，232－8，233－13･16，234－1･3･6･11･12･14～16，235－1･6～9･11･15･16，236－1～5･11･12，237－8～11，238－5･6･9･10，239－2･6･9･13･15･16，240－2～7･9･14･15，241－4･9～11，242－3･4･6･11～13･16，243－10～13
阿波国司
　紀延年　328－5
――守
　善道真貞　8－16
――権守
　源兼則　3－6
亜将（近衛少将）　38－7，40－16
安藝国司
　橘惟風　381－14
　高階惟明　381－14
――守
　葛井清明　437－12･14
　高階惟明　437－12
安房国司
　笠辨　339－16
――守
　菅野清高　610－4
案主　227－1･2
案主（検非違使）　517－6･12
――長（検非違使）　518－1，529－8
按察使（あぜち）　287－16，288－1
　源雅信　248－2
　源多　295－9，304－12，430－3，452－8
　源能有　256－9，266－11，279－8，301－11，690－5
　在原行平　373－9
　藤原基経　175－15，459－6，467－14，470－4，480－10
　藤原師尹　274－12
　藤原師輔　667－7
　藤原実頼　376－4，397－6
　藤原緒継　288－12
　藤原仲平　49－9，172－2･4･5･8，495－14
　藤原冬嗣　286－2，330－8，331－6，338－16，345－9，410－4，458－6，492－4，509－3，512－1，660－10，662－10，663－15
按摩師（典薬寮）　698－5
――生（典薬寮）　698－6･11，700－2･11，701－4･7
――博士（典薬寮）　698－6･10

い

伊尹（阿衡）　234－1～3･16，235－7･8･10･12･14，237－2･6～10，239－7～10，240

−6·7，243−16
伊賀国司
　源昭　336−14，439−12
伊勢国司　498−7
　在原一貫　326−2
　小野葛根　341−13
——守　507−11
　橘惟風　496−11，498−10
——少目
　河内良兼　496−12，498−11
——権少目
　尾張忠連　496−13，498−12
——御幣使　130−6
——斎王　72−2
　井上王　71−3
——斎宮　70−12，71−9，121−11
伊豆国司
　永原興影　438−15
伊予国司　498−7
——守
　佐伯公行　602−2·4·6，604−14，605−3
　藤原斉敏　130−7
——権守
　源重光　594−5
——介
　大江朝綱　387−8，471−9
威儀師　400−4·5·16，401−1，596−15
闈司（後宮）　63−15，69−11，75−6，100−11～14，102−7，121−16，122−1·3，132−3·9，147−13，148−4，149−5，188−14，203−5，216−12，218−12·13，219−4·5
医師（典薬寮）　698−4·9，700−4·13，701−3，706−5·6
医師（諸国）　164−5，181−2·3，259−2·3·7·8，264−9·12，289−13，453−10，461−7·9·12·15，462−6·8，585−11，600−11（→権医師）
医師（大宰府）　287−2，457−9
医師（陸奥出羽鎮守府）　480−16
医生（典薬寮）　698−1·4·11·14，699−7·11·14，700−2·9～11·15，701−1·2·7，706−7，709−3，713−9
医針博士　706−12
——生　700−9·10，706−12，709−3
医博士（典薬寮）　99−1，698−4·9，701−9·10，706−10·12
壱岐守　507−11
——島司　424−16
允（じょう・寮の三等官）　555−7
隠岐国司　577−7
　吉備忠常　450−6，507−1
——守　577−7·9
——掾　577−7·9
　良宗　450−7
陰陽寮（おんようりょう，おんみょうりょう）　87−13，99−7·16，100−2·4·5·8·9·12，102−7，173−1，188−6·8，200−13，216−13，217−2·4·5·7，218−15，219−7，

220－13，574－7，697－1・2・3・9，698－1
——頭　99－7，697－3
弓削是雄　712－9
——助　218－11，697－4
笠名高　106－4
——允　697－4
——大属　697－4
——少属　697－4
——属　218－13
——博士　697－5
——権博士　106－4
——師　181－3，217－11，219－7・8，287－2，457－9，480－16，601－16，602－12・14，697－4，711－16
——生　697－5・9
——寮諸生　698－1
——寮守辰丁　697－7
——寮使部　697－8

え・お

衛士　71－8，276－3・11，277－9，418－3，445－4，451－6・8・9，453－8，454－9，458－4・9・10，485－14，518－3～5，621－2，654－3
——府　88－8
衛大夫（中国）
王孫賈　581－5
衛府　4－7，131－14，132－5・10，141－16，170－5，219－1，220－3・8・10，229－2，333－6，519－10，522－6・14，545－7，564－6・8，572－10，588－11，599－5・8，619－10，631－14
——督　564－6・8
——佐　564－6・8
——判官　164－11
衛門府　558－12，580－3（→門部）
——佐　41－9
潁川大守
黄覇　19－10
潁陽侯
灌嬰　235－16
易博士　99－1
駅長　418－4，453－8
駅子　412－5，418－4，453－10
駅丁　410－9
駅使　575－11
疫死使　412－12，413－7
越後国司
清原樹蔭　515－14
——守
源為文　602－16
越前国司　507－11
葛井清明　403－12
中臣利世　326－5
藤原遠成　326－16，515－11
越中国司
葛井清明　325－15，327－13，352－1
——守
藤原弘雅　465－1

遠江国司
　巨勢共頼　325－12
――権掾
　勝諸明　3－4
園池司（宮内省）　620－2
黄門　20－8

か

下野国司
　藤原方尚　341－3，389－2
――権少掾
　菅原道真　2－2
夏官（周代）　238－11
価長（市司）　418－4，453－11
加賀守
　源中明　388－10
――権守
　菅原道真　2－4
賀夜郡大領
　賀陽豊仲　610－2
賀茂(祭)使　165－3·7·10·12·13，166－1·5·7·9，167－3·7～11·13～16，168－4～8·13～15，169－1·2·4·7·10·16，170－4，171－3，552－13·14·16
家司（けいし）　662－4
河内国司
　源衆望　439－3
――守　460－2
　惟宗直本　6－12
　笠年嗣　477－4
――介
　伊勢永副　477－2
河南大守丞
　黄覇　19－9
火長（検非違使）　517－4～6·8·10·11，518－3·5
火頭　518－4·5
歌女（雅楽寮）　124－11，126－2
歌舞生（雅楽寮）　418－2
荷前使　97－6，164－3，172－12～16，173－1·4，189－2～6
雅楽寮　6－3·10，24－5，30－4·16，32－7，126－2·11，151－4，448－4，574－7，582－12
――助
　春海貞吉　714－2
――寮諸生（歌舞琴鼓吹生）　418－2
外記局（庁）　27－8，37－15·16，39－15·16，41－11，53－16，142－13，225－15，227－1·7，231－8
外記　14－3，17－16，23－8·9，24－6，27－6·9～13，28－15，29－4·7·11，30－1·3·14·15，31－2，37－1·4·13·15·16，38－1·5·7·11，39－2·8·12·16，40－4·6·7·12·15，41－2·6·7·10·12～14，44－16，49－16，51－14，52－1～3，53－2·15·16，54－1～3·9·10，63－8，68－12，69－13，74－13·14·16，75－3·7，89－9·13，93－6，101－14，102－1，125－12·13，126－6，131－8·12，132－1，133－4，134－4·5，135－13，141

－3，143－1，149－2，150－5，151－5〜7・10，154－8，156－5，163－7，164－10，170－12，171－7，172－2〜4・15，173－2，188－3・5，200－2・9，201－5・13，202－6，203－1・11・12，205－13，206－5・6・11，216－8，219－15，224－5，225－4〜6・14・15，226－13〜16，227－3・6・7，230－6，231－1・8，240－10，247－8，375－14，519－6，554－5・13，575－13，586－12，587－8

　安倍有春　41－12

　伊福部安近　204－7・8・11

　春道有方　67－12，205－14

　十市有象　226－5・9

　善淵愛成　206－15

外辨（げべん）　135－3，141－3，148－13，149－1・2，172－9〜11，588－15

外命婦　579－7，589－1〜4，594－2

学生　4－4，8－13，10－4，61－1，373－1（僧）・2，417－11（国学），418－4，428－3，453－10（国学），582－8，697－9（陰陽寮），698－12，699－9，700－3・7（以上典薬寮），711－7，715－16，716－1，719－9・13・14，720－1・8・10・11

諫議大夫

　王珪進　533－15

官掌（太政官）　29－1，30－1，31－3，39－12，49－16，53－16，75－7，124－14，125－13・14，126－6・14・15，132－2，149－2，155－1，200－2，201－13，203－12，206－15（→左官掌・右官掌）

官厨家　131－2

官長　253－2・3，256－9，262－9・10，263－11，327－6，330－10，414－2，459－9・12・13，460－5，467－10，469－16，492－14・15，493－13・14，494－13，516－6，654－3，656－15

看督（検非違使）　330－14，518－1，542－11，611－6・9・11，612－1，613－7

——使（検非違使）　517－4・5，528－13，548－5，556－7，562－14，563－11，621－1

　津守忠連　620－16

——長（検非違使）　47－12，517－4・6・10，527－4，529－11・16，530－1・3・4・7・8・11・15，531－1，632－8，662－13，671－1

監牧（官牧）　288－5・6，365－5・11・13・15

関白　87－9，238－5，241－10，242－5，602－6

勘解由使　24－5，156－11，161－10，182－5・9・11・14・16，183－10，274－5，302－11・13，303－4，325－10，326－11，336－11，338－10，339－11，341－7，345－16，348－9，349－5・6・9・13，

351－4·7，353－7，359－1·2·5·9，360－15，366－4，367－4，381－12，386－10，387－10，402－5，438－11，441－12，450－4·7，468－10，470－10·15·16，471－2，474－1·3，475－9·13，506－15，510－8，515－6
———長官
　菅原道真　2－8·9
　橘澄清　494－8
　藤原忠輔　551－4
———次官
　惟宗公方　565－7
　惟宗直宗　243－5
　惟宗直本　586－5
　令宗允正　604－10
観察使　461－3，489－11，612－12，613－2
　藤原園人（山陽道）　411－2
　藤原葛野麻呂（東山道）　513－11
　藤原広嗣　6－5
　藤原緒継（東海道）　288－12
観天文生　697－12

き

紀伊国司　59－16
紀伝博士　161－1·2
　藤原佐世　243－11
畿内校班田使　412－10，413－6
——————長官　412－10·11
——————次官　412－10·11
——————判官　412－10·11
——————主典　412－10·11
——————筭師　412－10·11
——————史生　412－10·11
忌部（神祇官）　71－2·5·9·12，72－1·4·8，75－10·11·13，76－3·4，124－13，649－11
記事（按察使）　287－16，288－2
亀卜長上（神祇官）　123－16
擬侍従　172－14～16
擬文章生　629－11
議郎
　劉昆　19－11
　孔光　20－4
吉上（衛士の長）　37－8
宮主（神祇官）　58－1，71－9，123－15·16，165－10·12·13，167－8·9，168－2·4，217－13
宮内省　16－12，24－5，57－10，59－15·16，87－16，116－2，117－8，118－16，119－5·6·9～11·13·15·16，120－8·9·11，121－16，122－1，124－7·15，125－5·7·8·12，126－15，127－5，131－7，133－1，187－4，210－5·6，339－3·8，366－2·3，448－9·11，572－13，611－12，700－6·10·13～15，701－11，706－5·12
——卿　118－16，700－2
　源道方　605－6
　三善清行　543－7
　十世王　714－8
——輔　122－1，131－7，132－1·6·14，210－6，700－2·7

——少輔　119－5
——丞　87－16，120－8，124－14，126－13，700－7
——録　87－16
——史生　87－16，120－8
拒捍使　292－13
御炬（おんたいまつ，斎宮寮）　71－10
御史　534－6
御史大夫（中国）　528－5・6
　蕭瑀　580－2
　杜淹除　580－15
——延尉　552－7
御酒勅使　69－6，137－13・15・16，138－8，139－14，150－5・6
御書所　176－12
御膳所　133－2
御厨子所　90－9，91－3，166－2，168－7，169－9
京職　295－11，300－14，392－16，426－4・5・11，433－4，514－15，522－6，590－7・11，610－7・11・16，611－1，619－2，620－13，631－15，632－1，634－15，635－5，663－1・10
——主典　72－13，73－2・9
京兆尹
　黄覇　19－6・9・10
近衛　37－4，100－11，132－2・9，148－15・16，149－5，150－5，218－12，222－11，249－15，544－13，545－6，562－1，578－7・8，580－3，611－9・11
近衛府　9－16，38－6・8・13，39－2，40－9，41－1，44－14，52－9・11・16，79－3，81－15，82－4，98－10，102－4・7，178－7，179－6，180－7，204－11，222－3・5・6，231－6，249－15，305－6，552－1，580－3
　春野広郷　548－1
　大私伊勢継　548－1
——将　37－15，39－5，53－3，54－9，70－3，102－4・5・7，141－15，152－4，207－5，220－8
——大将　38－7，43－11，81－12・13，102－3，136－2・3・4，138－7～9，139－2～4・7～13・16
——次将　10－3，14－16，40－13～16，43－11・16，44－1，52－3，53－8・10，64－6・16，69－4，82－4，91－2，160－13，177－11，555－16
——中将　40－5，42－10・11，65－11，81－14，90－7・8，91－2，135－14，148－15・16，149－3，161－5，176－16，177－1・2・12・13，222－7，580－3
——少将　40－5，65－11，69－2，80－6，81－11・14，90－7・8，91－2，148－16，149－3，161－5，176－16，177－1・2・13，178－7，222－7，517－3・5，580－3，588－12

滋野貞道　548－2，562－15，563－11
藤原実頼　91－8
——亜将　38－7，40－16，54－3，132－11，179－3
——将監　80－11，231－5・6・8，232－3
——将曹　139－3，222－7
播磨文仲　139－3
——府生
凡常茂　139－3・4
——舎人　205－13
近江国司　59－16，278－16，291－13
——守
菅原道真　2－9
源公忠　169－11
源当時　640－4
清原夏野　365－10
——介
藤原春景　469－16
藤原有蔭　711－16
——大掾
御春望晴　545－4
琴師　125－14，126－10・11
琴生　418－2

く

軍毅（→大毅・小毅）　17－13，288－12・16，289－2・8・12，335－14・15，336－3，418－3
軍士　418－3
軍団　288－11，289－2，333－7，354－11，444－10，445－3
雑太団（佐渡国）　289－12
郡擬領（上野国吾妻郡）
上毛野坂本直道　670－10
郡功曹（後漢）
鮑永　19－12
郡司　17－13，48－7，72－14，73－3・10，100－1，120－2，156－16，252－10，258－15・16，259－1・15，260－6・9・11・13，261－4・6・8・11・14，263－8・15・16，264－1，267－2・6，268－10・12・13，269－13，270－14，271－16，272－3，277－14，278－7，279－3，280－2，282－16，283－1，284－16，286－8，288－13，289－10，299－10・14・15，301－5・6，302－14，303－11，315－2，316－12・13，317－1・2・5，326－14，327－1，329－9・11，336－15・16，340－12，344－4・5，345－4，347－3・8・11～14・16，348－6・7，350－14，351－10・11・14・15，352－3，354－9，355－7・15・16，361－1，402－3・9・12，410－12・16，413－11・14，414－1・3～5，416－1，424－7，439－15，445－1・15，446－15，448－4，451－11，465－5，467－3・11，470－1，479－14・16，480－14，492－5・13，493－2・12・16，494－13，495－1・2，509－4，510－12，512－3・12，513－12・14，516－4・7，

573－15，585－11・12，610－11，612－10，615－5，674－1・2，687－8
　交野郡司（河内国）　293－9
　朝来郡司（但馬国・全見挙章）　684－2・4
　丹比郡司（河内国）　293－9
郡領　153－14，154－1，261－9，347－12・13，423－12（→大領・少領）

け

荊州刺史（後漢）
　胡威の父　20－1
　楊震　19－16
刑部省　16－12，22－13，77－10，88－5，89－1・8・9・10・13・14・16，247－1，260－9・10，273－5・7，274－1・3・4，355－15，469－9・15，470－11・15・16，471－11，472－10，473－10，511－4，519－4・5，522－6，533－8・10，551－12，598－14，615－4，616－4，631－3・4・12・14・16，632－1・2・5・6・9・11，633－2・6・8，635－3・8，637－2・6・11，660－5・6・10～14，661－1・2・4・5，662－9・10，663－3・6・7，664－14～16，665－1・2・7・8・12・13，667－7，670－6～9・12・15，671－9・10，684－9，689－1
――卿　533－8
　藤原兼輔　81－5
――輔　553－8
――大輔
　春澄善縄　60－11
――少輔　88－6・7
――丞　533－9
――録　533－9
――大判事（→大判事）
――判事（→判事）
卿（八省長官）　23－15，24－12，60－6，92－5，105－3，168－13，169－4・12，180－4・6，211－9，539－12，551－7，589－4，591－16，717－9・12・15，719－8
恵様郡守（唐）
　銭玄智　47－6
計帳使　328－13，329－5，409－5・16，410－2・9
権医師（諸国）　461－15（→医師）
権少外記（→少外記）
　安倍衆與　227－5
　春道有方　84－7
　文武並　86－9
権講師（諸国）　377－4
権左中辨
　菅原輔正　595－8
　大枝音人　105－8
　藤原説孝　369－15
権僧正（→僧正）
　遍照　48－3，373－1
権少僧都　179－14
権大納言（→大納言）
　菅原道真　2－10
　藤原師尹　274－12
権中納言
　源伊陟　161－8，370－5
　源兼明　68－3・8

源重信　248－4
　源庶明　85－13
　源清蔭　204－5
　藤原兼通　248－6
　藤原恒佐　49－15
　藤原敦忠　138－15
　藤原隆家　585－10
　藤原良房　371－10，394－13
権右少辨
　藤原克忠　86－7，87－6
権右中辨
　菅原輔正　440－13
　源公忠　81－15
　源道方　183－7
　藤原光忠　51－12
権律師
　雲晴　180－1
傔従　414－6
傔仗（大宰府）　480－16
傔人　412－10
健児　282－2，284－1，285－1，440－4・5，448－14
遣太宰安楽寺廟使
　菅原為理　5－15
遣唐大使
　菅原道真　2－8，257－8，404－12，407－8，514－4
検疫死使　491－5
検官舎破損使　351－6
検交替使　302－14，496－2
検賑給使　491－5
検税使　413－6
検損使　412－12，485－3，491－5
——田使　413－7，496－2
検池溝使　413－7
検不堪佃田使　491－5，496－2
検非違使庁　47－11，292－14，526－7・13，527－6・11，528－1・6，529－8，543－12，553－8，637－5，665－2，689－8
検非違使　278－14，280－6，292－10，302－9，330－14，377－4，515－3，517－1・3～5，518－1・7，519－9・10，521－6，522－12・14，526－8・13，527－4，528－6・11，531－8・11・12，532－1・7・11～13・15，533－5・9・10，537－9・13，539－2・4，542－10・11，543－14，546－11，548－16，549－10，550－7・10，551－3，552－11，554－8，555－10，556－7，561－14，563－6，575－2，589－9，590－2・3・10，593－2，594－9，595－13・14，596－2・7，598－2，604－15，611－4，612－1，613－8，620－9・10，621－1・3，632－6・8，637－2・13，638－9・13，639－1・2・7，660－9・11，662－11・12・14，664－13・16，665－1・6・8，671－1，688－13・14・15，689－5・7・10・16，691－7
　橘最茂　140－6
————別当　47－12，519－11，520－16，521－1～3，522－16，531－6，533－10，662－3，689－1

源光　526－14，527－15，528－14，529－1，532－4，688－15
源高明　529－8
源重光　594－5
源当時　528－8，636－7，640－4
藤原顕光　530－11
藤原顕忠　140－6，527－13，529－3・16，530－7
藤原恒佐　683－11，688－14
藤原公任　632－11・12
藤原斎信　530－15，561－9
藤原時平　517－1，526－11
藤原実頼　544－3
藤原朝成　530－3
藤原朝忠　520－12，529－11
良峯安世　356－14
————佐　517－6・11・12，520－16，521－1～3，527－5，528－11～13，530－1・9・11・15・16，531－3，533－2，561－9
————権佐
藤原清澄　633－2
————尉　517－6・11・12，528－11～13・15，530－11・15，533－2，633－2
————志　517－6・11・12，528－8・15
————少志
秋篠綾雄　633－5・8
大春日亮庭　633－10
玄蕃寮　92－10，370－9，374－1，375－13・15・16，381－11，383－2・11，384－1・11～15，385－2・3，391－6，399－13・16，400－6・12，401－5・7・8・11・14・16，402－1～3，415－12，430－13，456－6，488－5，596－14
——頭　400－7
橘宗臣　140－4
——助
菅原道真　2－3
——允　400－7
——属　400－8

こ

戸坐　71－10
鼓吹生　418－2
五衛　229－1，572－12・14
五師　401－16
甲斐国司　51－6，370－1
藤原滋根　367－13
藤原望紅（紀か）　351－13，388－7
——介　287－9
——掾　287－9
貢上雑物使（陸奥出羽両国）　412－3・4
貢調使　253－14，263－5，405－8・9，408－3・7，409－14，415－3～5，427－7，481－7，670－6
貢調庸使　253－10，255－14，257－1，263－1，268－11，272－1・8・12，409－4

貢鷹使　412－6
交易使　437－13
交替使　413－6
講師（僧）　6－3，48－9，93－5·6，363－2，368－4·5·7·8·10·11·13·15，369－3～5·8，370－9·11·12，371－1～3·5·9·11·13·14，372－3·4·6·8～10·13·16，373－5·7·11·13，374－1·3·6～8·11～14，375－7·12～14，376－3·9～11·14，377－4·8，379－7·9·13～16，383－9，384－2·4·6·7，385－1·9，387－2·14，388－2·4·13·14·16，389－4，391－4·5·8·9，392－4·6～8·13，393－3～9，394－16，395－2·4·8·10·12～14
　光豊　382－11
　正意　477－14
　平世　370－2
講師（俗）　69－7
　藤原公統　65－12～14
　藤原博文　65－11～14
綱維　368－9，398－10
綱所　370－9，375－12～14·16，376－3·10·13～15，379－8，395－14，397－2，401－15（→僧綱）
綱丁　267－9，269－5，272－10，279－3，301－6，427－9
綱領　257－5，259－4，263－16，267－2·6·8，269－13，410－12·16，412－5，471－11·12
後輿長　71－7
皇太后宮権大夫
　源時中　160－5
皇太子傅
　源兼明　247－16
　源能有　256－9，266－11，279－8，301－11，690－5
　藤原三守　512－14
　藤原道綱　602－3
弘豊太守
　劉昆　19－11
江陵令
　劉昆　19－11
光禄大夫
　孔光　20－4·5
郷長　418－4，512－12
国学博士　453－10
国宰　48－8，51－9，107－15，160－6·14，161－3·7，186－9，259－12，261－8，262－2，269－13，274－7，275－6，276－2，277－14，278－8，279－6，280－4，292－2·4，294－12，301－9，331－8，347－5，357－3，376－11·13，377－1·10，432－10，436－9，437－14，449－12·16，462－7，485－3，490－4，495－6，496－15，498－6，516－11
国司　13－1·7·16，25－16，36－3，49－7，50－9，51－6·10，60－1，72－

12・15，73－4・7・11，82－7，
119－10・14，121－3，127－
13，130－10，139－6，148
－8，154－1・6，158－12，
159－3・12・15，160－7・13，
161－4，184－4，186－5・6，
195－10，251－6・10，252－
15，253－8・12，254－5・16，
255－2・3・5・8・11・12，256
－1・2・4・6・13・16，257－6・
14，258－15・16，259－7・8・
15，260－9・12・13，261－
6～9，262－6・15，263－3・
15・16，264－1・2・5・11，265
－1，268－3，270－12～14，
271－6，272－8，273－10，
274－4，275－4・11・12，278
－3・16，279－4・6・11，280
－3，282－4・16，284－4・16，
285－3，287－6，288－6，
289－1・9・13，291－13，292
－13，294－7・11，297－8，
299－6・9・10・16，301－7・9・
14，302－4・14，303－3・7・
10・11，305－3・7，306－4・
16，311－13，317－10，318
－4，326－3・14，329－9，
330－1，334－1，335－
12～15，336－1・3，337－11・
14，338－4・5，340－13，
343－7・16，344－5・9・15，
345－1・5，346－1・16，347
－4・6・16，348－1・3・6・10，
349－1・3・8，350－14，353
－2・6・10，354－9，355－7・
15・16，356－7・10，357－2・
8，358－4・12，359－4，361
－11，364－11，365－5・12・
13，366－11，367－14，368
－9・15，369－10，370－1，
375－3，376－8，377－6，
378－7・12，379－11，380－
6・12，381－7・8，385－1，
386－3・7，387－2，391－5・
8，392－2～4・13，393－1・
3・5・6，397－12，398－5，
399－2，402－4，404－15，
405－15，406－11・16，409
－3～5，410－12・16，412－
1・4・11，413－4・11・14，414
－1・4・5・7，424－7，425－
1，427－5，429－12・14，
433－13，434－11，435－12，
436－7・11，440－7，445－
1・4・8・12・13，446－15，447
－2・10，448－4・10，449－
10，457－8・12・13，458－2・
10，459－2・3・9，460－1・5・
13～15，461－2・4・5・9，462
－5～7・12～14，467－1～3・
5・6・9～11，468－10・11，
469－3・10・14・15，470－2・
6，472－11，475－2，476－
3・7，478－15，479－14，
483－7・11・12，484－4・5・
10・14，485－2・6・8，489－
15，490－3，491－14・15，
492－2・6・13・14，493－6・8・
9・11・12，494－10・13，495
－2，496－8・11，498－2・7・
10・14，500－1・6，502－1，
503－7，504－13，505－4，
506－4，507－10・13，508－
12・16，509－5，511－4・5・

8，512－3，513－14，516－7，519－2，572－5，585－11･12，590－6･7･10･11，615－5，624－1･3，627－1，687－8
国守　287－3･13，457－10，459－16，461－12，507－10，575－15，654－2，656－15
国介　287－3･8･10･13･14，330－1，457－10，459－15，461－12，507－10，555－7，575－15
国掾　121－7，287－3･8･12･14，328－14，343－7，457－10，507－10，555－7
国目　18－11，72－14･16，73－3･10，251－8，287－4，356－1，409－4･12，457－10，500－3，564－5
国史生　164－5，181－2･3，251－10，253－8･12，254－5･16，257－14，259－2･4･6～8，262－15，263－3，264－2･5･11･12･13，265－1，272－10，287－4，410－12，445－14，457－11，459－10･14，460－6･7，461－7･8･11，462－8，467－9･10，469－15･16，507－13，575－15，585－11･12
国子祭酒（中国）（陳・唐）
　孔穎達　106－1
　徐孝芫　47－10
国使　191－1，254－12，265－8，271－1，280－2
国師　368－6･7，369－2･4･5，372－3，374－5･6，379－8･9･13～16，380－1，398－5
国造　118－6，282－4･16，283－1，284－3，285－3，298－5，313－6，316－10，421－6，440－6
国老　601－4
穀倉院　95－16，117－4，166－6，291－12･14～16，292－4･11，429－15･16，430－1･2，433－4，480－13，481－4･9･15，711－16，720－9
―――交易使
　伴世継　711－16

さ

左衛士　71－8
左衛門府　31－15，37－2，39－13，41－3･5･10･12，42－15･16，43－4，44－7，169－16，171－8，202－6，284－9，293－1，517－6，522－14，527－14，528－1，532－6，551－12，666－12･13，667－2
―――督（→左金吾）
　橘公頼　82－3
　源延光　248－7
　源光　526－14，527－15，528－14，532－4，688－15
　源高明　140－10
　源重光　594－5

藤原顕忠　527－13
藤原恒佐　180－11
藤原公任　284－9
藤原師尹　219－11
藤原師氏　80－6
藤原師輔　42－15, 137－9・11, 138－1・9・11
藤原実頼　44－7, 544－3
藤原仲平　91－9
藤原保忠　135－2・3・4
文室綿麻呂　289－1
―――佐　37－14・15
惟宗允亮の祖父　546－10
藤原有正　134－3, 168－9
―――権佐
惟宗公方　465－2
源実　529－2
源俊　667－9
源唱　532－3
小野春風　542－11
大江澄景　621－10
藤原克忠　86－8
平伊宗　640－3
平随時　529－7
令宗允亮　12－3, 531－5, 616－14, 622－16
―――尉
源俊　168－9
藤原邦保　520－15
―――大尉
紀奉常　547－16
常世基宗　640－2
―――少尉
橘在公　531－10
善友益友　3－8
当世基宗　528－10
伴高成　637－1
―――権少尉
源仲正　640－1
―――大志
惟宗公方　546－3
紀春宗　542－5
穴太時道　544－11
伴高成　639－16
―――少志
桜井貞世　243－3
讃岐時人　637－9
笛有忠　529－10
美努理明　532－9
―――府生　556－6
国恒世　639－14
西忠宗　527－5
竹田種理　293－1
左官掌（太政官）　17－7・8（→官掌）
左看督長　529－11・16
左京職　72－13, 73－2・9, 217－6, 292－13, 295－15, 296－11, 300－16, 302－7・9, 303－8・9・11・13・14, 330－7, 480－13, 514－8・11, 12, 515－1～3, 597－11, 605－2, 611－16, 612－8, 661－10・11, 662－2, 663－7・11
左金吾（大将軍）（→左衛門督）
藤原定方　142－12, 143－6
左近衛　9－5, 38－12・14, 40－10・11, 42－4, 43－13, 44－3, 52－10, 53－1, 54－7・9, 68－10, 133－8, 139－4, 141－7, 179－6, 180－11, 204－9・11,

222－6·10·11，238－14，544－16，545－2，556－7，611－6，714－5

左近衛府　38－1·5，39－12，40－1·6，41－4·10·15，52－1·2·10，53－2·15，54－3，63－13，64－11，79－13，82－4，131－16，133－2，134－10·11·14，135－1，141－7，179－6，202－5，222－11，418－3，428－2，526－6，551－12，597－11

———大将

源多　295－9，304－12，373－12，430－3，452－8

源能有　256－8，266－11，279－8，301－11，690－5

清原夏野　382－15，502－11，662－14

藤原基経　458－14，459－6，467－13，470－4，480－10

藤原氏宗　598－6

藤原時平　383－7，411－12

藤原仲平　136－7

藤原忠平　306－9，308－4，317－7

藤原冬嗣　286－1，330－8，331－5，338－16，410－4，458－6，492－4，509－3，511－16，620－3，660－9，662－10，663－15

藤原頼忠　248－1

———次将　15－2，43－14，53－9，64－5，222－10，571－1

———中将　39－2，41－9，42－13，43－15，160－11

橘公頼　81－5

橘敦忠　138－7～9，204－5

源英明　42－3

源延光　80－9

源重光　79－12·15

清原夏野　365－10

藤原為光　248－13

藤原基経　6－1，455－9

藤原師氏　169－14

———権中将

藤原兼輔　65－15，81－5

———少将　15－3，39－2，43－15，160－11，164－11，526－6

源兼材　67－15，68－5，578－8

源静　168－9

在原弘景　528－16

藤原師尹　68－16

藤原師扶　81－10·11，134－14

藤原師氏　168－15

藤原実頼　546－2

藤原成房　578－6·7

藤原朝成　50－16

平伊望　49－16

———権少将

藤原敦敏　226－8

———亜将　54－2，132－3·9·11

———将　38－12，40－11，42－9，80－10

———将監　38－8，42－4，43－12，52－4･5，64－6，134－14
三宅冬貞　79－7
藤原信輔　621－9
藤原朝正　168－10
———将曹　100－11，148－15，149－4
上毛野時見　168－7
尾張遠岑　135－1
———番長　38－8，39－5，52－5，551－13
左近看督
壬生広古　545－13
左検非違使庁　526－15，527－5･15，528－1
左検非違使　302－7，529－1，542－1，597－12，632－5
————府生　632－5
国恒世　632－7
左宰相（→宰相）
藤原兼輔　136－5
左史　575－13，586－12，587－8
左史生（太政官）　17－5，30－1，125－13･14，129－2
左使部（太政官）　17－9
佐職　12－13，252－7，258－5･14，260－3，268－7，271－13，494－13，585－15
左執法（御史）　528－5
左将　42－9
左相公
藤原忠平　180－11
左丞相
藤原時平　4－3，96－11
藤原道長　196－3
左少史（太政官）　17－3
安倍茂忠　161－9
惟宗善経　532－16
檜前忠明　437－2
錦宿祢某　321－10
御立惟宗　84－12
酒井勝　50－13
井原宿祢某　195－8･13，303－16
浅井守行　84－14
善道朝臣某　454－5
竹田宣理　604－16，605－6
都憲　203－13
坂本鷹野　687－2･4
栗前扶茂　84－13
左少辨　16－15
紀某　195－8･13
源俊　54－16
源相識　376－6，397－8
源扶義　160－8･14
源某　49－11
大江朝綱　225－12，387－8，437－2，471－9
藤原雅量　87－3
藤原元方　134－2･8，135－1
藤原佐世　236－10，237－16，240－15
藤原当幹　430－6
藤原有相　41－8，422－8，504－8
藤原良近　206－15
左尚書
紀長谷雄　586－5
左乃靫乃府督　150－13

左大史　17－1

　阿蘓広遠　84－8，510－3

　阿刀宿祢某　339－9

　阿刀忠行　395－16，543－11

　我孫有何　182－13

　海業恒　83－16，272－15，273－9，431－1，496－14，498－13

　御船済江　182－6

　錦部春蔭　269－8，396－12

　錦部宿祢某　612－4

　三国真人　280－8，547－11，552－3

　酒井勝　312－10

　酒井真人　427－15

　酒井人真　475－11

　住吉氏継　685－4

　小槻奉親　183－9，292－16，377－13，551－4

　多米国平　532－6，549－11

　多米宿祢某　440－15

　大春日良辰　553－2，595－8，596－13，597－14

　大蔵宿祢某　160－2

　大友忠信　160－10，183－1

　内蔵朝臣某　49－11

　坂上宿祢某　425－15

　伴忠陳　428－10

　尾張言鑒　376－6，387－8，397－8，422－8，471－9，496－7，504－8，514－13，544－10

　氷方盛　271－4

　布瑠宿祢某　307－13

　物部安国　377－2

　物部広連　86－16

左大舎人　71－6

左大丞

　藤原文範　635－14

左大臣　15－14･16，16－1，31－1，61－7･14，62－8，87－9，223－11，224－6，246－9，479－4，519－3，523－2･3･11･16，524－1･4～6，585－14，586－4･8･9･11，587－4･7･16，588－1･2･5･10，590－8，593－11，594－2

　菅原道真　5－3･6･10

　源雅信　160－9･15，182－14，270－5，275－4･14，428－9，552－16，596－1，597－12

　源兼明　247－16

　源信　448－11

　源常　261－2，266－2，269－12，501－14

　源融　31－7，136－4，238－6･8･10･14，239－1･2，240－12･16，241－12，255－11，256－7，261－12，266－8，299－11，349－8，359－4，366－6，406－6，407－4，434－2，435－8，470－14，471－12，553－6，554－2

　多治比嶋　583－14

　藤原時平　2－14，136－3，137－11，259－12，262－2，278－9，300－11，302－8，

357－12，360－13，366－16，371－7，436－10，449－8，471－2，586－5
藤原実頼　10－13，32－4・7，36－12，54－15，67－11，68－10，69－4・6・8・9・11，83－8，140－11・12，205－10・12，272－12，273－1・13，280－6，376－16，431－1，496－14，498－13，509－13，665－8
藤原仲平　41－9，137－9・11，139－1，141－11，225－8・9
藤原忠平　36－8，65－10・12，66－1・3・7，81－15，134－12，135－10，137－9，138－10，172－8～11，180－14，193－1，268－14，269－4，272－4，306－13，339－6，395－13，396－4，425－6，449－12，495－7，503－11，505－5，514－10・16，543－8，545－5，591－16，611－16，691－6
藤原冬嗣　154－2，267－10，300－2，346－6，358－8・13，374－8，413－5，457－16，468－15，544－14
藤原道長　183－7，196－13，377－9，551－2，580－5，602－5・6・8，603－5・8，605－9
藤原良世　96－15
左大辨　16－8・12・13，29－7，31－2，156－3，404－15
菅原道真　2－7・8，257－8，404－13，407－9
紀古佐美　405－9，408－2
紀長谷雄　449－7
橘広相　232－14，242－2・10，243－9
橘澄清　13－3，427－11，494－8，632－6
源悦　135－5，543－8
源元方　41－8
源好古　32－9
源庶明　32－4，85－14，547－11
源是茂　496－2
源相職　544－7
源保光　428－12
巨勢奈弖麻呂　583－15
大江朝綱　67－7，85－15，509－13
藤原在衡　10－11，43－4，139－14，271－4
藤原忠輔　551－4
藤原文範　130－7
藤原邦基　269－4
左中辨　16－13・15，29－10
菅原道真　2－6
紀淑光　396－13，612－4
橘好古　86－3
源道方　604－14，605－6
小野好古　139－11，182－4
大江朝綱　69－7，85－16，272－15，273－1・12，280－9

藤原清貫　50－13
藤原説孝　441－5
藤原忠輔　370－7
藤原文範　274－15，377－2
藤原邦基　303－5
左庁　527－5
左直丁（太政官）　17－11
佐渡守
某嗣根　686－11・13
左馬寮　13－9・12，14－2・3，15－4，36－11，38－8・11・13，39－3・12，40－10・12，42－10・12・13，43－9，44－16，49－4・16，50－1，52－9，53－15，54－2・7・10・14，156－5，165－5，167－4，282－3，284－2，285－2，330－14・15，366－11，430－13，440－5，522－14，598－7，620－14，713－15，719－14
――頭　15－1，38－11，39－3，54－2，134－9，156－5
源済明　134－3
――助　15－1・2，38－11，39－3，42－10・13，54－2，156－5
藤原有利　42－5
――允
竹田千継　713－15
藤原守文　41－10
左兵衛　3－8，149－8，202－7，204－7・9・11，222－6・10
道吉常　639－5
左兵衛府　79－8，133－2
―――督
源時中　160－5
清原夏野　357－2
藤原顕忠　204－5
藤原済時　248－10
藤原相公　95－14
藤原良房　343－8，371－10，394－13
―――佐
藤原朝頼　168－9
―――権佐
藤原恒興　544－16
―――尉
橘実利　168－10
―――番長
笠真見　205－11
左府
藤原道長　46－14，605－8
左府生
国恒世　632－7
西忠宗　527－5
左辨　230－4
左辨官　15－10，17－15，24－9，278－14，514－8
左門部　529－9
斎院　123－13，128－16，180－13，552－9
――司　181－11
――長官
藤原成国　528－4
斎宮　70－12，71－9，121－11，166－12
――寮　480－15
斎郎　217－10，219－8
采女　64－11，65－16，

81－8，94－7，102－5，131－10，133－2，136－12，149－4·16，282－2·4，283－1，284－1·3，285－1·3，312－15，313－4，316－10，317－6，418－3，440－4·6，451－1·2·8·11

采女司　131－10

——正　149－16

——令史　149－16

祭使　73－4，545－12·15，593－1·8，594－6～8·13，595－11·12，596－1

宰相　130－13，135－2，138－11，141－3，218－6，580－15·16，581－8·12·13

　大江維時　69－5

　藤原兼輔　65－15，81－5，136－5

　藤原時平　136－3

採薬師　445－10

作物所　165－8，167－13

作幣所（内蔵寮）　74－11

雑使　391－2，404－4，455－14，611－7·8，701－7

雑色（人）　24－10，90－4，97－6，129－13，165－16，166－4·8，167－13，176－3·5·8，177－1·3·10，417－15，454－1·2·12·15，455－4，547－5·8，548－12，549－4，556－4，562－8·9，563－14，579－3，632－1，660－8，662－4·9·11，671－1，688－16

雑掌　267－2·4，405－11，408－4，409－15，419－12，424－10·13·14·16，425－2·5·6·8·11·12，439－4·7，440－11·12，441－1～4

雑部（諸司）　418－2，531－9·11，593－7，618－12，719－5

散位寮　407－15

讃岐国司　369－10

——守

　菅原道真　2－5

　源高明　665－15

　源長鑒　137－1

　藤原済時　248－10

——介

　伴彦真　431－2

——権掾

　中原月雄　234－9

讃州刺史

　菅原道真　243－7

参議（参木）　24－2·3，27－5·13，28－5·13·14，29－3～8·14～16，30－6·8·12，31－2·7，38－11，39－1·7·11，40－5·10·16，41－7，42－8·14，43－1·16，52－14，53－3·14，54－3·8·16，61－8·12·15，62－1·5·8·9·13，63－2·3，64－1·2·11·15，65－2，67－13，68－10，71－4，75－6，79－4，80－12，87－9，89－13，107－8，124－7，130－8·9·13，131－7·13，132－1·4·6·7·

10·12，133－8，136－3·15，138－2·6·7·10，141－2，147－4·7～9·13·14·16，148－2·7，149－1·8·9，150－4～7·12·13·15，151－3·11·12，154－12，160－4·11，164－3，171－7，172－12·16，173－4，181－4，188－3·4·8·9，191－3，200－15·16，201－6·13～15，202－4·10·44，203－1，204－3·4·12·13，205－1·3，206－4～8·10，207－1～3，216－10，219－5，404－15，519－2，522－16，549－13，551－8，557－3·13·16，558－1·8·10·11，559－4·6，575－12·13，577－12·13·15，578－4，580－8·11·13，581－2·3·16，583－1，584－16，585－3·8，588－14·15，589－8，590－3，593－11，594－3，598－13，599－7
菅原是善　2－1
菅原道真　2－7
紀淑光　41－8，42－16
橘広相　238－8，241－7
橘澄清　494－8
下毛野古麻呂　581－2
源高明　226－4，230－16，665－15
源時中　160－5
源重信　80－2
源重光　248－9，594－5
源是茂　225－9，226－11
源清蔭　225－9
源正明　205－9
源当時　640－4
源保光　248－12
高向麻呂　581－1
三善清行　543－7
小野好古　205－9
小野春隆　206－14
小野岑守　324－11
小野毛野　581－2
清原夏野　365－10
粟田真人　581－1
大江維時　68－3，69－5·8，205－9
大江朝綱　68－3
大伴安麻呂　581－1
藤原為光　248－13
藤原元輔　247－11
藤原元方　137－16，226－1，230－15
藤原顕忠　42－16，171－6，225－9
藤原在衡　226－1·11
藤原済時　248－10
藤原斉敏　248－11
藤原師氏　152－8，227－4
藤原師輔　41－3·4，136－3，225－9
藤原忠文　226－1
藤原忠輔　551－4
藤原朝忠　80－2
藤原当幹　42－16，134－2
藤原文範　130－7
藤原邦基　339－9
藤原有相　32－9
藤原良相　97－11
伴保平　582－12

文室綿麻呂　289－1
三衛佐　564－8
三河権守
紀淑光　396－13
――掾
大春日晴蔭　3－4
三宮舎人　418－2，428－2
三局　556－9
三公（後漢）　709－8
三綱　326－11，382－13，385－2，387－14，388－2･4･13･14，391－4･5･8･9，392－2･5･6･8･10･13，393－1～4，396－16，397－1･16，399－1･2･4･5･10，401－11･14･16，403－5･7･10･13，404－1，477－15，556－14，597－1，635－7，675－13･15，676－1，696－2
三司　375－15，397－1～3
竿（算）師　278－2，391－2，404－4，411－6･13，412－10･11，457－9
――博士　161－1
有宗益門　105－9
山城国司　72－12･15，73－7
源公忠　402－14
藤原公利　352－5，402－14
――守
源俊　86－6

し

志（諸衛）　564－9，575－14，667－6
志摩国司　59－16
士　107－1，539－12，709－12･15，710－7
止観業学生　373－1
刺史（国守）　228－6，243－7
市司　526－13，566－3，619－10，630－10
仕丁　276－3･11，277－9，287－16，288－1･2，418－3，427－2，445－4，451－6･8･9，453－8，458－4･9･10，515－1，518－4，633－2
廝丁　444－7，447－10，451－6･7，518－4
司空　237－2
司寇　237－2
司天　605－13
司天台　110－9，111－14
司徒　234－13，237－2，240－2
司農
鄭衆　58－9，587－2
司馬　237－2
司隷校尉
鮑永　19－3
使部　25－4，32－5，226－7，450－15，453－8，565－9･13，654－3
使部（陰陽寮）　697－8
使部（弾正台）　518－11
使部（典薬寮）　698－8

使部（文殿）　563－15，564－1

史　18－10，23－8〜12・16，24－1〜3・6，26－6〜8・10・14〜16，27－6・9〜11・14〜16，28－2〜4・7〜10・12・15，29－4・7・8・11〜13・15，30－1〜3・7〜9・14・15，31－2・6，37－4・14・15，38－7，39－12，41－6・7・10，50－5，53－15，74－13・14，75－7，89－9，101－14，125－5・12・13，126－6，129－1，131－8・12，149－2，154－8，156－3・5・8，171－12，173－1，188－3・5，200－2・9，201－5・13，206－6・11，216－8，227－2・3，228－11・12，229－9・15，240－13，460－7，532－11〜13，533－3，548－15，554－5・7・13，555－1，556－11，564－3，568－16

史生（諸司）　18－11，24－10・12・13，25－7・10，26－1・2，74－16，75－7，100－6，104－8・16，107－6，108－4，109－2，110－3，111－2，112－3，113－2，125－13・14，126－9・10，203－12，206－15，418－2，428－2，453－8，547－1〜3，551－14・15，556－3，654－3

史生（外記）　16－7，23－9・10・12・16，24－1・4，30－1・14・15，31－2，4・－16，126－6，149－2，200－2・9，201－13，203－12，225－15，519－6・8

海董季　227－7

史生（畿内校班田使）　412－10・11

史生（宮内省）　87－16，120－8

史生（諸国）　164－5，181－2・3，251－10，253－8・12，254－5・16，257－14，259－2・4・6〜8，262－15，263－3，264－2・5・11〜13，265－1，272－10，287－4，410－12，445－14，457－11，459－10・14，460－6・7，461－7・8・11，462－8，467－9・10，469－15・16，507－13，575－15，585－11・12

史生（式部省）　62－13，125－14，557－4〜6，587－16，629－11

史生（神祇官）　123－16

史生（大宰府）　287－2，457－9，480－16

史生（太政官）　26－6・7・9・15・16，27－1・14〜16，28－2・4・8・10，30－1，32－5，39－12，53－16，74－14・16，75－7，206－15，227－1〜3，556－9，563－15，582－12

史生（大蔵省）　126－8・9，155－2，206－5

史生（弾正台）　518－11，519－10

史生（治部省）　376－1

史生（中務省）　61－13，62－7・11，147－5・6，188－12・13，216－11・12，218－11

史生（鎮守府）　480－16

史生（内記）　31－3
史生（内蔵寮）　201－7
師主　375－15・16，376－1・2，380－14，400－1，675－11・12，676－1
四度使　391－2，404－4・6～9，407－1・6，409－12・13，410－1，412－6，415－3，425－2，430－11，436－8，439－4・7～9・11・15
紫微内相
　藤原仲麻呂　91－12
資人　21－14，152－14，154－3，418－3，428－3，453－8，579－4，654－2，674－14
次官　17－15，18－2・8・11，22－10，88－6，202－8～10・13・14，204－14，205－3・5・16，206－12・13，296－16，297－1，460－3，507－8，518－10，520－2～6・9～11・16，533－7・9，573－12・13，575－13・14，666－14
次官（国介）　459－12・16，460－5
次官（畿内校班田使）　412－10・11
次官（六衛府）　613－2
次侍従　60－15，62－6・11・15，63－1，107－14，126－13，132－13，189－2・3・6，200－14・15，216－7・9・14
　伊与部真貞　8－14
事業　418－2，428－2
事力　22－10，287－6，289－13，418－3，443－1・3・9，453－8，457－7・8・12・14・15，458－2～4・9～11，459－2・3
侍従　16－2・4，37－2・4・5・14・15，38－3，39－14・15，40－2・4，41－7・8・10，43－1，62－1・11，63－8，64－10，65－2・7，66－3，67－10，69－12，71－4，80－8・11，101－14，102－14，124－14，125－7，131－7～9，132－1・6・13・16，134－8，164－2・11，166－6，168－5，171－7・11・13・15，172－2～4，188－3・12，189－3・5・6，200－15，202－5・10，204－4，216－10・13，218－8・10・14，219－6・8，363－11（→擬侍従，次侍従，出居侍従，非侍従）
　菅原道真　2－8，257－8，404－13，407－9，514－4
　源兼材　205－6
　源庶明　168－7
侍中　533－2，558－13
　劉昆　19－11
寺主　675－13
式部省　1－6・8，10－15，15－7，16－8，18－7～10，21－3，22－2～4・7・14，60－16，61－1・3，62－2・5・12・15，63－2，67－12，78－2，82－8・10，87－5・8，97－2・5，101－4・14，124－7・10，125－7，126－3・6，140－15・

16，153－14・16，154－5・11，155－4，158－13・15・16，164－5，172－8，181－2・3・6・8・9，188－3・5，189－2・5，200－14，261－4，290－16，293－2，338－9・15，339－1，405－12，407－12・16，408－5，411－6，413－3，453－15，454－12・13・16，455－1，508－10，522－7，524－16，525－1・4・12，526－4・9，545－8・9・11，557－7・8，560－10，562－11，565－8，581－16，582－16，574－2・16，585－2，586－3・7・11，587－7・15・16，635－3，660－1・3・5・10・13，661－2・4，662－3，663－14，671－9・10，674－7，700－15，706－7・12，707－2
――卿　61－2，66－1，136－11
藤原葛野麻呂　513－11
敦慶親王　168－5～8
敦実親王　135－5・7，137－1・10・13・16，138－4・5，169－7・10～12・14・15，206－1
本康親王　81－2，136－14
――大輔
菅原道真　2－8・10
源保光　248－12
三善清行　142－10，143－5，294－14，720－12
――権大輔
菅原維時　140－14，141－1
菅原道真　2－7
――少輔　63－6
菅原道真　2－4・6
三統元夏　68－16
大枝音人　105－8
藤原佐世　236－10，237－16
藤原在衡　66－5
――輔　24－12，25－1・3・4・9・12，61－2，62－2・12，64－13，65－6，68－5，149－2，152－1
――大丞　172－8
紀広浜　344－7
橘常主　525－3
藤原某　584－6
某懐忠　140－15
某方頼　140－14
――少丞
源幹時　140－15
大江澄景　227－6
――丞　10－16，11－1，24－10・10～15，25－1～4・6・7・13～15，26－1，61－14，125－13，126－4・8・9・15・16，140－14，141－1，147－5，154－8，545－9
菅原景行　3－4
藤原季平　545－7
平篤行　4－7
――大録
菅野清高　610－3
香山弘行　584－5
――録　61－14，63－2，64－9，125－13，147－5，149－14，151－5
――史生　62－13，125－

14, 557－4〜6, 587－16, 629－11
日向介　287－9
――掾　287－9
舎人　40－7, 54－4, 62－16, 63－15, 69－11, 71－1, 75－9, 76－2·3, 98－9, 138－13, 147－13, 149－6, 203－4, 216－16, 217－1, 223－5, 247－8, 250－1, 278－3·4·10, 305－6, 363－11, 453－8, 547－5·7·8, 548－12, 549－4, 562－8, 563－15, 564－1, 575－16, 637－16, 638－10·16
若狭国司　59－16
　藤原数守　450－14
　平継世　450－11
――掾
　矢田部浄継　476－5
主計寮　182－1·7·11, 246－15, 251－11, 253－9·12·14, 254－4·8, 257－13, 262－16, 263－3·5, 264－2·11·16, 266－6·15, 267－1·2·12·13, 268－2, 274－5, 276－4, 321－7·16, 338－14, 391－2, 404－4·5, 410－16, 411－6·10·12·15, 415－4·6·7·12, 417－4·14, 418－2·7·9·11·13〜15, 419－1·3·4·6·7·10·15, 420－1·2, 421－13, 422－4, 424－9·10, 425－2·8, 426－1, 427－3〜7·9〜13, 428－6·12, 429－4·16, 430－1·13, 431－4, 438－16, 449－5, 451－8, 455－2, 501－7·8·12·13, 502－4, 503－5, 504－1·10, 513－4, 585－15
主計頭
　有宗益門　105－9
――助　411－6·13
　惟宗公方　353－13, 673－4
――允　427－10
――属　411－10, 427－10
――笇師　391－2, 404－4, 411－6·13
主神（大宰府）　287－2, 457－9
主水司　76－2, 133－1, 202－5, 203－3, 451－2
主政（郡司）　418－3, 423－12, 428－3, 453－9
主税寮　156－3, 157－12, 176－4, 182－1·7·11, 251－11, 253－9·12·15·16, 254－5·6·14, 257－13, 262－16, 263－3·6·7, 264－2·11, 265－1·2·4·10·12, 266－16, 267－1, 274－5, 276－4, 282－2·11, 283－8, 284－11, 285－1·6, 293－2, 297－1, 299－4·5, 303－13·14, 321－12, 338－14, 339－14, 365－6, 375－7, 382－8, 383－3·4·12·14, 384－1·2·7·9·11·12, 385－5·6·9, 391－2, 404－4〜6, 405－15·16, 406－12, 407－2, 411－6·10·12·15,

412－10・12，414－6，415－4・6・7，416－2，417－5・7，418－1，419－10・15，420－1・2，425－2・8，426－1，427－5・7・8・12～14，429－12，430－12・14，431－1～3・6・7・10・13～15，432－15・16，433－1～3・7・8・10・14，435－3・4，436－5，437－8・9，439－1，440－3・8・12・13，441－2・4，489－8，490－7，491－5，501－4，503－1，504－4・13，617－8，618－9～11
――頭
　安野真継　8－16
　滋野善言　602－3，604－13
――助　411－6・13
　菅野忠輔　596－5
――大允
　下房三　431－2
――属　411－10
――竿師　391－2，404－4，411－6・13，412－10・11
主船（大宰府）　287－2，457－9
主膳監（東宮坊）　63－4，64－9，147－14
――司　451－2
主厨（大宰府）　287－2，457－9
主帳（郡）　347－14・15，418－3，428－3，451－11，453－9，674－1
主帳（軍団）　288－11，289－12
主典　17－15・16，18－2・8・11・13，19－2，103－15，104－8・16，105－4，107－6，108－3，109－2，110－2，111－2，112－2，113－1，126－9，130－12，164－5，181－2・3・9，246－16，252－9・11，258－7・10，260－5・7，268－9，271－15，345－3，346－3，347－2・11，349－12，359－8，459－10，460－6，464－3，475－14，481－5，507－8・9，520－11，533－7～9，573－10，574－1・4・6，575－14，585－12，586－14，661－11，662－1・3・5，663－14，666－15，682－4・7・8
主殿寮　73－16，75－15，90－12，98－7，129－12，134－6，165－5，166－4・7，176－4・11，202－4，217－5，218－5，222－6，231－3
主馬署（東宮坊）　638－16
主鑰（内蔵寮）　574－7
主鷹司（兵部省）　545－15
酒司　138－3
酒部（造酒司）　71－10，179－5
――所　29－7
――内竪　149－15
守辰丁（陰陽寮）　697－7
咒禁師（典薬寮）　698－6
――生　698－7・11，700－2・11，701－5・7
――博士　698－6・10
秋官（周）　238－11
囚獄司（刑部省）　665－1・2・6，670－8

周防守
　紀安雄　9－3
――権守
　高階信順　530－14
――介　287－9
――掾　287－9
修理職　437－5・6・15・16，438－2
――大夫
　藤原相公　714－1
収納使　278－6
十陵使　205－16
従儀師　596－15
祝（はふり）　217－9, 338－1・4・7，340－8・10・12・14，341－1・4，357－5，415－12，417－12，421－6
祝部（神祇官）　337－14・16，418－3，428－3，478－10
出羽国司　289－1
出雲国司　157－9
――権守
　源善　3－5
　藤原隆家　585－10
出居侍従（→侍従）　9－13，10－3，37－12，38－6，43－16，44－1，81－10，102－4
　源盛明　80－5
　藤原清遠　80－5
出納　9－5，74－12，88－2，176－2，178－5，267－5，275－4・6，305－3，322－16，443－8，463－2・12・13，465－9，467－9，469－15, 478－13, 481－13，602－14，604－14，605－3，665－1，670－8
駿河国司
　惟宗岑兄　326－13，439－6，510－16
――権介
　菅原景行　3－4
春官（周）　238－11
春宮坊　15－1，40－9，276－15，575－14，613－1
――大夫
　源延光　248－7
　藤原師尹　274－12
　藤原時平　279－13，336－8，350－3，359－15
　藤原忠平　475－7
　良岑安世　294－3，356－14，481－8，661－3，663－16
――権大夫
　菅原道真　2－10，257－8，404－13，407－9，514－4
――亮　15－1，38－12，48－15
　菅原道真　2－8～10
――大進
　平伊宗　640－3
巡察使　17－13，413－6
――長官　17－15
――次官　17－15
――判官　17－15
――主典　17－15・16
――弾正　518－10・11，519－2・12，523－16，524－6・7，573－13
諸衛　61－4，62－14，76－1，79－10，97－10，102－8，139－1，207－6，219－4，223－5，247－8，

250−1，282−2，284−2，285−1，434−12，440−5，547−3·5·7·8，548−12，549−4，551−16，556−2·3·9，562−8，563−15，564−1，580−1，594−13，688−16
諸衛府　133−6，544−14
――督　70−3，152−4，207−6，220−8
――佐　66−4，70−3，152−4，156−5，207−6，220−8，580−3
――将　70−3，152−4，207−6，220−8
――監曹尉志　575−14
――曹　575−14
――番長　220−9
――府生　547−3，551−16，556−3·7·9，575−16
諸道博士　316−11·16，317−1·3
諸陵司　187−12
――正　187−12
――寮　189−7，200−13，201−13·15·16，206−5·6·9·16，207−3
――大允
　印南野滋成　207−4
――允　191−5，202−1，206−9
――属　191−3·4，201−13·15·16
書司　65−8，135−14·15
書生　14−9，65−8
(国)，99−3，289−10（大宰府），301−1（郡），563−15，564−1（諸司）
助教（大学寮）　10−11，575−14
　苅田種継　9−4
　中原月雄　234−9，238−1·8，240−15
　布瑠清野　9−2
女医　701−8·9
女孺　71−4，127−4，133−2·3，203−2，451−2，536−1，593−10，594−2·3
女蔵人　75−15，127−4，203−2，559−4，593−10，594−2
昌邑令
　楊震　19−16
匠（丁）　444−2，447−10，448−8·9，451−6，484−6，512−8
将軍　601−4
　宇奴男人　45−4
詔使　413−3·5·7·9，572−5，590−6〜8·10·11，649−14·15
召使　27−4，30−1，31−3，37−5，38−4，39−13·14，40−3，41−7·8，53−16，74−14·16，124−9〜11，126−3·4·7，131−8，132−2，191−4，200−2，201−14，202−6，203−12，206−7·8·15，207−1·2·5，564−1
笙師　635−2·5

簫師　651－4
證師　712－8・12・13
尚書　20－4，106－1
――僕射
　鮑永　19－13
――令
　孔光　20－4
――郎
　憑豹　20－8
尚侍　88－3，525－2
　橘義子　244－16，245－1
　藤原美都子　96－3
掌侍
　安倍鳳子　330－14
　橘平子　226－13
省掌　24－13，25－4～11・14・15，62－2・7・12，71－13，75－8，125－14，126－5，147－5・6，188－12，191－4，201－15，206－5・9，207－3，216－11，376－1
小毅（軍団）　288－11・16
小外記　16－6
　菅野正統　84－4
　紀長谷雄　236－8，237－14
　紀理綱　84－5
　御室安常　203－12
　御船伝説　68－13
　慶滋為政　580－5
　三統公忠　41－11
　春道有方　84－6
小舎人　51－3，53－10・12，74－12，88－2，443－8，478－13，481－14，543－15，563－16，564－1
少師　237－1
少十師　395－15
少僧都　174－1，401－2，481－3，596－14
　明福　394－11
少鎮（三綱）　597－1
少内記
　菅原道真　2－3
　菅原文時　226－6
少納言　15－10，16－3～5，17－15，20－11，23－8～10・12・15，24－2・4・6，26－5・6・10・13・14・16，27－1・6・7・10～14，28－3～7・9・10・12・13・15・16，29－1・3～5・7・10・16，30－1・6・13・14，31－2，37－3・13～15，38－2・3・7，39－12～14，40－2・15，41－6・7・10・13，53－15，62－16，63－1・15，74－13・16，75－6・9・10，76－1・3，79－10，80－11，100－2・14・15，102－7～9，131－6・7・12，132－1・6，135－3，141－6，147－13，149－2・7，154－5・8，171－13，188－3，200－1・15，204－4，216－8，555－16，575－13，580－1・2
　紀男人　71－1
　橘実利　231－4～7・9～11・13～15，232－2～6
　橘南金　85－10
　源儀延　478－3
　源師尚　403－8
　小乃清貫　367－8・11

大江朝望　69－11，85－9
　藤原公葛　478－3
　藤原俊房　134－2，171－5・6
　良峯統望　141－5
　良峯統茂　85－8
　和薬貞世　3－5
　某伊扶　134－9
少判事（太宰）　287－1，457－8
少傅　237－1
少辨　20－12，31－2，228－11・15・16，229－8・14・15，230－4，586－12，587－8
少保　237－1
少輔　225－1，230－5，520－2・3
少領（郡）　347－12～14，451－1
尉　575－14，667－5
丞相　197－5，198－2，234－12・13，235－16，236－4，239－15，240－1・2・4，243－11，542－12，590－14，710－12
　菅原道真　6－14・15，107－15，243－7
　黄覇　19－11
条令（都）　610－11，611－2・4
上座　675－13
上総国司
　紀員（真）助　327－8
　紀真助　361－2
　紀貞扶　402－11
　藤原朝範　402－11
――太守
　章明親王　69－7
――守　275－13
――介　275－13
上野国司　51－6
――太守
　敦実親王　54－14，167－7・10
常陸国司
　菅原兼茂　156－15
――太守　44－8
　貞真親王　168－7
蜀郡太守
　廉叔度　19－15
職司　611－1，634－15，661－15，663－7，664－1（→京職）
職使　303－9・11（→京職）
織部司　638－8
織部司物受
　滋生峯良　637－4・15，638－4
信濃国司　51－6
――守
　源師尚　478－8
――掾
　美努秀則　533－4
進士　576－16，577－1・2，714－9，716－11
進物所膳部　149－16
神祇官　24－11・12，57－10，71－12・15，72－1・12，73－1・8，74－7，75－3・4・13，78－11，87－16，101－1，122－6・7，123－6・7，124－8・13・16，125－8・16，

126－9，127－1·10，128－14，129－5·6，131－4·9，132－13·14，133－4，134－4，147－9，163－6，170－11，171－3，182－10，187－6，210－11，217－13，219－16，246－15，283－4，338－9·11，339－1·3，415－12，430－10·11·13，431－4，518－10，519－13，527－9，575－13
——伯　122－6，123－16，124－8·12，125－14，126－1·10·12·13，519－13
　忠望王　159－12
——大副　519－13
——副　24－12·14·16，25－1·2
——大祐　16－10，519－13
——祐　24－14·16，25－1·2·4·5，575－13
——史　24－12·14·16，25－1～5，123－16，575－13
——史生　123－16
——使部　124－1·8，126－1
神主　418－3，428－3
神部（神祇官）　71－10，123－13·16，124－1·8·13，125－15·16，126－11
賑給使　412－12，413－2·7，491－5，508－10
針師（典薬寮）　698－5，700－13，706－5
針生（典薬寮）　698－5·10·14，699－7·8·14，700－2·5·9～11·13·15·16，701－2·7，709－3
針博士（典薬寮）　698－5·10，706－12
靭負（ゆげい）　37－4
仁王会勅使　521－9

す・せ

水手　118－12，445－15，459－10，460－6
施薬院　481－4·7，610－16，611－5～7·11
———司　611－8·10·12
征夷将軍
　文室綿麻呂　289－1
正税帳使　306－3，317－9，410－1·10，412－1，415－3～5
正長　305－5·6·11，322－15
税長　402－12
税帳使　129－5，291－11，305－14，321－15，385－5，405－8·9，408－1·3·9，512－4，670－5
——雑掌　418－3
石見国司
　藤原望見　326－8，341－9，510－13
——介　287－9
——掾　287－9
石清水臨時祭使　594－8·13
摂政　87－9，232－11·15，233－8，236－4，238－9，239－5·16，240－8，243

−12，248−15
藤原基経　232−9，245−6
摂津国司
源整　382−2
藤原有相　382−2
——守
源兼則　3−6
宣義郎（唐）
李淳風　105−16
宣命使　65−3，128−6，151−10・11・13〜15
選士　289−5・6
——統領　289−6
膳職　128−9・10・12
膳部　71−10，126−16，149−16

そ

掃司　176−5
掃守　202−6
掃部寮　9−12・15，30−4，61−1・12，62−10，63−7・8，67−11，75−4，79−16，90−3，129−9，148−6，150−10・14・15，151−2・7，154−16，165−9・15，166−4・7，176−5・12，231−3，612−3
——頭
池田春野　541−14
——権允
笠雅望　86−12
掃部　81−11，134−8
惣監　305−7・11
宗伯（周）　237−2
相公　95−3・4，136−5・9
藤原行成　587−14
藤原助　95−15
相府
藤原内麻呂　95−10・11・13，96−9
藤原冬嗣　96−3
藤原道長　601−16
僧綱　92−10，93−2，177−7，368−6・15，369−8，370−9，371−1，372−2・6・8，373−5・8，374−5，384−13，391−6，397−5，399−16，400−3，401−4・7・13・16，402−2，481−3，556−16，597−3・9，635−6，712−8（→綱所）
——使　397−5
僧正　400−4・16，481−3，596−14，597−5（→権僧正）
僧都　597−6（→大僧都・少僧都・権少僧都）
蔵人所　9−12・14，60−11，69−14，74−12，88−2，90−2・3，97−16，98−7，101−14，133−2，164−5，165−3，167−13，168−14，170−12，176−1，177−13，178−8，181−2・4・5・7〜9，270−2，443−8，478−13，481−11，520−14，521−1，552−5・8，554−5・13，563−15，564−1，576−9，713−15
蔵人頭　88−2・3，117−4，127−8，129−12・13・16，

165－3, 176－1, 178－2･5･6
　源延光　520－14
　源雅信　179－12
　藤原行成　585－9
　藤原師氏　169－14
　藤原師輔　135－16
　平時望　134－16
蔵人　9－15, 14－15･16, 37－2, 38－1, 40－1･5, 41－13, 52－3, 54－1, 64－6, 75－15, 88－2, 98－9, 117－4, 127－4･5, 129－16, 130－1, 133－2, 138－7, 140－8, 142－9, 156－6, 164－11, 165－12, 166－4, 171－16, 173－2･4, 176－2･3･15, 177－1･5･6･10, 178－2･5･6, 179－3, 181－9, 202－13, 203－2, 205－4, 219－12, 227－6, 247－9, 545－8･9, 561－12
　源公忠　81－15
　源俊　54－16
　源相識　225－10･13
　藤原伊風　49－3, 168－12･15
　藤原雅材　561－13
　藤原秀平　545－7
　藤原在衡　66－5
　藤原時清　620－15
　藤原実頼　546－2
　藤原信輔　621－9
　藤原定佐　561－8, 562－1
　藤原敦敏　226－8
造式所　458－6, 459－3, 480－7, 501－8
造酒司　57－10, 117－4, 119－13, 121－15, 124－9, 126－1, 131－8, 138－3, 200－2, 203－14, 204－6
――正　149－12･13, 202－5
　某利茂　134－12
――佑　202－5
贓贖司　618－14, 619－2, 664－15
損田使　412－14～16, 413－1･2, 501－9

た

大亜相
　藤原愛発　95－13
大医令
　李醢　713－5
大歌所　97－4～6, 138－7
大歌別当　140－11, 148－1･2, 150－7･10～13
　藤原実頼　138－4
　敦実親王　138－4
　平伊望　138－10
大外記　16－5･6
　菅野正統　84－3, 130－15
　菅野忠輔　596－5, 604－13
　三統公忠　139－9, 140－4･7, 225－9･11, 226－12
　滋野善言　580－6, 602－3, 604－13
　雀部是連　86－14
　清科保重　580－5
　多治実相　83－15

多治真実　67－12·13
大学寮　9－7·14，10－13·14，586－6，654－2，719－8，720－4
——頭　720－10
菅原高視　3－6
——博士　8－13·15，9－7·15，10－3～7·10·11，102－12，573－14，574－7，575－14，706－10，720－10
伊与部真貞　8－14
御船氏主　9－4
大春日雄継　105－8
——助教　10－11，575－14
苅田種継　9－4
中原月雄　234－9，238－1·8，240－15
布瑠清野　9－2
——生　582－8，698－1，700－2·3·11·16，701－7，719－6·11·16
大毅（軍団）　288－11·16，453－9
大饗所　583－1
大宰府　3－7·9，5－15，25－16，159－3～6，175－10，185－9，256－3，269－9·11·13，270－1·2·3～5·6·10，271－1，274－7，289－7·8·10·11，311－11，321－12，322－4·11，331－9·10，351－11，374－3，382－11·15，383－12·15，384－6，385－7，391－2，395－2·8·10，396－3～5，404－4，405－16，411－1·6·7·9·15，412－1，415－10，416－12，418－3，420－11·15，424－10·12·14·15，425－1·2·4·6～8·10·12·13，426－1，429－3·5～7，433－5·14，435－4·15，438－13，457－8，461－4·6·11，480－7·10·16，492－9，507－7
——帥　287－1，457－8，460－6，507－10，608－3
——員外帥
菅原道真　4－3·4·8
源高明　635－14
藤原吉野　3－10
——権帥
菅原道真　2－13，3－2·9，4－11
藤原伊周　602－8，604－11
——大弐　270－6，287－1，457－8
小野好古　270－12
小野岑守　324－11
藤原保則　255－7，256－3，266－7，349－5，359－1
——少弐　287－1，411－1，457－8，460－7
——監　507－11，575－14
——大監　287－1，457－8
——少監　287－1，457－8
——典　507－11，575－14
——大典　287－1，457－8
——少典　287－2，457－9
——令史　287－2，457－9
——府司　159－5，269－11

·13, 270－1·4·6, 396－5, 420－15, 425－1·2·7, 429－7, 633－2
——大判事（→大判事）
——少判事（→少判事）
——大工　287－1, 457－8
——少工　287－2, 457－9
——竿部　287－2, 391－2, 404－4, 411－6, 457－9
——史生　287－2, 457－9, 480－16
——主神　287－2, 457－9
——主船　287－2, 457－9
——主厨　287－2, 457－9
——判事　507－11
——府掌　289－11
大史
　阿蘊広遠　510－3
　三国是隆　280－8
　尾張言鑒　514－13
大史令　105－16
大舎人寮　133－1
大舎人　71－6, 100－6·11, 121－16, 124－14, 125－7·8, 126－14, 132－3～5·9, 134－3, 149－6, 150－9, 188－10～14, 189－1·4, 200－9·14, 201－1·2·12, 202－7, 203－12·15, 204－13, 205－5, 206－11·12, 216－4·10～13·16, 218－12·14, 219－4·6～8, 418－2, 563－15, 564－1
大十師　395－14
大将　654－9
大将軍　234－14, 240－3
　鄧隲　19－16
大相公
　藤原忠平　138－5
大相国
　藤原兼家　196－15
　藤原忠平　54－14
大尉　240－1
大臣　2－15, 3－2, 10－3·14, 14－3·13, 15－14·15, 16－2, 23－8～11·14·15, 24－3, 26－6·8·12·14～16, 27－1·4·5, 28－2·11·13, 29－14, 30－6·9·12, 37－3·11·13·16, 38－1·5～7·9·10·12·15, 39－1·2, 41－10·12·14·15, 42－4·5·7·9·10·13, 43－9·11, 46－13, 52－1·2·4·6·8·10·12, 53－2, 54－16, 60－15, 62－14·16, 63－1·2·8·9·13～16, 64－1～7·10·14·15, 65－1·2, 66－1·7, 67－13, 68－1·2·13, 69－1～3·5·10, 71－12, 74－15, 75－4, 79－4·11～14·16, 80－1·4·6·9～12, 81－12, 89－13·14·16, 91－12, 92－7·8, 93－15, 95－3·4·7, 100－2·15, 102－1～3, 124～7·9～11, 125－6·12·14, 126－2～4·7～9, 127－1, 129－3, 130－8·13, 133－9·10, 135－6～8·11～13·16, 136－6·8, 140－4·5·7～9·12, 141－4·9·12, 146－10, 147－12·13·16, 148－2·3·6·7·9, 149－1～3·6·

7·10，150－3·4·8·11·12·14·15，151－6·8·10～12，154－8·9，156－3，171－13·16，172－11·15·16，173－2·4，180－14～16，199－10，200－1·15，201－11，202－4·6，205－13，216－7～9，218－8，225－4·11～14，238－15，239－4·5，240－13，241－9·13，243－12，245－5，248－14，292－6，379－2，517－3·5，519－15，522－7·8，523－4·7·13，524－2·5·7～9，542－11·12，551－7·9，557－13，558－9，559－4，567－7，575－7～9·12，576－1·4，587－13·16，588－5，589－8，599－7，609－2，682－11

大炊寮　87－16，98－1，118－3，121－4·10，133－1，296－15，719－11·16

――部　71－10

大膳職　63－5，64－9，124－9，126－1，131－10，147－15，612－3

――大夫

橘公彦　171－6

――進　126－16，127－1

――少進　126－5，574－3

――属　126－16

――主醤　574－3

――膳部　71－10，126－16，149－16

大僧都　401－1，481－3，596－14（→僧都）

長恵　174－1

大蔵　154－6·16，191－6，194－5，201－3，202－1，660－10

大蔵省　16－12，35－8，49－13，61－3·5，63－7，65－1，74－3，97－10，115－10，117－1，124－11，126－7，148－6，151－8，154－12·15，155－1·4·5，156－10，158－14，163－3，165－16，170－8，176－12，188－5，191－3，201－3·5·6·13，203－9，206－3·5·7·14·16，207－3，259－9，261－15，269－4，273－4·12·16，430－2，462－16，611－12，612－3，660－5·14，661－1·4

――卿

源重光　248－9

源清蔭　65－10，134－8

源盛明　80－5

藤原文範　130－7

――輔　154－16，155－1·2，191－4，201－15

――少輔

藤原清瀬　207－1

――丞　191－5，201－16，202－1，206－7，207－4·5

――録　126－12，155－1，191－5，201－14·16，202－1，206－5·7，207－4·5

――蔵部　75－7，126－8·

9，155－2，201－6，206－5
——史生　126－8·9，155－2，206－5
大帳使　331－9·13，405－1·8·9，408－1·3·7·9，412－1，415－3·4，418－9，419－12，420－13，670－5
大中大夫
　孔覇　20－3
大鎮（法華寺）　596－16
大内記
　菅原庶幾　225－10
　菅原宣義　605－8
　紀在昌　231－2·5
　橘直幹　226－2
　三善清行　236－9，237－15
　三善文以　4－13
　三善文明　230－15
大納言　15－10，16－1·2，17－15，20－10，26－12，28－5，31－1，61－7·15，62－1·8，64－7，68－10，147－7，202－4·7，224－8·14，225－4·5，230－10，246－11，286－7，289－14，306－11·16，316－11·16，317－1·3，479－4·7，523－3，524－5，583－1，584－3，593－11，594－3，629－9
　吉備真備　329－8
　源雅　440－14
　源雅信　248－2
　源光　3－3
　源高明　80－2·6，195－6，303－13
　源多　295－9，304－12，373－12，430－3，452－8，542－3
　源能有　256－8，266－11，279－8，301－11，690－4
　三原清蔭　140－9
　神王　278－1，288－6，420－11，449－2
　清原夏野　502－11，662－14
　多治比池守　583－15
　藤原園人　338－2，379－10
　藤原基経　175－15，459－6，467－13，470－3，480－10
　藤原兼家　248－3
　藤原顕忠　85－4，140－9，227－4
　藤原元方　85－5，141－3
　藤原恒佐　136－3·8
　藤原三守　512－14
　藤原氏宗　598－6
　藤原師輔　138－15，139－14，140－1，226－4，422－5，504－6，544－7，666－8，667－7
　藤原時平　2－11，383－7，411－12
　藤原実頼　204－3，226－1·2，376－3，397－6
　藤原是公　375－4，380－6
　藤原清貫　50－2，168－6
　藤原清実　134－3
　藤原仲平　48－14，49－9，

66－8，172－2·4·5·8，495－14
　藤原仲麻呂　581－10
　藤原忠平　306－9，308－4，317－7，427－11，475－7
　藤原道綱　602－3
　藤原冬嗣　286－1，329－10，330－8，331－5，338－16，345－8，410－4，458－6，492－4，509－3，511－16，660－9，662－10，663－15
　藤原冬緒　73－11，582－14，584－7，714－7
　藤原扶幹　41－3·5·14，171－8·9
　藤原保忠　425－13
　藤原良世　584－7
　藤原良房　174－16，186－7，331－15，381－6，394－1，412－7，420－2
　平伊望　387－5，426－11，438－1，471－7
　良峯安世　361－9，461－13，547－14，662－7
大判事（刑部省）　586－13，666－7
　惟宗公方　161－16，498－5，500－7，565－7
　惟宗直宗　243－5
　讃岐永直　524－3·15，588－4，635－15
　中原敏久　525－8
　美麻那直節　604－9
大判事（太宰）　287－1，457－8
大夫　23－9·12·14·15，24－2·6，26－6，27－15，28－3·6·7，40－4，43－16，63－1·16，64－10，67－12，69－12，79－3，102－9，126－5·14·15，134－3·5·12，135－12，137－10，138－7，140－7，142－13，143－2，147－13·16，148－7·8，149－8·10·14·15，150－3·4·7，151－3·5·13·16，159－11，168－13，169－2，173－2，203－13，204－4·6，205－4·16，211－9，244－4，274－8，510－4，528－13，534－9，539－12，541－15，568－2·10～12·15·16，569－1·5·11，589－4·5，590－14，709－12·15，710－7，715－4，719－8
大府　243－10·14，244－1·3·7·11，245－1·4～7·9～11·13，246－2·8
大辨　28－14·15，29－2·6·9·16，30－1·2·4·5·7～9，37－14，39－14，50－6，156－7·8，228－13，229－8·15，308－3，586－12·13，587－8·9·12·13
　源庶明　496－14，498－13
　藤原在衡　139－14
　藤原有相　141－3
大法師
　空海　174－1
　光豊　374－15
大和守　460－2
――介

惟宗公方　565－7
対馬守　507－11
——嶋司　321－12，424－16
帯刀　418－3，428－3，577－1・2
　源教　609－15
——長　576－16
太閤　238－10
　藤原基経　238－9
　藤原冬嗣　95－10・11・13・14
太皇大后宮大夫
　藤原実資　578－6
————権大夫
　源伊渉　370－5
太司馬　236－4，239－15，240－1・3
太師　234－5，235－14，236－14，237－1
太守　228－6
太政官　3－7，13－2，15－10，16－8，17－16，18－5・8・9・11・12，22－4・5，23－8・13，25－15，26－1・4・6・11，31－7，32－4，36－3，49－7，50－9，51－6，59－15・16，60－15，62－13，71－11，82－7～10，89－1・9・13・14，93－1，99－16，100－2・15，101－3，121－2，125－5・12・13，129－1・2，132－16，152－13，153－10・16，154－5・11・15，159－3・9・10，171－12，173－1，174－11，175－4・5・7・8，181－3・6，182－10・11，184－4，186－4，188－2・3・9・12，189－5，191－8，195－4・10，200－13・14，201－3，207－10・15・16，208－2，216－7，224－4・14・15，228－16，229－12・13・16，230－11・13，238－2・3，246－7・15，247－1・8・10，248－16，249－1・2・4・8・9・12，251－3・5・8，252－3・5・15・16，253－15・16，255－5・7，256－1・3・13・15，258－1・3・13，259－16，260－1・12・13，261－2・7・12，262－5・7，263－6・7，264－4・8・10・12・13，266－6・10，267－2・7・8・13，268－3・5，269－16，270－10・13，271－6・11，273－10，275－1・5・10，278－9・16，279－1・3・8・13，286－11，287－6・7・13・14，290－6・8，291－13，293－12，295－15，297－8，299－5・6・8・11・14，300－1・8，301－3・11，302－6・11，303－7・11，305－7・9・16，306－2・16，307－15，312－12，317－1，321－13，322－3，326－4，327－6，328－9，329－8，330－6，331－1・9・13・14，334－7・12，335－5，336－5，337－6・9・13，338－1・14・15，339－3・8，341－1・14，342－3，343－6，344－6・7，345－7・15・16，346－10・13・14，348－1・8・9，349－3，350－12・16，

351－15，352－7・10・12，
353－12・13，356－1・5・14，
357－6・8，358－1・4・8，360
－11，364－4・6，365－9，
366－6・13，368－5～7・14，
369－3・10・13，370－1・10，
371－7，372－2・3・6，373－
1・5・7，374－1・4・11・15，
375－10・14・16，376－8・13・
15・16，377－6，379－7・8，
381－3・5・8・9・16，382－4・
7・11・15，384－14・15，385
－1・5・16，386－3・4・7，387
－15，388－8・11・15，391－
4・11・12，394－7，395－3・
7，396－2・14，397－2・3・5，
398－3，399－15，402－1・
4，404－2・9・10，405－8・13・
16，406－6・16，407－2・5・
8，408－8・15・16，409－8，
410－1・10，411－7・12，412
－7，413－11，415－9，416
－10，417－6，418－8・10，
419－9・10・12・13・16，420
－2・6・7・11，421－8・10，
424－9・12・15，425－4・13，
426－3・10，427－9，428－
16，429－5・6・8・10・14・16，
430－2・3，431－2・4，432－
3，433－5・6・8～10，434－
2・8・16，435－8・14，436－
5・14，437－4・8・15，439－
9，440－4・12・13，441－2～4，
444－15，445－10・12，446
－7，448－5・7・11・15，449
－5～7・10・15・16，450－8・
9，453－12，455－3・9・13，
457－13・16，458－6・11・14，
459－2，460－9，461－2～5・
8・10，462－10，463－2・7・
9・16，464－1・2，465－7・12，
466－6・16，467－13，468－
9・10・15，469－14，470－3・
6・10・11，472－4・10，473－
3，474－1，477－12，478－
11，480－6・13，481－5，
483－7・8・11・12，484－4・5・
9・10・15，485－4・8，488－
7・9，489－11・16，490－5，
491－14～16，493－6・8・9，
494－10・12，496－15，498
－15，501－6・8，502－11，
503－3・11・14，504－11・14，
505－5，506－4，507－10・
16，508－3・9・10・14，509－
9，511－5・14，512－8・12，
513－6，514－2，516－14，
519－6，523－2，546－12，
547－14，548－6，550－7，
551－12・14，553－13，554
－1，555－10，557－7，559
－13，563－6・15，564－1，
575－13，588－5，594－12，
595－10，597－2，598－14，
605－2，608－13，610－7，
611－5，612－7・8・13，613
－1・2，615－8，619－4・12・
16，623－13，629－8，631
－4，660－9・14，661－1・3・
10，662－2・10・14・15，663
－3・7・9・11・12，664－13，
665－8・13，670－5・9，671
－4，673－6，674－7，685
－7・9，686－9・12・14・15，

688－13～15，693－7，700－8·10·15，701－6·11
———史生　26－6·7·9·15·16，27－1·14～16，28－2·4·8·10，30－1，32－5，39－12，53－16，74－14·16，75－7，206－15，227－1·2·3，556－9，563－15，582－12
———使部　17－7·9·10，24－6，31－3，41－11，74－14，225－10·11，226－7，227－1
太政大臣　15－11·13，31～1，61－7·14，62－8，87－9，141－10，147－7，172－9·10，193－3，224－5，246－8，479－3，522－3，523－7～11，524－1，573－7，577－12，585－14·16，586－3·4·8·9·11·15，587－4～7，588－1·6·10·11·13·16，590－3·8·12
　菅原道真　5－9·12·15
　仲野親王　192－10
　藤原伊尹　193－4，247－15
　藤原基経　192－12，196－2，232－9·10·12·15，233－7·8，238－2·9，239－1·2，240－8·10～12，241－2·3·8·9·12·15，242－2·6·11
　藤原鎌足　95－2
　藤原時平　517－1
　藤原実頼　193－4
　藤原忠平　136－10·16，138－10，140－8，171－9，180－14，225－9·11·12
　藤原冬嗣　94－11·12，95－10，96－3，192－13
　藤原不比等　92－1·6，93－16，95－5，190－12，379－1
　藤原良房　96－2，192－9
太倉令（漢）
　淳于意　643－9，646－4
太傅　20－3，234－5，235－14，236－14，237－1
　夏侯勝（漢）　20－3
　羊太傅（晋）　198－2
太保　234－5，235－14·15，236－14，237－1
但馬国司　498－7
　藤原師範　337－5
——権守
　源敏　3－5
丹後介　287－9
——掾　287－9
丹波国司　278－16，291－13
　高橋元韡　327－2
——守
　藤原為雅　276－1
　平随時　529－7，530－2·10
淡路国司　59－16
　阿刀忠行　403－16
　伊勢春支　340－9·15
　菅野直躬　340－9·15
　嶋田良行　403－16
——守
　三善氏吉　609－8
——掾
　清山總世　408－7

藤原保忠　425－13
　藤原良房　186－7，331－15，343－8，381－6，412－8
　文室綿麻呂　289－1
　良岑安世　153－16
単父令
　巫馬期　20－9
　宓子賎　20－9
弾正　15－15，88－9，158－15，517－4·5，518－7·9，519－2·10·12，521－6，522－4·6～8·10·16，523－2·5·7·11～13·16，524－1·4·6·8，525－1·16，526－8·10，528－6，532－12～14，533－9，541－3·11·16，544－12，546－7·8，549－13，550－11，553－3，557－1·7·15，558－3·8，559－12·13·16，560－7，562－4，563－10，567－7，568－8，631－15，635－5，662－13，663－2·3，688－15，689－4·5·7·9
弾正台　88－8，154－11，158－14·16，302－7，330－13，453－14，516－1，518－8，521－13，522－5·10·11·12·16，524－6·12·16，528－7，545－9·11，551－12，552－2，557－8，562－10，575－5·8·12·14，586－13·14，588－10·15，593－11，594－5，598－4·11，599－2，610－11，611－1，612－8，613－2，616－2，631－11·13·16，632－2，634－2·14·16，635－5·6·8，659－16，660－1，661－8·10，663－5·9·11，664－4·7·10，689－4～7·9，690－1
——尹　137－1，404－15，518－8·10，522－1，523－12，586－13
　克明親王　65－14，81－7，168－5～7
　章明親王　134－12·13，591－9
——弼　518－9，519－2·3，522－9，523－12·16，524－6·7，528－12·13，586－13
——大弼
　藤原中正　139－7
——忠　518－11，519－2·12，522－9·11，523－12·16，524－6·7·9，599－2
——大忠　518－10·11
——少忠　518－11
——疏　575－14
——大疏　518－11
——少疏　518－11
　阿蘇公広遠　453－13
——史生　518－11，519－10
——使部　518－11

ち

知司天台事（唐）
　韓穎　566－6
地官　238－11

地子交易使　281－1
治獄　538－1
治部省　16－8，92－11，124－11，126－2，151－4，183－3，188－5，189－1，191－2·4，195－4·7，200－13，201－14，206－8·9·16，207－2·3·10·12·15·16，208－2·6，370－13，371－9·13，372－2·6·13·16，373－11，374－2，375－10·13·15，376－1，377－16，379－14，380－3·10，381－2～4，382－10，383－6，384－14，385－11，391－5，393－7·12，394－6·10·16，395－7·15，396－14，397－7·10·14，398－3·8·15，399－4·16，400－9，402－1，415－12，430－10·11，431－4，448－4·5，454－12·13·16，455－1，456－6，478－14，480－7·13～16，481－2·3，597－2·12，651－4
――卿
　源兼明　32－6，140－4，582－13
　藤原元方　134－2
　藤原斉敏　130－7
――輔　191－2·4·5，201－12·15·16，202－1，206－8·9·11，400－10
――大輔
　菅原道真　2－5
――少輔
　橘忠宗　207－2·4·5
――丞　191－2·4，201－12·15，206－10·11，400－10
――録　191－2，201－12，206－8·10·11，400－11
――史生　376－1
筑後国司
　紀宗守　351－9，387－16，439－10，515－9
――守
　紀宗守　387－16
中衛大将
　藤原房前　94－8
中宮職　133－1，417－1，637－16，638－10
――大夫
　菅原道真　2－12
　源高明　303－13
　藤原顕忠　527－13
　藤原師輔　422－5，504－6
　藤原朝成　248－5
　平伊望　387－5，426－12，438－1，471－7
――亮
　藤原宗家　670－13
――舎人　579－4
　津守梶取　637－16，638－10
中使　88－3，230－11，534－14
中書令（唐）
　斐炎　581－8
中納言　9－13，26－13，27－5，31－1，61－8·15，62－1·8，147－8，150－14，200－16，202－11，580－8·11，585－3·5，586－2，593－11，594－3

菅原道真　2－9，257－8，404－12，407－8，514－4
源延光　248－7
源兼明　578－8
源光　526－14，527－15，528－14，529－1，532－4，688－15
源高明　85－6
源庶明　43－6
源是茂　137－8
源清蔭　44－14～16，226－4
在原行平　373－9
清原夏野　28－6，357－2，382－15
藤原基経　455－9，458－14
藤原吉野　260－15
藤原顕忠　54－13，226－1，527－13
藤原元方　31－14，432－13
藤原恒佐　688－14
藤原公任　441－5
藤原在衡　63－8，83－11，140－9
藤原山蔭　545－2
藤原師尹　85－7
藤原師氏　80－6
藤原師輔　204－5，230－15・16
藤原時平　279－13，336－8，350－3，359－14
藤原実頼　41－8，225－8，226－11，544－3
藤原諸葛　81－1，553－8
藤原縄主　610－10
藤原仲平　50－4
藤原朝成　248－5
藤原朝忠　520－12
藤原冬嗣　613－6
藤原冬緒　295－3，304－8，305－13，452－2
藤原扶幹　171－4，454－3
藤原文範　248－8，595－5
藤原保忠　134－16，135－2
藤原良房　343－8
平惟仲　369－14
良岑安世　153－16，294－3，356－14，433－8，481－8，661－3，663－16
中辨　28－12・13，29－6・11・14，31－2，228－14，586－13
源道方　549－12
中務省　4－16，16－8，24－5，25－12・14，60－14，61－3，62－2・13・15，65－3，71－13，77－11・13，78－10，90－1，91－10，98－16，99－16，100－1・2・4・9・10・12・13，101－14，102－7，125－7，131－2・7，132－13・16，154－5，163－9～11，166－6，170－14～16，172－15，173－1・4，188－2・5・6・8，189－6，191－8，193－1，200－4・13・14，202－6，203－12，216－7～10・16，217－1，219－3・6・11，224－2・5・13，225－4・14，226－9，228－16，229－1・2・9・10，230－2・10～13，

231－12，233－8，290－13，426－4，451－1，463－2，522－7・10，525－10，572－13，589－3
――卿　224－2・4・15，228－8，229－4・5，520－6，589－3
代明親王　180－13・15
藤原房前　94－8
――輔　25－10・13，62－2・10，100－4・12・13，131－7，132－1・6・13・14，216－11，225－3，231－5・13，232－2～4
――大輔　224－2～4・14～16，228－9，229－4～6，520－6・7
源国淵　226－3，231－5・12
朝野鹿取　580－10
――少輔　216－9，224－2・4・14～16，228－10，229－4～7・12・16，230－3，520－7，600－9
橘南金　226－5・9
源鑒　225－14
――丞　25－10～12，61－3，100－4，131－8，132－2，188－12・13，200－2，202－6，203－12，216－7・9～11，218－9・10，225－1・3，229－7
――大丞　225－1，520－8
――少丞　520－8
――録　25－10，61－3・13，62－6・13，67－10，71－13，75－8，132－2，147－5，200－2，203－12，216－9・11・12，218－11，219－11
――少録
御立維宗　225－15
――主鈴　231－5・7～9・14・16，232－2～6，574－7
――監物　132－16
――史生　61－13，62－7・11，147－5・6，188－12・13，216－11・12，218－11
中陽侯
樊宏　19－13
厨家　30－4，102－10，131－8・9，306－2，307－9・11・15，308－2，312－3・9，316－10・12・13・15，321－14
鋳銭司　462－13
冢宰　235－12・13，237－2・6～8・10，245－6，246－15
長官　12－13，16－4，17－15，18－2・8・11・16，19－2・4・5，22－10，102－12，119－7・12・15・16，120－1・2・5・8，121－8，175－2，202－8～10，204－14，205－3，206－12，228－1・2，229－14，252－7，253－5・7，258－5・14，260－3・13，262－12・14，263－13，268－7，271－13，297－1，334－7・12，336－5，357－13・14，383－9，388－11，394－3，401－14，404－11，407－6，412－10・11，444－

1，445－14，459－9·12～16，460－3·5，463－6，469－6，498－1，500－2，507－8，516－13，518－10，519－15·16，520－1～6·9·10·16，521－2，533－7，572－11，573－12·13，577－10，585－14·15，586－8·13·14，587－4，588－1，590－9，666－14，682－4·7，690－12
長岡山陵使　205－5
長門介　287－9
——掾　287－9
——権掾
　良岑貞成　3－6
長羅侯
　樊宏　20－5
長吏　488－15，489－1，553－13
帳内　21－14，418－3，428－3，453－8，579－4，654－2
調使　252－15，253－1·3，254－12，262－6·8·10，263－11，265－8，272－9，408－8·9，414－2·4，427－5
朝使　331－8，492－16，493－14，502－13·14
朝集雑掌　418－3
——使　13－2，16－11，18－5，19－4·5，25－1，101－3，129－5，251－4，261－12，329－10，338－14，344－1，364－4，392－12，408－14～16，409－10，410－2·7～9，412－1，415－3·5，419－12，420－5～7，428－13·14，512－4·14，623－13，660－5·9，670－5，693－7
町長　611－4
直講（大学）　10－16，575－14
　刈田種継　8－16
直丁　31－3（太政官），104－8·16，107－6，108－4，109－3，110－3，111－2，112－3，113－2，518－12（弾正台），565－9·13，697－8（陰陽寮），698－8（典薬寮）
勅使　93－5，164－10，521－9，712－8·10
鎮守府　289－11，385－11·16，386－1·2，462－5·12，480－16
——府将軍　386－2，575－15
——監　575－15
——曹　575－15
——府史生　480－16
——府掌　289－11

て

廷尉　528－5·6，537－15，640－9
　源中正　543－14
廷尉正
　黄覇　19－10
笛工　124－12，126－10

天官　238－11
天文博士　697－4·6
——得業生　697－9
——生　697－6·9·12
典侍　596－9·10
　源琁子　546－2
　春澄給子　620－10
　藤原灌子　520－12，620－14，621－3
　藤原貴子　594－5
　当麻浦虫　620－6
典薬寮　60－13，65－8，210－6～8，282－3，284－2，285－2，366－3·4·9·10，440－5，445－10，697－1·2，698－3，700－6·9·10·13·14，701－3·13·14，706－5·9，713－9，719－14
——頭　698－3，700－2
　源道　366－3
——助　698－3，700－2
——允　698－3
　竹田千継　713－14
——大属　698－3
——少属　698－4
——師　701－3
——生　418－4，428－3
——使部　698－8
——咒禁博士　698－6·10
——咒禁師　698－6
——咒禁生　698－7·11，700－2·11，701－5·7
——針博士　698－5·10，706－12
——針師　698－5，700－13，706－5
——針生　698－5·10·14，699－7·8·14，700－2·5·9～11·13·15·16，701－2·7，709－3
典鎰（中務省）　133－1，574－7
典履（内蔵寮）　574－7
田司　119－10
殿司　64－16

と

都維那　675－13
都督　234－15
渡子　418－4
図書寮　80－3，100－6，175－8·14，176－9·15，177－11
土佐守
　雀部是連　86－15
——介　287－9
　菅原高視　3－6
——掾　287－9
弩師　181－3（国），480－16（陸奥出羽鎮守府）
冬官　238－11
東莱太守
　楊震　19－16
東宮傅　575－14
——学士　575－15
　高階信順　530－14
　大蔵善行　714－9
東市正
　当世基宗　528－10，640－2
東大寺知事　402－1
統領　289－6·8
得業生　8－15，9－16，10－6，697－9·10·12

藤原兼輔　537－11・16

読師　48－9，363－2，368－4・5・8・10・15，369－11・12，370－9・12・13，371－1～6・9・11・13・16，372－3～5・7～10・13・16，373－5・7・11・13，374－1・3・4・6・7・11～14，375－9・12～14，376－3・9～12・14，377－4・8，383－9，384－2～4・6・7，387－2・14，388－2・4・13・14・16，389－4，395－2・4・8・10・12～14，401－8，402－4，403－5・9・10・13，404－1，477－15

　聖円　369－11・12

屯田司

　淤宇宿祢　118－7

な・に

内記　24－5，29－16，30－2，31－2・3，63－8，64－8，67－12，74－13・16，133－1・9，151－6，171－9，224－4，225－3・10・11，226－5・8，229－3，230－9，231－1・2・5・11・15・16，232－1

――史生　31－3

内教坊　64－9・10・14

―――別当　64－9・10

内侍　38－6・8，41－15，43－11・12，57－10，61－2，62－14，63－6・14，64－10，65－2・16，71－4，74－9・10，75－6・8・13・15，79－4・10・11・14，87－16，88－1，93－6，97－4，100－14，102－1～3，122－3，124－8，126－1，127－4・8，133－5，135－11・16，137－3・9・14，140－13，147－12，148－7，149－2，151－9，176－7，177－5・7，178－1・3・15，200－4・15，201－5・7・11，202－13，203－1・2，216－10，219－3・6・11・12，220－2，222－4，225－4，226－13～15，227－7，230－11，247－8・9，249－15・16，250－1，290－6

内侍司　97－10，451－2，525－2

――所　9－16，98－7，100－16，206－13，222－11

内舎人（中務省）　71－7・8，124－14，125－7・8，126－14，131－8，132－1・2・6・16，188－10・11・13，189－4，200－2・9・14・16，201－2，202－6・8～10・13，203－3・14・16，204－4・6・13・15，205－4，216－7・9・11～13，218－8，219－6・8，333－6，573－13

　藤原輔道　205－6

内匠寮　176－4，217－3，220－13，555－12

内竪所　98－7，202－12

――頭

　安倍某　69－13

内竪　10－3・4・10，37－1，64－12，66－1，69－

13·14，79－2，81－3·8，90－8，91－3·9，100－6·14·15，102－5，106－15，122－3，135－7，138－11，139－16，141－9·12，148－3，149－15，150－16，188－10～12·14，202－6·14，203－15，205－3·5，206－11·12，216－4，231－4·9·10，563－15，564－1，711－16

内臣　99－1

内膳司　63－4，64－9，78－9，98－1·15，102－5，121－11，133－13，134－5，138－3，147－14，163－5，170－10

——所　137－6

——正　149－16

　忠茂王　134－3

内蔵寮　9－16，61－13，62－13，63－3，71－16，74－11，75－7，90－8·11，91－3·5，97－16，98－1，117－4，127－4，129－13，133－1，165－4·8·11·16，166－8·9，167－8·12·13，176－1·2，177－2·3·7·9，178－3·5，179－4，180－9，188－4，191－1，201－2·7，202－15，203－13，204－13，321－15，322－2，462－16，463－2

——頭

　源某　426－13

　藤原常行　6－2

　藤原文範　274－15

——助　168－5

——史生　201－7

——主鑰　574－7

——典履　574－7

内大臣

　藤原魚名　195－1，413－12，469－10

　藤原鎌足　91－14·16，92－2·3·6·7·9，93－12·14，190－13，194－6，197－4

　藤原公季　532－6，587－10，604－11·14，605－4

内辨　69－2，135－10·11，137－3·6·9·15，138－1·4·5·7·11，139－16，140－1·9·11·13，141－1·11，147－12，148－1·13，149－1·6·10，150－3·14，151－11，179－9·10

内薬司　701－8·10

——正　600－9

内礼司　518－16，522－7·9·10·12，525－11

——正　522－7

二宮舎人　305－6，575－16

ね・の

祢宜　337－14，338－1·4·7，339－5～7，340－8·10·12·13，341－1·4，357－5，415－12，417－12，418－3，421－6，428－3，478－10

能登守　275－13

——介　275－13，287－9

——掾　287－9
——権掾
　源厳　3－4
納言　16－1，23－14，24－3，28－13，29－3・4・15，30－6，37－3・12，39－11，79－4，130－13・14，131－6・7・13・16，132－1・4・6，134－16，147－3・4，148－1，149－1，150－8・14，151－11，171－8，202－11，203－3，551－7，629－9
　橘広相　233－7
　藤原定方　142－12

は

馬寮　13－14，38－13，39－5・7・15，40－8・9・13，42－6，43－13～15，44－3・5・11・14，52－7・9・11・16，53－10・16，54－1・5～7，572－14，598－9・10，620－9・10，621－4・8
——頭　39－5，40－5・13・14，43－14・15，52－7，53－9・10
——助　37－4・15，39－5，40－5・13・14，43－14・15，52－7，53－9・10，54－3・5
——允　37－15，39－15，53－16
——属　37－15，39－15，53－16
——馬医　14－8，40－8
馬部　71－10
伯耆国司
　橘家肥　337－2
　小野高峯　157－2
——権目
　山口高利　3－5
博士　9－7，10－3～7・10，67－8，68－3，69－4・5，164－5，181－2・3（国），230－9，238－10，240－8・11・16，241－1・3，259－2・3・7・8（国），264－9・12（国），281－7（国），287－2（太宰），316－16，317－1・3，341－10（国），457－9（太宰），461－7・9・12（国），461－15（国権），462－6・8（国），480－16（陸奥出羽鎮守府），574－7，574－9（国），585－11（国），715－15，716－1，720－5・10
　橘広相　241－6
　下道真備　146－13
　孔覇　20－3
　佐伯廉宗（国）　408－7
　三統元夏　67－7
　善淵愛成　234－10，238－1
　大江朝綱　67－7
　中臣丸連張弓　58－14
八省　16－8，49－16，62－2，560－11・12，586－1，587－6，635－4
八省卿　404－15
判官　17－15，18－8・11，124－10，126－9，130－11，224－14，412－10・11，445－14，459－9・13・14，460－5・7，464－3，519－14，

520－1·2·5·6，522－1，533－7·9，573－13，574－1·2·4·7·8，575－14·16，666－15，682－7，685－1，700－7
判事（刑部省）　89－8，469－1，507－11（太宰），573－13，586－14，635－8，682－9·10
伴部　453－8，563－15，564－1
播磨国司
　伊与来目部小楯　127－13
　藤原智泉　327－11
——権守
　菅原是善　105－7
——権介
　滋野善言　602－3，604－13
——大掾
　惟宗直宗　243－5
　山田吉麻呂　456－3
——権少掾
　菅野正統　130－15
番長（近衛府）　38－8，39－5，52－5，70－3，98－10，220－9，551－13·16，552－2

ひ

非参議　28－14，29－2·16，39－3·7，40－16，42－14，62－8，80－13，147－8，149－10，188－9·10，200－16，205－1·2，558－8，559－4，580－9·10·12，598－13
非侍従　107－14，200－14
秘書監
　魏徴　580－15
肥後国司
　多治是則　361－5
肥前国司
　小野保衡　388－3，477－7
　藤原高堪　477－9
飛騨掾　287－11
——権掾
　菅原景茂　3－4
備後国司　498－7
——権守
　藤原文範　130－7
——介
　大春日真野磨　106－4
備前国司
　藤原興忠　402－7
　藤原繁時　161－12，339－13，402－7
——介
　藤原中清　441－1
——国雑掌
　右生吉倫　441－1
備中守
　藤原為光　248－13
——権守
　源道方　605－6
——介
　下毛野年継　251－4
　三善清行　609－12
——権介
　大春日良辰　597－14
尾張権守
　藤原道綱　160－12
——国雑掌

尾張成安　440－11
美作守
　和薬貞世　3－5
――権守
　藤原文範　274－15
美濃国司　507－11
　嶋田忠臣　340－3
――権守
　源時中　160－5

ふ

不堪佃田使　412－12·14～16，413－1·2，491－5·7～12，496－2·10·14，498－9·13
巫部（神祇官）　123－16，126－12
府雑掌　424－11·15，425－4～6·8·10
府使　271－1，331－10，639－5·6
府生　519－8·10
府生（検非違使）　517－6·7·10，522－16，528－9·15，533－11，632－5
　当世基宗　531－15
輔（省）　154－9，586－13
撫軍録尚書事　240－2
舞陽侯
　樊噲　235－16
儛師　714－2
武蔵国司　36－3，50－9，51－6
　藤原維幾　403－2
　藤原善方　368－1，403－2
覆囚使　413－6，693－7
覆損使　484－16，490－1
文学（東宮）　573－14，574－7
文章博士　64－2～5·15·16，65－5
　菅原是善　60－11，105－7
　菅原道真　2－4
　橘広相　238－8
　橘直幹　67－7·14
　三善清行　3－12
　三統元夏　67－14
　大江朝綱　225－12，387－8，471－9
文章得業生　554－5·13
　菅原道真
――生　4－3，9－2，61－1，496－5（→擬文章生）
　菅原道真　2－1
文殿　563－15，564－1

へ

兵衛府　204－11，222－4，249－16，305－6，580－3
――督　564－7
――佐　564－6·7·9
兵衛　204－10，222－4，249－16，418－3，428－2，453－8
兵庫寮　217－6，229－1，572－14
――頭
　某忠幹　551－6
兵馬司　364－4

兵部省　1－6·8，10－15，15－7，16－12，18－8·9，21－3，78－2，82－8，97－2，101－4·15，154－5·9，155－4，181－6·8·9，289－5，334－8·13·14，336－4·5，364－4，366－11～13，367－1，430－13，448－14，454－12·13·16，455－1，562－10，588－11，599－2～4，659－13，660－13，661－2·4，663－14，671－9·10
――卿　137－1，584－13，585－6
　克明親王　134－12
　藤原隆家　585－9·10
――輔　149－2
――少輔
　菅原道真　2－3
――少丞
　藤原定佐　561－8
――尚書
　藤原隆家　585－4
幣使　189－1
別当　31－6，138－7，141－8
　良峯安世　356－14
別当（牧）　11－3，13－3·16，14－8，50－11，366－14～16
　小野諸興　49－10
　藤原惟條　36－8
別当（寺）　388－14，396－16，397－1，399－4·5·7，401－11～14·16，402－2·3，403－10·13，404－1
別当（下野国薬師寺）　395－2·3·5·10～12
別当（大宰府四王寺）　396－7
別当（北野神社）　5－16
別当（東大寺）　596－15
別当（興福寺・元興寺・大安寺・薬師寺・西大寺・法隆寺・崇福寺・弘福寺・四天王寺）　596－16
辨　23－8～10·12·14·15，24－2·4·6，26－5·6·10·12～14·16，27－1·7·9～12·14·15，28－3·6·7·9·13·16，29－1·3～5·10·14·16，30－6·14·15，31－5，37－3·13～15，38－2·3·7，39－12～14，40－2·5·15，41－6·7·10·13，53－15，54－3，63－8，74－13·16，75－6，80－11，93－5，102－9，125－5·12，126－14·15，129－1，131－6～8·12，132－1·6，135－3，138－13，149－2，151－8·13，154－8，155－1，156－6，171－12，173－2，188－3·5，200－1，201－13，204－4，206－6·11，227－11，230－9，517－3·5，575－8
辨官　15－14，16－8，20－12，26－5，29－7，31－5，57－10，65－1，82－7，87－13，88－1，89－9·10·14，100－2·15，101－3，124－14，140－16，148－6，154－10·15·16，171－12，173－1，201－6，206－4，207－15·16，227－1·2·7，

228－11，229－8·9·13，230－3·4，254－11，419－15，469－14，508－10，519－15，567－4，580－1，634－16，635－6·7，637－6，687－8
辨官庁　31－5
辨史　532－11～13，533－3，548－15，554－7，555－1，556－11，564－3
辨済使　272－8·14

ほ

保衡　234－2，235－8·10·11，239－6
保長　514－11·12，515－2
烽長　418－4，453－8
奉祭使　551－6
奉膳（内膳司）　149－16
豊後国司
　藤原世武　439－14
豊前守
　宇奴男人　45－4
――権介
　物部広連　87－1
縫殿寮　124－9，126－1，129－15，133－1，135－12，187－5，201－5·7，203－2，206－4，210－10，451－2，542－1，550－3·4，558－16
防鴨河使
　藤原成国　528－4
　平随時　529－7，530－2·10
――――判官
　林重親　605－1
防人　335－5，444－14，445－4，453－8，654－3
――正（太宰）　287－1，457－9
――佑　287－2，457－9
坊長　418－4，453－11，599－11，610－11，611－2，692－8
坊令　72－13，73－2·9，453－11，599－10，611－16，663－1·2·5，692－8
卜部（神祇官）　71－10，87－16，124－1，125－15，
牧監　11－3，13－3·5·7·16，14－8，38－8，51－9·10，54－4，288－10，363－1·4，366－11·15，367－1·9·14
　多治基国　42－4
牧子　11－4·9，12－8·9·14，364－16，365－2·4·5·10·15·16，366－1，367－1·7·9·14，445－12，453－10，615－16
牧長　11－4，12－11·12·15，13－1，418－4，453－10，616－1
牧帳　11－4，12－11·12·15，453－10，616－1
僕射
　鮑永　19－13
――直書令
　孔光　20－4

み・も

民部省　16－8，24－5，

119−6，121·9·14·15，155−6·7，158−10，159−10·16，184−8，186−4，251−11·12，253−4·9·16，254−1·11，259−15·16，260−10·11，261−14，262−11·16，263−7·8·13，265−7，266−5·6·9·15，267−16，268−2，269−4·9，274−9，276−12·15，277−13，282−16，283−6，285−12·13，287−16，288−5·10·11·16，289−9〜13，290−6·8·13，291−1〜3·5〜12，292−1·3，293−2，295−2，296−13，297−10，299−13，300−5·8，304−6·14，305−16，306−13，311−13，312−12，316−11·14·16，317−1·2，321−9·15，322−1，325−8·9，328−10，329−2·7·15，330−16，331−12，338−13·15，342−6·11，343−1，344−6·15，350−11，353−15，377−11，404−7·5·16，405−9〜11·15·16，406−12，407−2，408−1〜4·14，409−3·12〜16，410−7·12，413−15，415−3·4，416−13，417−5·7·15，418−1·2·8，419−9·10·12·15·16，420−2·5，421−10·13，422−7·14，423−1，426−3·5〜7〜12，427−6·9·12，428−3·4·6·11·12，429−3·4，430−13·14·16，431−3〜6·15，432−7，433−4·7〜11·13·14，434−2·8·16，435−3·8，436−5，437−1·4，438−2，440−12，441−2，445−8，446−2，447−1·9−13，449−5·6，451−8·9·11·13·14，452−1，453−12，454−4·11·12·14·15，455−2·3·9，456−2·7，457−12，458−2·3·7·9·15，462−6，464−4，476−6，479−10·14，481−5，483−7·10·11，489−10，491−13，492−12，501−8，502−9·11，503−3·5·9·11·14，504−1·7·11·13，505−5·13，508−12，511−15，513−5·10，514−5，638−8，668−12

——卿　353−15，585−15

菅原道真　2−10·12，257−8，404−13，407−9，514−4

源是茂　138−4·6

源能有　256−9，279−8，301−11，690−5

在原行平　373−9

清原夏野　382−15，502−11，662−14

藤原元方　140−9，432−13

藤原清実　134−3

藤原仲麿　94−4

藤原冬緒　73−11，295−3，304−8，305−13，452−2

藤原文範　248−8，595−5

藤原保則　553−9

藤原良房　174－16，186－7，331－15，381－6，394－1，412－7，420－3
平伊望　82－1，136－16，137－3，387－5，426－11，438－1，471－7
——大輔
橘好古　86－4
源方理　602－2･4･9
——権大輔
在原弘景　527－1，528－16
伴彦真　432－13
——少輔
惟宗公方　432－12，498－5，500－7，666－7
菅原道真　2－3
春澄善縄　60－11
——少丞
紀常直　406－13
——大録
秦経則　406－14
文武並　86－10
命婦　94－7，127－4，156－3，589－3･5
保子女王　161－15
明経博士　1－5，8－12，9－2，161－1･2，238－6
善淵愛成　240－14，243－10
——助教
中原月雄　240－15
——学生
秦維興　553－9
明法博士　161－1･2，243－12，496－15，498－14，602－5，666－9
惟宗允正　591－8，604－10，616－15
惟宗允亮　276－5
惟宗公方　253－13，465－2，498－5，500－7，565－7，635－14，666－7，671－14，672－13，673－4･8
額田今足　298－5
紀春宗　542－5
讃岐永直　635－2
讃岐公広　565－11
貞江継人　586－7
凡春宗　243－4
美麻那直節　604－9
木工寮　133－1，165－16，176－12，201－3，444－15，448－9
——助
藤原尹風　168－12
有宗益門　105－9
問民苦使　413－6
紀広浜（東海道）　344－7
藤原浄辨（東海東山道）　423－1
——訴使　413－7
門部（衛門府）　418－3，428－2，529－9，666－10･12･13，667－2

や

薬園師（典薬寮）　698－7
——生　698－8･11
薬司（典薬寮）　60－13･14，698－11
薬生　418－2，706－8，709－5
薬部　698－11･12

ゆ

右衛士　71－8

右衛門府　38－3，40－3，41－5･13，44－8，97－8，202－6, 517－6･9, 522－14，527－14，528－1，532－6，551－12，556－6，558－2，633－6･8, 639－9, 665－14，666－8･12･13，667－2

———督　38－4，40－4，667－4

源伊渉　370－5

源高明　665－15

源清蔭　44－9，137－6

源当時　640－4

藤原兼輔　136－5

藤原恒佐　66－3，135－6，688－14

藤原斉敏　248－11

藤原師氏　79－8

藤原時平　31－7

藤原忠光　204－5

藤原朝忠　520－12

———佐　667－4

安倍雄能磨　620－5

———尉　633－2，666－13，667－5

惟宗允亮曾祖父　517－1

菅原景茂　3－4

小野道風　666－1

藤原正秀　168－10

———権佐

橘好古　665－16

橘公佐　639－13

源当時　532－2

高階信順　530－14

小野好古　544－6

藤原成国　528－4

平偕行　529－15

平随時　530－2･10

———大尉

藤原好行　637－10

藤原守人　666－2

———少尉

宮道忠城　530－6

藤原嘉会　79－7

藤原清澄　633－2

藤原忠見　639－12

藤原忠用（周）　666－5

藤原倫寧　666－4

———権少尉

源忠光　666－3

藤原助信　666－6

平祐之　594－11

———志　667－6

林重親　605－1

———少志

惟宗善経　531－16

秋篠綾雄　633－3･5･8

大春日亮庭　633－10

氷車貞椀　531－14

林重親　634－13

———権少志

錦春蔭　639－11

———右看督　611－6･9･11

———右看督長　529－11･16

———府生　556－6, 558－2，639－9

右官掌（太政官）　17－8

右京職　72－13，73－2･9，217－6，292－13，295－12，296－2，300－16，302－7･9，330－7，514－8･11，

515－1·3，597－11，605－2·4，611－16，612－8，663－2·3·11·12
——大夫
　菅原道真　2－7
右検非違使庁　302－7，526－15，527－15，528－1，529－1，542－1，597－12，632－5
————府生　632－5
　竹田貞主　632－7
右近衛府　9－5，39－12，40－6·10·11，42－4，43－13，44－3，52－9，53－1·15，54－3·7·9，63－13，79－13，82－4，97－8，131－16，133－2，139－2·4，141－7，179－6，202－5，204－9·11，222－6·10，418－3，428－2，526－6，551－12，556－7，597－11，611－6
———大将
　菅原道真　2－11·12
　藤原基経　175－15
　藤原兼家　248－3
　藤原顕忠　43－9
　藤原師尹　274－12
　藤原師輔　667－7
　藤原時平　279－13，336－8，350－3，359－15
　藤原実資　12－4，616－14
　藤原実頼　41－12·15，42－9，44－10，49－2，137－2·4，138－4·7～11·15，139－2·3·6～13·15·16，140－1，168－13·16，169－1·4·8·9·13·16，376－4，397－6
　藤原仲平　49－9，495－14
　藤原忠平　475－7
　藤原定方　136－6
　藤原冬嗣　345－9
　藤原保忠　137－15，425－13
　藤原良房　174－16，186－7，331－15，381－6，394－1，412－7，420－3
　良岑安世　153－16，294－3，356－14，361－9，461－13，481－8，547－14，661－3，662－7，663－16
———中将　39－2，41－9，42－13，43－15，160－11，578－7
　源英明　49－16，65－13
　源延光　80－7
　源重信　578－8
　源頼定　578－6
　藤原師輔　136－2～6·8·11·12，171－6
———権中将
　源延光　79－12，520－14
　藤原常行　6－2
　藤原道綱　160－12
———次将　15－2，43－14，53－9，222－10，571－1
———少将　15－3，39－2，43－15，64－13，160－11，164－11
　在原弘景　527－1
　藤原清遠　80－5
　藤原忠文　79－7

藤原忠房　54－12
藤原朝頼　42－6
藤原有年　50－16
―――亜将　54－2，132－3・9
―――将曹　148－15，149－4
坂上安生　544－15
―――将監　64－6，90－7，91－2，134－15・16
藤原方儀　67－14・16
平安直　169－6
―――将　40－11，80－10
―――番長　38－8，39－5，52－5，551－13・16
右近看督
山口今継　545－13
右史　575－1，586－12，587－8
右史生（太政官）　17－6，30－1，125－13・14，129－2
右使部（太政官）　17－8・10
右将　41－8
右少史（太政官）　17－4，84－15
惟宗貴重　369－15
媛女副雄　685－12，686－1・5
我孫有柯　465－2
御立維宗　666－7，667－9
讃岐当世　524－9
山文宗　84－16，87－6，665－10
宍人永継　206－15，670－13
船隆範　290－14
大春日安永　611－3
凢春宗　558－1
坂本鷹野　687－6
肥田維延　160－16
笠雅望　51－12，86－11
右少辨　16－16
源希　241－8
源俊　666－7，667－9
源相識　225－10・13
源某　160－2，426－13，438－3，454－5
高階信順　530－14
藤原広業　290－14，605－8
藤原国光　83－13，292－8
藤原佐世　238－8
藤原清貫　302－8
藤原千乗　611－3
藤原村田　685－14，686－2・7
藤原当幹　307－13
藤原当道　687－2・4
藤原某　665－10
右相府（右大臣）
菅原道真　3－12
藤原師輔　197－6，527－9
右大史　17－2，84－9
海業恒　292－8
海董仲　274－15
檜前某　426－13
菅野某　430－6
御船有方　302－10，449－9
御立惟宗　84－11，514－16
出雲蔭時　84－10
秦貞興　632－10
石城文信　441－6
多米国平　370－7

大春日晴蔭　3－4
大窪某　438－3
物部某　306－14
凢春宗　243－4
凢某　303－5，494－8
右大舎人　71－6
右大臣　15－16，16－1，17－15，18－9，22－4，31－1，61－7･14，62－8，87－9，172－9～11，223－11，224－7，229－14，230－4，246－10，399－15，479－4，519－3，523－2･3･11･16，524－1･4～6，577－12，585－14，586－4･8･9･11，587－4･7･16，588－2･5･10，590－8，593－11，594－2，685－4
菅原道真　2－1･12･15，3－2，5－4
吉備真備　719－9
橘氏公　194－6
橘諸兄　145－11，146－9，378－15
源光　3－3，50－11，136－14，259－5，307－12，434－13
源常　267－13，297－3，331－7，347－5，348－14，409－7，410－10
源多　316－16，542－11
神王　343－6，348－2･9，356－5，358－2，368－11，372－4，397－15，405－1，466－12，489－12，598－15，660－3
清原夏野　121－5，501－11，509－10，580－10，663－7
丹比真人嶋　583－13
長屋王　71－3
藤原園人　186－4，344－16，381－4，411－8，490－3，511－7，512－10，559－14，610－8，663－12
藤原基経　93－2，107－8，295－15，296－11，357－6，386－4，393－8，664－11
藤原継縄　89－3，251－9，342－7･12，343－2，368－6，372－3，615－9，616－5，631－6
藤原顕光　292－15，587－10･11
藤原顕忠　180－6
藤原恒佐　41－9･10，137－1，159－16，436－2･16，496－2
藤原三守　328－13，329－16，405－3，446－11，502－13
藤原師尹　130－7
藤原師輔　10－12，32－10，49－4，51－9，54－15，67－11，69－7･9･12･13･15，83－9，140－11･12，141－1･7･8･12，195－5，546－16，547－3･7，551－6･15，582－12
藤原氏宗　399－5
藤原実頼　43－4，182－4，271－2
藤原緒継　372－7

- 藤原是公 467－1，479－11，480－1
- 藤原仲平 81－15，82－1，135－10・12・16，136－7
- 藤原忠平 13－3，133－8，180－1，303－3，430－5，494－4，497－4，499－4，632－6
- 藤原定方 138－16，180－11
- 藤原冬嗣 121－2，293－12，300－1，377－16，356－9，380－14，392－4，461－11，480－3，481－6
- 藤原内麻呂 59－15，60－1，94－5・11・13，158－15，159－7，252－8，258－6，260－4，268－8，271－14，288－14，337－10，344－12，391－5，398－9・16，405－13，408－6，411－4，490－2，513－15，559－9，608－14，612－11，613－3
- 藤原豊成 581－10
- 藤原頼忠 248－1
- 藤原良世 31－7，301－3，450－1，531－8，611－11
- 藤原良相 73－5，120－3，121－6，186－9，254－4，264－13・16，339－1，372－14，433－11，447－1，462－10，526－13，611－3
- 藤原良房 97－11，175－6，252－16，253－6，262－7・13，277－5，392－9，394－8，395－3・11，408－11，409－1，420－7・14，428－16，429－8・10，448－5，492－14，493－12，494－16，507－15，516－3，545－12，632－1
- 右大辨 16－12・14，29－7・8，31－2，404－15
  - 紀淑光 425－15，514－14
  - 橘広相 558－1
  - 橘澄清 475－11
  - 源庶明 552－3
  - 源相識 139－6・10，226－6
  - 大枝音人 526－13
  - 藤原好古 32－9
  - 藤原行成 292－14，377－13，585－9
  - 藤原在国 182－14，597－14
  - 藤原邦基 339－9，395－16
  - 藤原有相 86－1，141－2，205－11，514－16
- 右中辨 16－14・16，29－10・12・13
  - 菅原資忠 428－9
  - 源俊 86－5，141－5
  - 源俊賢 161－7
  - 源道方 532－6
  - 大伴国道 685－13，686－6
  - 丹墀貞岑 203－12
  - 藤原家宗 670－13
  - 藤原在衡 171－5，231－2
  - 藤原冬緒 105－8
  - 藤原副宗 687－6
  - 藤原文範 182－7

藤原邦基　312－10，321－10
藤原有相　86－2，431－1
藤原某　303－16
平希世　306－14
右直丁（太政官）　17－12
右馬寮　13－9･12，14－2･3，15－4，36－11，38－8･11･14, 39－3･12, 40－10･12，42－10･12･13，49－5･16，52－10，53－15，54－2･8･10･14, 97－8, 156－5, 165－5，167－4，282－3, 284－2，285－2，330－14･15，366－12，430－13，440－5，522－14，598－7，620－14，719－14
――頭　15－1，38－11, 39－3，54－2，156－5
源浣　42－7
源某　545－3
――助　15－1･2，38－11，39－3，42－10･13，54－2，156－5
源清重　42－6
藤原有良　168－9
――属
山口高利　3－5
右府生
飛鳥戸好兼　527－5
右兵衛府　64－1，79－8, 97－8，133－2，202－6
―――督
源重光　248－9
源博雅　80－4
藤原高経　164－10
―――佐
藤原滋実　542－1
―――権少志
布勢春岡　545－1
右兵衛　3－8, 204－7･9･11，222－6･10
右辨　230－4
右辨官　15－10, 16－11, 17－15，297－14，548－16, 552－11，554－8，596－7
藤原行成　587－14
右門部　529－9
佑　555－7

よ

預　206－5（大蔵省），611－7～9（施薬院）
鷹飼（諸衛府）　544－13～15, 545－4･6･12･16
鷹所　544－15
鷂飼　545－1･4･6
鷂所　545－1

り

里長　194－9, 424－7, 453－10･11，488－7，599－10，692－8
律師　400－4, 401－3, 481－3，541－3，596－14, 597－7，598－10
慧達　6－3
静安　174－3･7，175－11
仁斅　375－13，397－1
臨時使　164－1

——幣帛使　72－13, 73－2・9

れ

暦博士　99－1・8, 100－9, 697－5
大春日真野麿　105－10, 106－4
暦生　99－8, 697－6・9

ろ

廬江郡掾
厳麟　19－14
漏刻博士　697－7
漏剋守辰丁　418－3
録　11－1, 22－12〜14, 24－10・12・13・15, 25－3〜7・10・12, 26－2, 126－5・8・9, 154－8, 188－12
録尚書事　234－12・13・15, 236－4, 239－15, 240－1〜3
六衛府　278－3・4, 555－16, 588－12・15, 612－12, 613－2, 620－4
———次将　555－16
———督　588－12

わ

和泉国司
藤原文林　510－10
——守
長峯茂智麻呂　476－12
布瑠高庭　476－10・13
良臣豊田麿　476－13

2 位　　階

一品　22－4，61－6，290－3，573－14

　仲野親王　192－10

二品　61－6，290－3

　長野親王　714－8

三品　61－6，290－3

四品　61－6，290－3，714－10

一位　61－8，479－4，522－3，571－10，572－4，575－5，576－1·5·11，577－16，589－14，590－5，593－11，594－1·3·6

正一位　5－3·6·10，192－13·14，193－3，290－3，478－15

　王氏　192－15

　菅原道真　5－14

　宮道氏　192－14

　当宗氏　192－11

　藤原鎌足　95－2

　藤原冬嗣　96－3

　藤原不比等　199－11

　藤原美都子　96－3

　藤原良房　96－2

従一位　290－3，478－15

　橘三千代　379－1

二位　61－8，479－4，558－9，567－7，572－4，576－1·5·12，580－8·10，585－3，593－11·12，594－1·3·6

正二位　290－3，478－15

　菅原道真　4－15，5－4

　橘諸兄　378－15

　藤原伊尹　247－15

　藤原道長　196－13，605－9

従二位　290－4，478－15

　菅原道真　2－1·13，3－9，4－11·14

　源兼明　247－16

　源高明　195－6，303－13

　源多　295－9，304－12，373－12，430－3，452－8，542－3

　長屋王　71－3

　藤原三守　512－14

　藤原師輔　83－9，667－7

　藤原実頼　83－8

　藤原夫人　94－4

　藤原良世　96－15

三位　22－4，23－15，31－1，61－8·9·15，61－1·8，65－14，147－8，171－13，188－9·10，200－16，205－1，452－15，453－7，455－15，479－3，519－2，557－13，558－6·8·9，559－4，567－1·7，571－10，

572－4，575－5･8～10･12，576－4～7･12，577－12･15，578－4，580－8･10，585－3･8，588－14，589－14，590－4･5，593－10･12，594－1～3･6，598－13，604－1，613－8，655－5･6，666－16

正三位　290－1･4，478－16

菅原道真　2－11

吉備真吉備　329－8

源伊渉　370－5

源雅信　248－2

源時中　160－5

源能有　259－9，266－11，279－8，301－11，690－5

在原行平　373－8

清原夏野　502－11，662－14

多治池守　583－15

藤原園人　338－2，379－10

藤原吉野　3－10，260－15

藤原兼家　248－3

藤原顕忠　85－4

藤原元方　85－5

藤原氏宗　598－6

藤原師尹　274－12

藤原時平　383－7，411－12

藤原是公　380－6

藤原仲平　49－9，495－14

藤原忠平　306－9，317－7

藤原冬嗣　286－1，329－10，330－8，331－5，338－16，345－8，410－4，458－6，492－4，509－3，511－16，660－9，662－10，663－15

藤原冬緒　73－11，295－3，304－8，305－13，452－2，584－9

藤原保忠　425－13

藤原房前　94－8

藤原頼忠　248－1

藤原良世　584－8

藤原良房　174－16，186－7，331－15，343－8，381－6，394－1，412－7，420－2

牟漏女王　94－3

良岑安世　153－16，294－3，356－14，433－8，461－13，481－8，547－14，661－3，662－7，663－16

従三位　290－4，478－16

菅原是善　2－1

菅原道真　2－9，257－8，404－12，407－8，514－4

源延光　248－7

源兼明　68－8

源光　526－14，528－14，529－1

源高明　85－6，665－15

源重光　248－9

源重信　248－4

源庶明　85－13

神王　278－1，288－6，449－2

清原夏野　357－2，382－15

大伴安麻呂　581－1
　藤原葛野麻呂　513－11
　藤原灌子　620－14，621－3
　藤原基経　175－15，455－9，458－15，459－6，467－13，470－4，480－10
　藤原兼通　248－6
　藤原恒佐　688－14
　藤原在衡　83－11
　藤原済時　248－10
　藤原師尹　85－7
　藤原師輔　422－5，504－5
　藤原時平　279－13，336－8，350－3，359－15
　藤原実頼　376－3，397－6
　藤原忠平　475－7
　藤原忠輔　551－4
　藤原朝成　248－5
　藤原道綱　160－12
　藤原扶幹　454－3
　藤原文範　248－8，595－5
　藤原隆家　585－10
　藤原良房　371－10，394－13
　文室綿麻呂　289－1
　平伊望　387－5，426－11，438－1，471－7
　平惟仲　369－14
四位　23－15，31－2，40－6，61－8・9・15・16，62－1・8～10，88－4，107－14，132－1・14，147－8，149－9，153－10，154－11，165－3，167－3，171－13，179－16，188－10・11・12，200－16，201－1・2，203－11，205－1，206－12，216－12，500－3，519－3，550－5，552－14，555－14，558－1・6，566－15・16，571－10，572－5，575－5・8・12・13，576－4・5，577－13・15，578－6・8・9，579－14，580－1～3・8，585－3・8，589－14，590－3・5・6・10，593－10・12，594－1～3・6・15，613－8，655－12，662－3
四位下　591－16，592－1
正四位　152－10，290－4，478－16
正四位上　290－1
　源道方　605－6
　巨勢奈弖麻呂　583－16
正四位下
　源保光　248－12
　粟田真人　581－1
　藤原園人　411－2
　藤原緒継　288－12
　藤原斉敏　130－7，248－11
　藤原仲麿　94－4
従四位　152－10・14，290－4，478－16，481－3，576－13
従四位上
　橘澄清　494－8
　巨勢奈弖麻呂　583－16
　高向麻呂　581－1
　三善清行　543－7，720－12
　清原夏野　365－10
　大江朝綱　85－15

朝野鹿取　580－10
藤原為光　248－13
藤原中清　441－1
藤原文範　130－7，274－15
藤原保則　256－3，349－5，359－1
藤原有相　86－1
従四位下
阿倍晴明　220－5
菅原是善　105－7
菅原道真　2－7
紀淑光　396－13
橘惟風　496－11，498－10
橘好古　86－3
下毛野古麻呂　581－2
源俊　86－5
小野好古　270－12
小野岑守　324－11
小野毛野　581－2
池田春野　541－14
藤原基経　6－1
藤原常行　6－2
藤原良相　97－11
保子女王　161－15
五位　7－16，22－4，23－15，27－6，29－16，30－3，40－6，53－3，59－13，61－4･9･15･16，62－1･9･10･12･15，63－2･3･5･7，71－11，75－3，88－4･6，97－5，102－12，107－14，124－7･13･14，126－6，129－3，132－1･14，142－14，147－6･8･9，149－9，151－3，152－10･14，153－10･14，154－8･11･13，158－11･13～15，165－3･4，167－7，172－15，176－3，177－5，178－10･15，179－3，186－5･9，188－10･11･13，200－1･14～16，201－1･2･4，203－1･3，205－1，216－12，218－11，223－12，441－9，452－15，453－7，455－15，459－15，479－3･14～16，480－14，497－8･11，499－8･11，519－3･4，522－3，528－12･15，539－2･4，541－3･8，546－10，550－6･10，552－14，555－14，557－1～3･12，558－5･6･9･10，559－7，564－13，565－2，566－15，567－1，568－8，571－10，573－12･13，575－5･12･13，576－1･2･4･5･10･11，578－2･5～8･10，579－5･14，580－1～3，585－11･12，586－2･3，589－1･3･14，590－3･5･9，591－1･2･9･13，593－1･10･12，594－1～3･6･7･15，595－3，596－11，598－5･6･10･13，599－7，604－3，610－11，611－1，613－7，654－3，655－5･11･13，656－2，657－11，658－6･7，660－1，662－3，664－5，666－12･16，667－4･5，670－2，671－7，672－1，674－7･16，698－12，700－13，701－11･13
外五位　152－14，153－

10，154－14，480－14，572－1，577－12，674－7
五位上　591－16，592－1
正五位　152－11･14･15，290－5，479－1，481－3，576－13，674－10
外正五位　153－5
正五位上　674－8
　紀男人　71－1
正五位下
　葛城王　71－6
　菅原道真　2－6
　善道真貞　8－16
　大江朝綱　387－8，471－9
　大枝音人　105－7
　藤原冬緒　105－8
従五位　152－11，153－2，290－4，479－1･5，481－3，576－13
外従五位　61－9，153－7，674－10
従五位上
　惟宗公方　500－7
　桜井王　71－7
　榎井広国　71－7
　葛井清明　437－12
　菅原道真　2－4
　紀安雄　9－3
　橘好古　665－16
　橘南金　85－10
　源俊　667－9
　源某　426－13
　高階惟明　437－12
　佐為王　71－6
　小野道風　666－1
　多治実相　83－15
　大江朝望　85－9
　大春日雄継　105－8
　中臣東人　71－2
　藤原家宗　670－13
　藤原雅量　87－3
　藤原佐世　236－10，237－16
　藤原春景　469－16
　美麻那直節　604－9
　良岑統茂　85－8
　令宗允正　604－10
　令宗允亮　290－9･11
従五位下　576－12，674－8
　安野真継　8－16
　菅原道真　2－3
　下毛野年継　251－4
　慶滋為政　580－5
　三善清行　236－9，237－15
　雀部是連　86－14
　小槻奉親　551－4
　清科保重　580－5
　石上勝男　71－7
　大春日真野麿　106－4
　大井王　71－7
　中臣凡連張弓　58－14
　藤原広業　290－14
　藤原国光　83－13，292－8
　藤原克忠　86－7，87－6
　藤原守人　666－2
　播磨月足　71－4
　有宗益門　105－9
　余比売大利　71－4
　笠年嗣　477－4
外従五位下
　海業恒　83－16，292－8

錦部春蔭　396－12
春海貞吉　714－2
長峯茂智麻呂　476－12
尾張言鑑　387－8，471－9
布留清野　9－2
物部広連　86－16
笠名高　106－4
六位　9－16，22－4，23－15，24－3，25－13・14，27－6・7，53－3，59－14，61－4・9・16，62－10・13・16，63－3・5・7，90－11，91－6，97－6，124－13，129－16，132－7，154－8，158－16，165－4，167－3，176－3・15，177－2・3・5・6・13，178－15，179－4，184－6・10，203－13・14，218－11，459－9・12～16，460－5，479－1，500－4，519－1，522－16，531－13，539－2・4，541－8，546－8～10・14・16，550－10，551－8，552－14，553－16，554－5・10・12，555－7・9・14，557－1，558－5・6，559－7・12，564－8・12・13，566－15，567－1，568－8，571－10・11，572－5，573－11，575－5・10・13・14，576－1・2・11，577－13・16，578－1～3・10，586－2，589－14，590－3・5，591－9・13，593－1・12，594－2・6・15，595－3，596－11，598－4・7，599－7，610－11，611－2，613－7，656－2，660－1・2，667－5・6，700－13
外六位　673－11
六位上　591－15
正六位上　103－15，104－8・16，107－6，108－4，109－2，110－3，111－2，112－2，113－2，576－12
阿蘓広遠　84－8
河内良兼　496－12，498－11
檜前某　426－13
菅生忍杵　71－5
菅野正統　84－3
紀広浜　344－7
紀常直　406－13
紀長谷雄　236－8，237－14
紀理綱　84－5
御立惟宗　84－11，667－9
源忠光　666－3
山田吉麻呂　456－4
山文宗　84－16，87－6
出雲蔭時　84－10
春道有方　84－6
秦経則　406－14
船隆則　290－14
浅井守行　84－14
善友益友　3－8
竹田宣理　605－6
藤原好行　637－10
藤原助信　666－6
藤原忠用　666－5
藤原倫寧　666－4
文武並　86－9
凡某　494－8
栗前扶茂　84－13
外正六位上

毛野坂本直道 670－10
正六位下 564－7，576－12
県犬養房実 639－4
讃岐時人 637－9
藤原浄弁 423－1
従六位上 576－12
宍人永継 670－13
従六位下 576－12
滋生春山 637－15
七位 479－2，497－9，499－9，500－4，532－1，555－7，559－8・10・12，589－14，575－5・13，590－5，591－3，656－1・2，658－1，667－1，672－3・7・10
外七位 572－1
正七位上 574－3，658－8・9
当世基宗 531－15
林佐比物 58－14
正七位下 574－3，576－12
惟宗善経 531－16
氷車貞椀 531－14
従七位上 576－13
忌部君子 71－5
秋篠綾雄 633－5
従七位下 576－13，658－8・9
津守春継 637－16
尾張忠連 496－13，498－12
李淳風 105－16（宣義郎）
八位 428－2，479－2，497－9・11，499－9・11，555－7，558－7，559－12，562－10，572－1，577－8・9，656－3，657－16，658－2・4・7，672－4・9，673－11，674－1・3～5，698－12
正八位下 576－13
従八位上 576－13，674－10
忌部虫名 71－9
大春日亮庭 633－10
従八位下 576－14，674－10，701－1
中臣大庭 71－9
田辺浄足 58－14
初位 18－2，453－8・9・11，479－2，577－8・9・16，585－12，658－2，673－11，674－2～5
外初位 453－8
大初位 674－10
忌部呰麻呂 71－2
大初位上 701－1
大初位下 674－10
阿蘇広遠 453－13
津守梶取 638－10
少初位下
伊吉卜部年麻呂 71－9

3 人　名

あ

阿知吉師　363－5
阿直史　363－5
阿倍内親王　145－11，146－12
哀帝（東晋）　234－13，240－2
愛成（善淵）　206－15，234－10，238－1·6·14，239－6，240－15，243－10
愛発（藤原）　95－13
晏嬰　500－11
晏子　571－4
安永（大春日）　611－3
安近（伊福部）　204－7·8·11
安国（物部）　377－2
安子（藤原）　195－5，220－3
安人（日下部）　545－1
安世（良岑）　153－16，294－3，356－15，361－9，433－8，461－13，481－8，547－14，661－3，662－7，664－1
安生（坂上）　544－16
安常（御室）　203－12
安直（平）　169－6
安曇氏　133－15
安麻呂（大伴）　581－1
安雄（紀）　9－3

い

伊尹（摯）　243－1·2，235－7·8·12·14，237－7，717－11
伊尹（藤原）　68－16，69－1·3，193－4，247－15
伊衡（藤原）　168－8
伊周（藤原）　602－8（帥殿），604－11·12
伊宗（平）　640－3
伊陟（源）　161－8，370－5
伊弉諾尊　70－6·7，72－11，189－12·15
伊弉冊（冉）尊　70－6，72－11，189－12·15
伊勢継（大私）　548－4
伊扶（藤原）　81－10，134－9·14
伊望（平）　49－16，82－1，136－16，137－3，138－10，387－5，426－12，438－2，471－7
伊予親王　6－5
韋仲将（偉誕）　711－2
為雅（藤原）　276－1
為光（藤原）　248－13
為政（慶滋）　580－5
為文（源）　602－2·3，603－1·3，604－4
為理（菅原）　5－15
惟條（藤原）　36－8

惟宗（御立）　84－11，225－15，369－15，514－16，666－7，667－9
惟宗朝臣某　369－15
惟仲（平）　369－14
惟風（橘）　381－14，496－11，498－10
惟房（藤原）　157－9
惟明（高階）　381－14，437－13
維延（肥田）　160－16
維幾（藤原）　403－2
維興（秦）　553－9
維時（大江）　68－3，69－5・8，140－14，141－1，205－9
維宗（御立）　84－11，225－15，514－16，666－7，667－9
維則（善道）　454－5
昱（いく，会稽王）　234－12，236－1，240－1
一貫（在原）　326－2
一条天皇　5－5・7・11，112－5・7・13・14，113－3，220－5
乙牟漏（藤原）　191－14
乙麿（酒井）　637－5・7，638－1・14
逸勢（橘）　6－5
允正（惟宗，令宗）　591－8，604－10，616－15
允亮（惟宗）　6－12，12－3，276－5，290－9・11，531－5，533－4，537－11・16，556－16，562－1，563－5，564－16，568－1，581－15，587－14，616－14，632－16，640－9，659－1，668－3・10，684－2
員助（紀）　327－8
蔭時（出雲）　84－10
殷氏　654－12
忌部（斎部）　71－12，72－1・4・8，74－8，75－10・11，76－3・4，125－1
尹風（藤原）　49－3，168－12
胤子（藤原）　192－4

う

于宝　58－10
宇多天皇　2－15・16，4－11，31－8，36－11，58－1，136－11，164－13，232－10・11，233－4・10・13，239－3・4・5，240－8・11，241－2・3・10・13・16，242－5・6・7，243－12，244－11・14～16，245－1・3，246－1，337－4・5，377－4・5，500－14，501－1，638－10，639－2
宇多法師　80－4
禹　488－4，500－9・10，542－7，583－2・3，654－12
烏賊津使主（中臣）　166－12
雲晴　180－1・2

え

穎（成都王）　234－14，236－2，240－3
永基（県犬養）　639－4～7
永継（宍人）　206－15，670－

13
永直（讃岐）　524－3·15，588－4，635－2·15
永福（伊勢）　477－2
永峯（紀）　638－11～13
英明（源）　42－3，49－16，65－13
益門（有宗）　105－9
益友（善友）　3－8，558－2
悦（源）　135－5，543－8
延窮　179－14
延光（源）　79－12，80－7·9，248－7，520－14
延年（紀）　328－5
猨女君氏　125－1·2·4
遠岑（尾張）　135－1
遠成（藤原）　326－16，515－11
園人（藤原）　60－1，89－3，186－4，338－2，344－16，379－10，381－4，411－2·8，490－3，511－7，512－10，559－14，610－8，631－6，663－12
円能　602－2·4～7·9·12～14·16，603－1～5·7，604－6·7·11
円融（院）天皇　111－5·7·13·15，112－4

お

淤宇（宿祢）　118－7～9·11·12
応部　553－13
応神天皇　118－7，190－4·5，363－7，540－6
桜井王　71－7
王裒　711－4
王逸少（王羲之）　711－3
王珪進　533－15
王氏　192－15
王粛　646－9
王劭　198－1·2
王仁煦　628－15
王孫賈　581－5·6
王弼　281－10
王密　19－16，20－1
黄帝　88－10，101－8，103－6·10，108－11，109－9，112－12，539－6·10，645－13·14，698－15，699－3·5·9，700－12·16，704－11
黄覇　19－6·9·10
穏子（藤原）　31－12·14，82－1，220－3，546－2·4，578－8，601－12
音人（大枝）　60－11，105－8，526－13

か

花山天皇　276－1
河王　59－1
家子（酒部）　638－12
家持（大伴）　719－10·13
家宗（藤原）　670－13
家肥（橘）　337－2
華他（伽陀）　702－5·6，713－5·6
夏后主　654－12
夏侯勝　20－3
夏野（清原）　28－6，121－5，

357－2，365－10，382－15，501－11，502－11，509－10，580－10，662－14，663－7
賈逵　354－13
嘉会（藤原）　79－7
雅材（藤原）　561－13・15
雅信（源）　160－9・15，179－12，182－14，248－2，270－5，275－4・14，428－9，440－14，552－16，596－1，597－12
雅望（笠）　51－12，86－11
雅量（藤原）　87－3
介公　654－12
偕行（平）　529－15
解狐　20－6
懐忠（藤原）　140－15
会宣帝　19－9，47－10
海西帝　234－13，240－2
盖主公　582－13・14
郭知玄　673－10
郭璞（かくはく）　193－16，194－1，283－5，332－9，448－11，711－11，712－7
楽述　59－2
葛洪　605－16
葛根（小野）　341－13
葛城王（橘諸兄）　71－6
葛野麻呂（藤原）　513－11
桓景　58－5
桓公　540－14
桓譚　626－13
桓武天皇　48－1，98－10，103－1・4・9・12，104－1，190－10・11，191－13，219－15，446－5
涜（源）　42－7
管氏　487－13，607－8
管子（管仲）　354－6，487－13，540－14～16，541－1，640－11
管輅　711－11，712－7
幹時（源）　140－15
韓穎　566－6
韓衆　58－16
韓康伯　123－3
韓知十　628－14
菅根（藤原）　48－15
菅野氏　430－6
灌嬰　235－16，240－4・5
灌子（藤原）　520－12，620－14，621－3
灌頂禅師（最澄）　46－16
簡文帝　236－1，243－11
観射文　211－11
観勒　99－2・3
鑒（源）　225－14
願安　174－4
願定　174－4
顔氏　709－12，710－10，711－2・10，713－4，715－6
顔師古（師古）　453－1

き

希（源）　240－13・14，241－8・10・11
希世（平）　306－14

祁奚（黄羊）　19－7，20－6・7
祁午　20－7
季長（平）　243－8
季平（藤原）　140－15，545－7・9
紀氏　195－8・13
紀朝臣某　195－8・13，232－15，396－13，425－15，514－14
貴子（藤原）　594－5
基王　146－2
基経（藤原）　6－1，93－2，107－8・13，137－11，175－15，192－12，196－2，197－6，198－11，232－9・10・15・16，233－1・5・7・8・13，238－2・3・9，239－1～5，240－8・10～13，241－2～5・8・9・12・15，242－2・6・11，243－7，245－15，295－15，296－11，357－6，386－4，393－8，455－9，458－15，459－6，467－14，470－4，480－10，582－14，664－11，688－10・11
基国（多治）　42－4
基宗（当世）　528－10，531－15，640－2
基相（朝原）　636－7・8
羲和　99－9
義延（源）　478－3
義行（上）　327－16
義方（良岑）　169－9
魏徴　580－15
吉継（秦）　638－16，639－1・2
吉子（藤原）　6－5
吉常（道）　639－5～7
吉則（清海）　636－5・7
吉道（藤原）　602－13，604－14，605－3・4
吉麻呂（山田）　456－4
吉野（藤原）　3－10，260－15
吉雄（橘）　216－4
吉倫（右生）　441－1
宮子（藤原）　378－15
宮主丸（日置）　667－11・12，668－1
宮田麻呂（文室）　6－5
宮道氏　192－14
給子（春澄）　620－10
許詡　47－2・6・7
許慎　569－8
挙章（全見）　684－2
魚名（藤原）　195－1，413－12，469－10
京房　711－11
姜　699－1
教（源）　609－15，610－2
共頼（巨勢）　352－12
匡衡（大江）　196－1・12，717－4
強頸（武蔵人）　355－1・2・6
鏡女王　93－14
尭　99－9，103－11，112－9，324－11，457－1，486－5，487－4・5，488－4，500－12，518－15，539－6，607－15，641－4，645－6，717－11
顒（河間王）　234－14，236－2
行成（藤原）　292－14，377－

13，585－9，587－14
行平（在原）　373－9，526－11
業恒（海）　83－16，272－15，273－9，292－8，431－1，496－14，498－13
玉陳（陽胡史）　99－3
勤操　174－1
欽通建三　534－8
欽明天皇　99－1
錦宿祢某　321－10
錦部宿祢某　612－4

く

虞賓　488－4，645－6
空海　6－13･15，174－1
君子（忌部）　71－5

け

冏（斉王）　236－2，240－3
鄭公　654－12
景行（菅原）　3－4
景行天皇（大足彦尊）　118－13，128－6～8･13
景銓　179－15
景帝　640－13，644－12
景茂　3－4
経行　425－15
経則（秦）　406－14
継縄（藤原）（右大臣）　89－3，251－9，342－7･12，343－2，368－6，372－3，615－9，616－5，631－6
継人（貞江連）　586－7
継世（平）　450－11
継体天皇　535－9･11
継等（伊勢）　548－4
恵抜金陵　47－9
慧慈　536－5，537－3･5･6
慧達　6－3
瓊々杵尊　189－8･14，190－1
軽皇子　93－12
桀王　640－15
穴穂部間人皇女　535－15･16，536－1
月足（播磨）　71－4
月雄（中原）　234－9，238－1･8，239－6，240－15
兼家（藤原）　196－15（大相国），197－6（先考），248－3
兼済（和気）　403－16
兼材（源）　67－15，68－6，205－6，578－8
兼則（源）　3－6
兼通（藤原）　111－5，193－5，248－6
兼輔（藤原）　65－15（中将宰相），81－5，136－5･6，537－11（余）
兼明（源）　32－6，68－3･8，140－4，247－16，578－8，582－13
兼茂（菅原）　156－15
賢護　174－7，175－11
憲（都）　203－13
憲問　59－2･3･5

鎌足（藤原）　91－14･16，92－2･3･6～9, 93－12･14･15, 95－2～4，190－13，194－6，197－4，379－1
顕光（藤原）　292－15，530－11，587－10
顕宗（雄計）天皇　363－8
顕忠　42－16，43－9，54－13，85－4，140－6･9，171－6，180－6，204－5，218－6, 225－9, 226－1･11，227－4･5，527－13，529－3･16，530－7
元夏（三統）　67－7･14，68－16，69－5
元韓（高橋）　327－2
元稹　558－15
元正天皇　45－15･16，46－1，47－16，71－1，145－11，146－3，378－15，379－1，540－13，557－6
元長親王　81－10（陽成院三親王）
元帝　20－3
元平親王　81－7･8，137－1，172－2（陽成院二親王）
元輔（藤原）　247－11
元方（藤原）　31－14，41－8，81－5，85－5，134－2･8･9，135－2，137－16，140－10，141－3，226－1，230－15，432－13
元明天皇　93－16，145－12，146－3
元良親王　137－1
玄基　397－11
玄上（藤原）　81－5
玄理（高向）　281－7
玄齢　582－4～6
言鑒（尾張）　376－6, 387－8, 397－8，422－8，471－9，496－7，504－8，514－13，544－10
言行（藤原）　168－9
彦火々出見尊　189－9
彦真（伴）　431－2，432－13
厳（源）　3－5
厳麟　19－14･15
源公　59－2～4
源心　602－16，603－3･7
源某　49－11，115－10，117－1，156－5･7，454－5，545－4，591－11･12，592－1

こ

古佐美（紀）　405－9，408－2
古麻呂（下毛野）　581－2
古麻呂（中臣）　71－3
胡威（伯虎）　19－6･15，20－1
胡冑　539－6･10
顧野王　90－13，181－13･15，281－11，334－15，335－2，353－15，354－7，453－2･3，539－6･12，564－3，647－14
後一条天皇　197－2
広遠（阿蘓公）　84－8, 453－13･14，454－3，510－3
広業（藤原）　290－14，605－

8
広古（壬生）　545－13
広国（榎井）　71－7
広嗣（藤原）　6－5
広相（橘）　232－14，233－16，234－12·16，235－4，238－8·14，239－6·11，240－10·15，241－3·6·7·11，242－2·6·10～13，243－9·12·13·16，244－2·4·11·13～15，245－1·2·4～7·10·11·14～16，246－1·2，558－1
広相（橘）女　244－15
広直（讃岐）　565－11
広浜（紀）　344－8
広連（物部）　86－16
公行（佐伯）　602－2·4·6，604－14，605－3
公葛（藤原）　478－3
公季（藤原）　532－6，587－10，604－11·14，605－4
公彦（橘）　171－6
公佐（橘）　639－13
公孫卿（斉）　101－8，103－5
公孫弘　710－12，719－4
公旦→周旦
公忠（源）　81－15，82－1，169－11·12，402－14
公忠（三統）　41－11，139－9，140－4·7，225－9·11，226－12
公統（橘）　65－10·13
公任（藤原）　284－9，441－5
公方（惟宗）　161－16，353－13，432－12，465－2，498－5，500－7，546－3，565－7，635－14，637－1，666－7，671－14，672－13，673－4·8
公頼（橘）　81－5，82－3，218－6
公利（藤原）　352－5，402－14
耿寿昌　487－14
孔安国　99－9，228－6，234－2，235－12，354－3，539－6·12，550－1～3，561－1，628－4·16，629－1
孔穎達　106－1
孔光　19－6，20－2～4
孔子（仲尼）　3－15，20－3·7，66－12，122－14，198－1，210－14，211－8，535－1，539－8，540－14，549－16，583－5，607－8，626－1·2，640－10，682－11·12，710－8·11，718－1
孔覇　20－3·4
孔明　717－12
興影（永原）　438－15
興忠（藤原）　402－7
光（源）　3－3，50－11，136－14，307－12，434－13，526－14，527－15，528－14，529－1，532－4，688－15
光孝天皇　82－3，136－11，192－3，232－11，233－10·13，239－3·4，241－16，244－11，245－2·3，500－10，712－13
光子（高階）　602－2·4·6·9·

10·12·13·15，603－2·5·9，604－4·14，605－3
光忠（藤原）　51－12
光仁天皇（高紹天皇）　191－12
光霸　20－3
光武帝　19－11～13，20－5·6
光豊　374－15，382－11
光明子（藤原）　92－3，94－7，95－7，378－15
江充　626－15
弘雅（藤原）　465－1
弘景（在原）　527－1，528－16
弘行（香山）　584－5
弘法大師　6－13·15
好兼（飛鳥戸）　527－5
好古（橘）　32－9，85－3，665－16
好古（小野）　139－11，182－4，205－9，270－12，544－6
好行（藤原）　637－10
孝謙天皇　59－6·7，92－5，145－11，146－12，343－16，378－15，422－15
孝宗　236－3
孝忠（藤原）　562－1
孝徳天皇　93－12，281－7
孝武　101－8，581－6
更始　19－13
恒興（藤原）　544－16
恒佐（藤原）　41－9·10·15，66－3，135－6，136－3·8，137－1，159－16，179－16，180－11，436－2·16，496－2，688－14
恒世（国）　632－7，639－14
皇極天皇　93－11
皇氏（皇侃）　569－1
皇甫謐　710－13
高橋氏　128－6，133－15
高経（藤原）　164－11
高視（菅原）　3－6
高成（伴）　637－1，639－16
高祖　568－2
高聡（大友村主）　99－4
高堪（藤原）　477－9
高庭（布瑠）　476－10·13
高藤（藤原）　192－13
高峯（小野）　157－2
高明（源）　43－6，80－2，85－6，140－10，195－6，205－5，226－4，227－4，230－16，303－13，529－8，635－14，665－15
高野新笠　219－15·16
高利（山口）　3－5
荒御玉命　72－11
貢禹　626－1
康王　640－12
皐陶　641－5
克忠（藤原）　86－7，87－6
克明親王　65－14，81－7，134－12，168－5～7
国淵（源）　171－3，226－3，231－5·12
国光（藤原）　83－13，292－8，665－10
国総（檜前）　633－2·3

国道（大伴）　685－13，686－6
国平（多米）　370－7，532－6，549－11
今継（山口）　545－13
今足（額田国造）　298－5
根継（阿刀）　9－5･6

さ

佐為王（橘佐為）　71－6
佐世（藤原）　236－10，237－16，238－8･13･14，239－9･10･13･15，240－5･15，241－1･11，243－11
佐忠（藤原）　303－16
佐伯氏　666－12
佐伯氏（三善氏吉妻）609－8（先妣）
佐比物（林）　58－14
佐有　134－3
嵯峨天皇　31－5，104－2･3･5･9，456－11･12･15，586－15，591－13
宰我　122－14
斉王　234－14，236－3
斉信（藤原）　530－15，561－9
斉世親王　553－8
斉敏（藤原）　130－7，248－11
斉明（源）　134－3･9，205－9（正明）
済光　425－15，514－14
済江（御船）　182－6
済時（藤原）　248－10
最茂（橘）　140－6
崔亭伯　106－14
西文氏　187－7，210－12
在公（橘）　531－10
在衡（藤原）　10－11，43－4，66－5，68－3，83－11，139－14，140－9，171－5，205－8，226－1，231－2，271－4
在国（藤原）　182－14，597－14
在昌（紀）　231－2･5
察廉　19－9
衫子（茨田）　355－1～3･5･6
山蔭（藤原）　545－3
山氏　665－10
山女丸（菅野）　636－7･8
山背大兄　536－7
山部連　127－13
三枝丸（雀部）　636－5･7･8･14
三枝氏　118－4
三守（藤原）　328－13，329－16，405－3，446－11，502－13，512－14
三千代（橘）　379－1

し

子夏　682－13
子貢　540－14～16，541－1
子産　122－16，704－9
子展　581－4･5
子路　583－6
氏吉（三善）　609－8（先君）･

10～12，713－16（先君）
氏継（住吉）　685－4
氏公（橘）　194－6
氏主（御船）　9－4・6
氏宗（藤原）　399－5，598－6
氏長（伴）　9－5・6
糸丸（物部）　603－6～8
呰麻呂（忌部）　71－2
師尹（藤原）　85－7，130－7，205－9，219－11，274－12
師古　453－1
師氏（藤原）　42－3・6，79－8，80－7，152－8，168－15，169－15，227－4
師尚（源）　403－8，478－8
師範（藤原）　337－5
師輔（藤原）（右大臣）10－12・14，32－10，41－3・4，42－15，49－4，51－9，54－15，67－11，69－7・9・12・13・15，83－9，136－1・2・4・5・10～12，137－9・11，138－1・9・12・15，139－15，140－1・9・11・12，141－1・7・8・12，171－7，195－5，197－6，204－5，225－9，226－4，230－15・16，422－5，504－6，527－9，544－7，546－16，551－6・15，582－12～14，666－8，667－7
資子内親王　230－7
資忠（菅原）　428－9
嗣根　686－11・13
蚩尤　644－11，645－13，647－14
持水　702－3・4
持統天皇　99－6，583－13
時永（刑部）　636－7・8
時見（上毛野）　168－7
時実　638－16，639－2
時人（讃岐）　637－9
時清（藤原）　620－15
時中（源）　160－5
時道（穴太）　544－11
時平（藤原）　2－11・14，4－3・4・8，31－7，81－2，96－11，136－3，137－11，240－12，259－12，262－2，278－9，279－13，300－11，302－8，336－8，350－3，357－12，359－15，360－13，366－16，371－7，383－7，411－12，436－10，449－8，471－2，517－1，586－5
時望（平）　134－16
滋根（藤原）　367－13
滋実（藤原）　542－1
滋成（印南野）　207－4
式明親王　44－12，137－8
実（源）　529－2
実資（藤原）　12－4，578－6，616－14
実相（多治）　83－15
実敏　174－4
実頼（藤原）　10－13，32－4・7，36－12，41－8・12・15，42－9，43－4，44－7・10・11，49－2，54－15，67－11，68－10，69－4・6・8・9・11，83－8，91－8，110－5・6・11，137－2・4，138－4・7・8・11・15，139－2～4・6～13・15・16，140－1・9・11・12，141－

11，168－13·16，169－1·4·8·9，182－4，193－4，204－3，205－10·12，218－6，225－8，226－1·11，271－2，272－12，273－1·13，280－6，376－4·16，397－6，431－1，496－14，498－13，509－13，513－15，544－3，546－2，665－8
実利（橘）　168－10，231－4
日立（山背）　99－4
謝恵連　98－6
謝霊運　123－2
釈迦　198－4·9，535－4，606－13
釈氏　628－14
釈思　536－9，537－8
朱雀天皇（院・主上・天皇・先帝・太上皇・太上天皇・皇太子・上・宸儀）　32－7，36－4，41－9·12·14，42－12·14，49－1，66－10，79－2，82－2，135－11·16，136－2·10，137－8，138－8，140－7·8，141－13，168－11·14，169－12，170－1，171－9，204－8·12，205－4，226－15，227－1，231－4·6·7·9·11～15，232－2·3·5，714－11
朱雀天皇中宮　31－12
守行（浅井）　84－14
守人（藤原）　666－2
守文（藤原）　41－10
守明（桜井）　596－6
種継（茢田）　8－16，9－4～6
種理（竹田）　293－1
樹蔭（清原）　515－14
宗家（在原）　683－16
宗守（紀）　351－9，387－16，439－10，515－9
宗臣（橘）　140－4
宗忠　539－6
終軍　709－8·9
秀則（美努）　533－4
秋篠氏　194－5
秋成（春道）　139－9·10
周旦　709－8·9
衆望（源）　171－3，439－3
衆與（安倍）　227－5
重光（源）　79－12·15，80－12，248－9，594－5
重信（源）　80－2，248－4，578－8
重親（林）　605－1，634－13
重明親王　44－5，65－15（余），80－16（余），134－3·12·14，135－3·4·6·12，136－4·11，137－6，138－15·16，139－12·14·15，141－11，168－7·12，169－4·7·13，172－5，180－12·13，181－1，591－16（余）
十世王　714－8
縮見屯倉首　127－14，128－2·3
粛宗　19－14，20－8
淑光（紀）　41－4·8，42－16，396－13，425－15，514－14，612－4
出雲臣　118－7
春蔭（錦部）　269－8，396－12，639－11

春景（藤原）　469－16，470－10，476－7，478－5
春継（津守）　637－16
春岡（布勢）　545－1
春興（山田）　591－14･15
春山（滋生）　637－15
春支（伊勢）　340－9･15
春主（熊野）　636－8
春樹（小野）　636－8
春宗（紀）　542－5
春宗（凡）　243－4，558－1
春正　602－14･15，604－15，605－3
春風（小野）　542－11･12
春野（池田）　541－14･15
春隆　206－14
俊（源）　54－16，86－5，141－5，168－9･10，666－7，667－9
俊賢（源）　161－7
俊房（藤原）　134－2，171－5･6
舜　112－9，488－4，500－9，539－6，583－2･3，607－15，641－4，644－10，645－6，717－11
淳于意　643－9，646－4
淳仁天皇　456－3（廃帝）
淳和天皇（皇帝陛下・朕・皇太弟）　8－15，60－3･7，64－8，447－13･15，457－3･5，586－7
庶幾（菅原）　225－10～12
庶明（源）　32－4，43－6，85－13，168－8，205－9，496－14，498－13，547－11，552－3
諸葛（藤原）　81－1，553－8
諸興（小野）　49－9
諸兄（橘）　145－11，146－9，378－15
諸兄（藤原）　327－2，342－1，352－9
諸明（勝）　3－4
緒継（嗣）（藤原）　288－12，372－7
助（藤原）　95－14
助信（藤原）　666－6
舒明天皇　93－11
徐孝芫　47－10
女媧　534－16
小楯（伊与来目部）　127－13，128－3
小長田命　118－1･3･5
正意　477－14
尚丘　628－15
肖古王　363－5
松風（下毛野）　545－2
昭（源）　336－14，439－12
昭王（秦）　355－13
昭公　122－15
昭帝　20－3
称徳天皇　343－16（朕）
章明親王　69－8，134－12･13，591－9
唱（源）　532－3
勝（太傅夏侯）　20－3
勝（酒井）　50－13，312－10
勝男（石上）　71－7
彰子（藤原）（中宮・皇后）　46－14，197－2，561－8，601－16，602－1･4･6･8，603－5･7，

604－5･11･14，605－4･14
鐘繇　58－4
蕭瑀　580－15
蕭何　456－7，717－12
蕭子雲　711－3
常（源）（左大臣）　261－2, 266－2, 267－13, 269－12, 297－3, 331－7, 347－5, 348－14, 409－7, 410－10, 501－14
常行（藤原）　6－2
常主（橘）　525－3
常直（紀）　406－13
常直（高志）　639－15
常明親王　44－5
常茂（凡）　139－3
浄継（矢田部）　476－5
浄蔵　179－12
浄足（田辺史）　58－14
浄弁（藤原）　423－1
縄主（藤原）　610－10
襄公　211－12
饒速日命　122－8
真（吉）備（吉備）　4－1，146－13, 329－8，609－2，682－11, 709－12，711－9，713－1, 719－9
真継（安野）　8－16，9－1
真見（笠）　205－11
真実（多治）　67－12･13
真実王　565－2
真助（紀）　361－2
真人（三国）　547－11，552－3
真人（酒井）　312－10，427－15，475－11
真人（粟田）　581－1
真貞（伊与部）　8－14
真貞（善道）　8－16
真毛津　540－6
真野麿（大春日）　105－10･11, 106－4･6
信（源）　448－11
信順（高階）　530－14
信輔（藤原）　621－9
岑兄（惟原）　326－13，439－6，510－16
神王（右大臣）　278－1, 288－6, 343－6，348－2･9，356－5, 358－2，368－11，372－4, 397－15，405－1，420－11, 449－2，466－12，489－12, 598－15，660－3
神功皇后　166－11･12, 190－3･5，191－2，201－16
神魂命　118－3
神農　488－4, 699－1･5
神武天皇　124－16，190－2
新笠（高野）　219－15・16
秦氏　355－13
晋灼　20－5
臣善　211－10～14
仁賢天皇　127－14～16, 128－1
仁敦　375－13，397－1
仁町（国）　639－6･7
仁徳天皇　354－14，355－1
仁明天皇　9－3･4, 81－16, 104－10･11，105－1･2，174－3，192－1，541－14

す

水肩蔵　45－10
水蔵　45－11，46－10
水満　45－11，46－10
推古天皇　99－2・5，363－10，536－3
垂仁天皇　70－11・13，118－12
随時（平）　529－7,530－2・10
崇象親王　49－1，102－3
崇神天皇　70－9・10，216－3，354－4
崇道天皇　6－5，191－15，343－6，385－7
数守（藤原）　450－14

せ

世継（伴）　711－16，712－1・2・5・6
世武（藤原）　439－14
是公（藤原）　375－4,380－6，467－1，479－11，480－1
是国（大蔵）　714－9
是笄　5－16
是善（菅原）　2－1，60－11，105－7・11，106－7，716－13（家君）
是則（多治）　361－5
是茂（源）　137－8,138－4・6，225－9，226－11，496－2
是雄（弓削）　711－15・16，712－1・3・5・7・9・10・12・14・15
是隆（三国）　280－8，547－11，552－3
是連（雀部）　86－14
整（源）　382－2
井原氏　303－16
井上王　71－3
正秀（藤原）　168－10
正統（菅野）　84－3，130－15
正平　716－16
成安（尾張）　440－11
成王　640－12
成国（藤原）　528－4
成忠（高階）　67－6，602－6
成房（藤原）　578－6
成務天皇　118－3・5・6
清蔭（源）　44－9・14～16，65－10，134－8，137－6，204－5，225－9，226－4
清遠（藤原）　80－5
清貫（小野）　367－8・11
清貫（藤原）　36－12，50－2・13，134－3，168－6，302－8
清行（三善）（余）　3－12，142－1・10・12，143－5，236－9，237－15，294－7・14，542－7・8,543－6・7,609－12・15，610－3，711－15，712－8・10・12・14，713－16，714－2・3，717－7・8，719－5・7，720－12
清行（藤原）　169－5
清高（菅野）　609－16，610－1・3
清実（藤原）　134－3(民部卿)
清重（源）　42－6
清瀬（藤原）　207－1

清制　629－1
清澄（藤原）　633－2
清寧天皇　127－13～15，128－1・2
清風（三善）　609－13
清平（源）　169－1
清明（葛井）　325－15，327－13，352－1，403－12，437－12・14
清野（布瑠）　9－2
清和天皇　6－1・4・9，57－12，97－8，105－7，106－11・15，107－1～3・7，203－10・14・16，203－16，207－6
盛明（源）　80－5
晴蔭（大春日）　3－4
晴明（安倍）　220－5・6
聖円　369－11・12
聖徳太子　535－15，363－10，536－3・5・7・～11・15・16，537－3～7
聖武天皇　47－16，59－7，102－11・13，145－12，377－16，378－5・8，387－1，422－14，583－14
静（源）　168－9
静安　174－3・7・9，175－11・13
説孝（藤原）　369－15，441－5
薛子　717－3
千継（竹田）　713－9・12・14・15
千乗（藤原）　611－3
宣義（菅原）　605－8
宣帝　19－9，20－3
宣理（竹田）　604－16，605－6
詮子（藤原）　220－5(今上母)
銭玄智　47－6
選子内親王　596－1
顓頊氏　211－10
善経（惟宗）　531－16，532－16
善言（滋野）　580－6，602－3，604－13
善行（大蔵）　714－9
善縄（春澄）　60－11
善男（伴）　719－13，720－9
善道氏　454－5
善方（藤原）　368－1，403－2
善□（源）　3－5
膳臣　128－11

そ

蘇敬　706－7
素盞烏尊　127－12，281－5，540－3，645－15，646－5
宋均　123－1
相公（藤原）　714－1
相識（源）　139－6～8・10，160－2，225－10・13・14，226－6，376－6，397－8，426－13，438－3，544－7
相如　719－3
蒼頡　281－12，283－5，332－9，488－10
曹憲　628－14
倉舒　713－6
総世（清山）　408－7

曾子　98－4
村上天皇（朕・皇帝・上）　66－11・15, 67－13, 68－5, 69－11・16, 79－9・11, 80－8・12・13, 110－5，111－3，140－5・9, 195－5，202－13，545－7, 561－13，601－12
村田（藤原）　685－14，686－2・7
孫愐　628－15

た

多（源）　295－9，304－12, 316－16, 373－12, 430－3，452－8，542－3・11
多米氏　117－16，118－2～6，440－15
太甲　234－2, 235－8・10・14
太公（斉）　518－15
太宗　105－15，489－3～5・7，533－14，534－1・6, 580－16, 582－5, 640－13
代明親王　134－12・13, 168－7, 180－13・15, 591－11
大丸（多治）　668－15
大日霎貴　70－6・8，189－12
大舜　500－9
大井王　71－7
大鷦鷯尊（仁徳天皇）　118－9・11・14
大蔵氏　160－2
大仲彦皇子（額田）　118－7・9・14
大庭（中臣）　71－9
大伴氏　666－12
大窪氏　438－3
醍醐天皇　2－11・14，4－11，44－5，50－4，65－12，66－7・8，79－4，80－8，81－5・6・10・12～14，82－2，96－8, 108－7・9・10・14・15，109－4・7・14，110－4，130－5, 133－10, 134－2・4・12，135－3・6・8・16，136－5，164－13, 168－4，179－16，180－1・10・13，181－1，192－5・15，377－5，543－13・16，557－6，591－12，629－13
沢子（藤原）　192－2
達摩　537－7
丹波某　352－11
淡海公　91－12，190－12・13，197－4
端木　198－1
男人（紀）　71－1
男人（宇奴）　45－4

ち

池守（多治比）　583－15
智泉（藤原）　327－11
紂王　640－15
中臣氏　71－12，72－1・4・8，74－7，75－10・12，76－3・5・6，125－1
中正（源）　543－14～16，544－1・2，640－1
中正（藤原）　139－7・11
中清（藤原）　441－1
中明（源）　388－10

仲哀天皇（足仲彦）　166－11·13
仲成（藤原）　6－5
仲尼　3－15, 640－10
仲平（藤原）　36－12, 41－9, 42－9, 48－14, 49－9, 50－4, 66－8, 80－16, 81－15, 82－1, 91－9, 135－10·12·16, 136－7·8, 137－9, 139－1, 172－2·4·5·8, 181－1, 225－8·9·12, 495－14
仲野親王　192－10
仲麿（藤原）　91－12, 94－4, 581－10
虫名（忌部）　71－9
忠幹（藤原）　551－6
忠見（藤原）　639－12
忠光（源）　666－3
忠光（藤原）　204－5
忠行（阿刀）　339－9, 395－16, 403－16, 543－11
忠常（吉備）　450－6, 507－1
忠城（宮道）　530－6
忠臣（嶋田）　340－3
忠信（大友）　160－10, 183－1
忠仁公　192－9, 197－6
忠宗（橘）　207－2
忠宗（西）　527－5·6
忠陳（伴）　428－10
忠輔（菅野）　596－5
忠輔（藤原）　370－7, 551－4
忠文（藤原）　79－7, 226－1
忠平（藤原）（貞信公）　13－3, 36－8, 54－14, 65－10·12, 66－1·3·7, 81－15, 109－5·6·11, 133－8, 134－12, 135－10～14·16, 136－5·9～11·13·14·16, 137－9, 138－5·10, 140－8, 141－10, 171－9, 180－1·11·14, 193－1, 197－6, 225－9·11·12, 268－14, 269－4, 272－4, 303－3, 306－9·13, 308－4, 317－7, 339－6, 395－13, 396－4, 425－6, 427－11, 430－5, 449－12, 475－7, 494－4, 495－7, 497－4, 499－4, 503－11, 505－5, 514－10·16, 543－8, 545－5, 546－4, 591－16, 601－14, 611－16, 629－13, 632－6, 691－6
忠房（藤原）　54－12
忠望王　159－12
忠明（檜前）　426－13, 437－2
忠茂王　134－3
忠用（藤原）　666－5
忠連（津守）　620－16
忠連（尾張）　496－13, 498－12
長（源）　500－1
長屋王　71－3
長鑒（源）　137－1
長恵　174－1
長谷雄（紀）　232－15, 236－8, 237－14, 449－8, 586－5
長房（費）　58－5～7·15·16, 59－1
長明親王　44－12
長野親王　714－8
張弓（中臣丸連）　58－14
趙景子　122－16

趙武　19－7，20－6
朝綱（大江）　66－14，67－7・8，68－3，69－5・7，85－15，110－5，225－12，272－15，273－1・12，280－9，387－8，437－2，471－9，509－13
朝正（藤原）　168－10
朝成（藤原）　50－16，248－5，530－3
朝忠（藤原）　80－2，520－12，529－11
朝範（藤原）　402－11
朝望（大江）　69－11，85－9
朝頼（藤原）　42－6・7，168－9
澄景（大江）　227－6，621－10
澄清（橘）　13－3，427－11，475－11，494－8，632－6
調使麻呂　363－11
直幹（橘）　67－7・14，69－5，226－2，430－6
直躬（菅野）　340－9・15
直節（美麻那）　604－9
直道（上毛野坂本）　670－10・12
直宗（惟宗）　243－5
直本（惟宗）　517－1，586－5
直名（澄美）　635－15
琺子（源）　546－2
陳永伯　707－13・14
陳亢　715－6
陳思王　106－14
陳子恩　707－13
陳増袟　707－14
陳東宮　47－9

て

緹縈　643－9，646－4
定佐（藤原）　561－8，562－1
定方（藤原）　136－6，138－16，142－12，143－6，180－14～16
貞吉（春海）　714－2～4・6
貞興（秦）　632－10
貞主（竹田）　632－7，639－9
貞岑（丹墀）　203－12
貞真親王（常陸親王）　168－7
貞世（桜井）　242－3
貞世（和薬）　3－5
貞成（良岑）　3－6
貞道（滋野）　548－2，562－15，563－11
貞扶（紀）　402－11
貞椀（氷車）　531－14
鄭羲　234－1，235－7
鄭玄　122－15，193－15，194－1，211－3～5，234－1・4，334－2，335－2，354－1，510－5，645－13，646－10・12，647－3，704－9・11，715－2
鄭国　355－14
鄭司農　58－9，587－2
天照大神　70－6～8・10～14，72－3，117－10・12・14，125－2，127－12，189－12～15，281－5，540－3
天津彦々火瓊々杵尊　189－8・14，190－1
天日鷲命　118－3，540－5
天智天皇　91－13，93－14，190－7・8，191－11

天忍穂耳尊 189－13·15
天鈿女命 123－5, 125－2
天棚機姫神 540－4
天武天皇 47－15, 118－4, 145－8, 364－2, 395－1·9, 598－3
伝説（御船） 68－13

と

杜淹除 580－15
杜柏山 718－8
杜預 123－1, 194－10, 211－12, 281－11, 453－3, 553－13, 619－1
都憲 203－13
土師氏 195－5
冬緑（菅原） 545－2
冬嗣（藤原） 94－11·12·15, 95－10～14, 96－2·3·7, 121－2, 154－2, 267－10, 286－2, 293－12, 300－1·2, 329－10, 330－8, 331－6, 337－16, 338－16, 345－9, 346－6, 356－9, 358－8·13, 374－8, 380－14, 410－4, 413－5, 457－16, 458－7, 461－11, 468－15, 480－3, 481－6, 492－4, 509－3, 512－1, 544－14, 613－6, 620－3, 660－10, 662－11, 663－15
冬緒（藤原） 73－11, 105－8, 295－3, 304－8, 305－13, 452－2, 582－14, 584－9, 714－7
冬貞（三宅） 79－7
当幹（藤原） 41－3, 42－16, 307－13, 430－6, 438－13·14
当時（源） 532－2, 640－4
当世（讃岐） 524－9
当宗氏 192－11
当道（藤原） 687－2·4
当麻氏 192－11
東人（中臣） 71－2
東文氏 187－7, 210－12
唐（阿唐） 488－4
陶淵明 58－11
董季（海） 227－7
董仲（海） 274－15
董仲舒 710－10, 717－3
統望（良岑） 141－5
統茂（良岑） 85－8
湯 234－1·2, 235－7·8·10, 237－7, 324－11, 486－5, 487－5, 488－4
嶋（丹比） 583－13·14
鄧隲 19－10
藤河別命 128－7
藤原氏 50－13, 150－13·14, 157－6, 188－11, 190－12·13, 193－3, 245－7, 303－16, 422－8, 430－6, 456－7, 504－8, 584－6, 665－10
藤原夫人 94－4
童子丸（秦） 668－4·5·8
道（源） 366－3
道行（藤原） 50－11
道綱（藤原） 160－12, 602－3

道昌　174－4
道真（菅原）　2－1·15，3－9·12，4－3·4·8·11·14，5－4·6·10，6－14·16，243－7～9·13，257－8，404－13，407－9，514－4，716－9·13·14，717－4
道長（藤原）（左大臣・相府・左府）　46－14，183－7，196－3·13·14，198－7，377－9，551－2，580－5，601－16，602－5·6·8，603－5·8，605－8·9·14·15
道風（小野）　6－14·16，666－1
道方（源）　183－7，532－6，549－12，604－14，605－6
道満　602－14
道隆（藤原）　112－5·6·10
篤行（平）　4－7
敦（源）　609－13
敦慶親王　168－5～8
敦実親王（式部卿）　80－7，135－5，137－1·10·13，169－7·10，206－1
敦成親王　602－4·6·8，603－5·8，605－15
敦忠（藤原）　138－7·8·15，204－6
敦敏（藤原）　226－9
曇静　48－5

な～の

奈弖麻呂（巨勢）　583－16
内匠蔵人　543－13～15，544－2
内蔵氏　49－11
内麿（藤原）（右大臣）　59－15，60－1，94－5·11·13，95－10～13，96－9，158－15，159－7，252－8，258－6，260－4，268－8，271－14，288－14，337－10，344－12，391－5，398－9·16，405－13，408－6，411－4，490－2，513－15，559－9，608－14，612－11，613－3
南金（橘）　85－10，226－5·9
入鹿（宗我大臣）　93－12·15
忍海（菅生）　71－5
年継（下毛野）　251－4·5
年嗣（笠）　477－4
年麻呂（伊吉卜部）　71－9
農（神農）　488－4，699－1
能有（源）　256－9，266－12，279－8，301－11，690－5

は

波斯匿王　521－10
馬磨（穴太）　216－4
馬融　644－11，645－5，646－8
裴炎　581－8·13
裴淵　90－15
裴頠　2－5
白起　534－8
白居易　534－8·12，535－1·2·4·7，716－3
白公勝　355－14
白子（下村主）　637－5·6，638

−2
伯済禅尼　95−3･4
伯有　122−16，581−4･5
伯余　539−6
博雅（源）　80−4･6
博文（藤原）　65−10･11･13･15
樊噲　235−16
樊宏　19−7，20−2･5
班子女王　542−15（先皇太后宮）
坂上氏　425−15
潘尼　58−12
范曄　235−16，240−5
繁時（藤原）　161−12，339−13，402−7
伴氏（菅原道真母）　2−1
幡慶　6−12･15･16

ひ

費長房　58−5〜7･15･16，59−1
美都子（藤原）　96−2･3
梶取（津守）　637−5･7･16，638−10･12･13
百世（凡部）　475−14
馮衍　20−8,626−13･14
馮豹　19−8，20−7
敏久（中原）　525−8
敏相（源）　3−5
敏達天皇　535−16

ふ

鳧氏　196−5･8
傅玄　58−12
傅仁均　105−16
不比等（藤原）　46−1，91−12，92−1･6，93−16，95−5･7，190−12･13，197−4（淡海公），379−1
布瑠氏　307−13
扶幹（藤原）　41−3，171−4･8･9，454−3
扶義（源）　160−9･15
扶茂（栗前）　84−13
巫馬期　19−8，20−7･9
宓子賤　20−9
武（播磨）　139−9
武王　488−4，654−11
武玄之　628−15
武男心命　128−7
武智麿（藤原）　91−12
武帝（漢）　58−9，101−8，103−5，109−9
武帝（魏）　713−6
武帝（宋）　568−3
武内宿祢　166−12
武並（文）　86−9
伏羲　488−4，534−16，539−11，542−7
副宗（藤原）　687−6
副雄（猨女）　685−12，686−1･5
物部氏　306−14
文以（三善）　4−13
文王　66−13，488−4
文雅（多治比）　44−16

文侯（魏）　628－2
文皇　489－3
文時（菅原）　111－5, 226－6・8, 718－16, 719－3
文信（石城）　441－6
文宗（山）　84－16, 87－6, 665－10
文仲（播磨）　139－4
文帝（漢）　581－7, 640－12, 643－9, 646－4
文帝（魏）　58－4, 245－12
文徳　59－2
文徳天皇　713－11～14・16
文範（藤原）　130－8, 182－7, 248－8, 274－15, 377－2, 595－5, 635－14
文敏　248－11
文武天皇　47－15, 70－15, 184－3, 297－10, 328－11, 329－3, 581－1, 583－13
文明（三善）　230－15, 231－1・5
文林（藤原）　510－10

へ

平氏　306－14
平久　376－12
平公　20－6・7
平綱　376－2
平子（橘）　226－13
平淑　376－2
平城天皇　31－4, 103－10
（安殿親王）
平世　370－2・3
邴吉　19－10
薛畇　628－15
遍鵲　713－5
遍照　48－3, 373－1
辨　339－16

ほ

甫侯（周）　646－1
輔正（菅原）　198－8, 440－14, 595－8
輔道（藤原）　205－6
浦虫（当麻）　620－6
保衡（小野）　388－3, 477－7
保光（源）　248－12
保子女王　161－15
保重（清科）　580－5
保食神　117－9, 363－6
保則（藤原）　255－7, 256－3, 266－7, 349－5, 359－1, 553－9
保忠（藤原）（八条中納言）　134－16, 135－2～4, 137－15, 425－13
保平（伴）　582－12
保明親王　49－1, 79－2, 102－3
方儀（藤原）　67－14・16
方尚（藤原）　341－3, 389－2, 507－4
方盛（氷）　271－4
方頼　140－14
方理（源）　602－2・4・9・11・15, 603－1・2・4・5, 604－4・11
方理妻　602－2・4・11, 603－1・5
包生（藤原）　340－9・15
邦基（藤原）　269－4, 303－5,

312－10，321－10，339－9，395－16
邦保（藤原）　520－15
邦隆　477－14
峯兄（惟原）　326－13，439－6，510－16
峯守（小野）　324－11，325－4·5
峯成（道守）　639－10
峯良（滋生）　637－4～6·15，638－4·8·9
奉常（紀）　547－16
奉親（小槻）　183－9，292－16，377－13，551－4
豊成（藤原）　581－10
豊忠（播磨）　616－15，617－1
豊仲（賀陽）　610－2
豊田麿（良臣）　476－13
豊茂（阿蘓）　453－14
鮑永　19－6·12·13
鳳子（安倍）　330－14
房三（下）　431－2
房実（県犬養）　639－4
房前（藤原）　94－8
望見（藤原）　326－8, 341－9, 510－13
望紅（「江」藤原）　351－13，388－7
望晴（御春）　545－4
穆帝　234－12，240－1
本康親王（八条式部卿）　81－2，136－11·14
凢氏　303－5，494－8

ま～も

麻果　628－15
麻呂（高向）　581－1
妹子（小野）　536－4·6·8
名高（笠）　106－4
名子恩　707－13
妙延　602－16，603－5·6
牟漏女王　94－3
明（源）　591－13·14
明山賓　569－1
明子（藤原）　96－5
明福　394－11
綿麻呂（文室）　289－1
茂実（藤原）　403－2
茂智麻呂（長峯）　476－12
茂忠（安倍）　161－9
毛人（宗我大臣）　93－12
毛野（小野）　581－2

ゆ・よ

有蔭（藤原）　711－16
有何（「柯」我孫）　50－6, 182－13, 465－2
有春（安倍）　41－12
有象（十市）　226－5·9
有仁　507－1
有世（秦）　636－5·7·8
有正（藤原）　134－3，168－9
有相（藤原）　32－9，41－8，86－1，141－2·3，205－11，218－6，382－2，422－8，431－1，504－8，514－16
有忠（笛）　529－10
有年（藤原）　50－16

有平（布瑠）　382－3
有方（御船）　302－10，449－9
有方（春道）　67－12，84－6，205－14
有明親王　44－5・8・12，81－11
有利（藤原）　42－5
有良（藤原）　168－9
熊氏（熊安生）　568－16，569－1
祐之（平）　594－11
雄継（大春日）　105－8
雄能麿（安倍）　620－5
融（源）（左大臣）　31－7，136－4，238－6・8・10・14・15，239－1・2，240－12・16，241－12・13，255－11，256－7，261－12，266－8，299－11，349－8，359－4，366－6，406－6，407－4，434－2，435－8，470－14，471－12，553－6，554－2
余氏　128－10
余比賣大利　71－4
羊大傅　198－2
鷹野（坂本）　687－2・4・6
用明天皇　535－15（橘豊日天皇）
陽胡史祖玉陳　99－3
陽成天皇　48－3，81－7・10，107－8・11・12・15・16，108－1・5・6，179－10，565－7
楊子雲　718－7
楊駿　240－1
楊震　19－6・15・16，20－1

ら～わ

頼忠（藤原）　248－1
頼定（源）　578－6
利世（中臣）　326－5
利茂　134－12
李醯　713－5
李悝　487－14，628－2
李固　709－8
李固父（李部）　709－8
李氏　607－2
李淳風　105－16，106－1
離朱　3－15
理綱（紀）　84－5
理明（美努）　532－9
履中天皇　127－15
履通（山辺）　629－11
陸法言　21－3，508－5，628－14，673－10
流水　45－7・9～14，46－1・5・9，702－4・5
劉昆　19－6・9・11
劉子　324－14，626－14，710－9
笠辨　339－16
隆家（藤原）　585－4・9
隆範（船）　290－14
旅子（藤原）　60－5（皇太后）
良近（藤原）　206－15
良兼（河内）　496－12，498－11
良行（嶋田）　403－16
良辰（大春日）　553－2，595－8，

596－13，597－14
良世（藤原）（右大臣）　31－7，96－7･15，301－3，421－8，450－1，531－8，584－8，611－11
良相（藤原）（右大臣）　73－5，97－11，120－3，121－7，186－9，254－4，259－5，264－13･16，339－1，372－14，433－11，447－1，462－10，526－13，531－8，611－3
良宗　450－7
良房（藤原）（右大臣）　96－2･6，97－11，174－16，175－6，186－7，192－9，197－6，252－16，253－6，262－7･13，264－16，277－5，331－15，343－8，371－10，372－7，381－6，392－9，394－1･8･13，395－3･11，408－11，409－1，412－8，420－3･7･14，428－16，429－8･10，448－5，492－14，493－12，494－16，507－15，516－3，545－12，632－1
梁氏　534－9･10
亮庭（大春日）　633－10
綾雄（秋篠）　633－3･5･8
林勝　632－7
倫寧（藤原）　666－4
冷泉天皇　43－7･8（東宮），66－16（先帝）
廉宗（佐伯）　408－7
廉頗　19－14
廉范　19－6･12･14･15
連扶（井原）　195－8･13
鸕鷀草不葺合尊　189－10
磨　118－9
老子　534－16
六獦命　128－7
六鴈命　128－6･9･11
鹿取（朝野）　580－10
倭姫命　70－11･13
倭古氏　118－4
倭大国魂神　70－10

4　典籍・法令

あ～お

安居経　374－5，380－1
安和元年八月廿二日詔　66－15･16
――二年二月十四日宣旨　130－7
――四年四月惟宗公方勘文　635－14
異物志　90－16
維城典訓敬老篇　583－2･7
維摩経　95－3～5
医家書　708－6
医経　706－9
医疾令　445－9, 698－3･9･11･14，699－5･7･11･14，700－2･5･9･11～13･15, 701－4･7～9･11･14，706－4･5
衣服令　549－15･16, 558－6･14，560－14，561－6･7･10，562－2，563－2･12，564－6，565－12，579－5･14･15
位記式　391－1･3，400－12
移式　520－6, 634－3･6，635－3･4
意見封事十二箇条　142－1，719－5
一切経　96－4･5
陰陽（寮）式　100－5･8･9, 188－6, 217－7, 218－2･15, 220－13，697－9･12
宇多天皇御記　238－2
于宝注　58－10
永延二年四月十四日官符　595－10
――三年六月二日官符　597－2
永灌本説　141－7
永観二年十二月五日宣旨　427－16
永祚元年十月廿一日官符　370－3
――――十月廿三日宣旨　440－10
――――十二月十九日宣旨　182－14
――二年二月廿二日宣旨　160－4
――――二月廿三日宣旨　160－11
――――四月一日宣旨　552－11，596－7
衛禁律　193－11，683－8
衛門府風俗哥　558－12･13
脉経　698－4･14･15，699－9，700－15
脉決　698－15，699－7･8，700－16
営繕令　335－4･7，350－15･16，354－6･9，355－10，444－13，445－11
易　324－14，539－10，710－12，715－7
易繫辞　123－2，626－7
易通卦験　101－6
偃側図　698－15
衍伝　626－14
延喜格　93－1，175－7，261－4，431－12，411－6，684－7
延喜格序　627－5

——宮内格　366－2
——京職格　295－11，296－1･9
——刑部格　469－15，471－11
——雑格　300－14，404－8
——式部格　261－4，411－6
——神祇格　73－7，129－5･6
——大蔵格　259－9，261－15
——弾正格　663－9
——治部格　370－13，372－16，373－11，383－6，385－11，393－7，399－4
——兵部格　336－4
——民部格　266－5，295－2，300－5･8，304－6･14，433－13，452－1
——臨時格　278－3，283－9，301－5，356－13，421－1，500－9，611－6
延喜式　31－1，261－4，264－6，411－6，431－12，580－13
——中務式　132－13
——装束記文　9－8，14－11，61－10，73－14，101－10，133－11，147－1，199－11，218－3
延喜例　481－11
延喜二年三月十三日官符　360－9
————三月十三日格　259－9，261－15，300－5
————十一月廿七日宣旨　449－4
——三年六月廿日格　370－13
————九月四日宣旨　302－1
——四年五月廿四日官符　366－13
——五年五月九日官符　49－14
————十二月廿九日格　436－5
——七年七月七日官符　470－10
————十月十三日官符　303－11
————十一月十三日官符　155－16，156－13
——八年十一月十七日官符　357－8
——九年十月一日官符　50－9
——十年十二月廿七日官符　306－16
——十一年二月廿五日官符　434－8，438－1
——十二年三月十一日別当宣　528－8
——十三年二月廿五日官符　474－1，477－12
————八月廿三日宣旨　427－11
——十四年八月八日官符　306－2，312－12
————八月十五日官符　307－15
——十五年七月七日官符　429－15
——十七年十一月十七日詔　109－13
——十八年六月廿日官符　493－6，496－15，498－15
——十九年七月十三日官符　302－11，
——二十年十月二日宣旨　632－5
——二十三年四月二十日詔　4－10
延長官符　425－10
延長新制　425－12
延長二年九月廿二日官符　509－14，510－2

——三年十二月十四日官符　328－3，503－3

——四年五月廿七日官符　339－3，449－10，453－16

————五月廿七日宣旨　129－7，665－4

————十月九日宣旨　543－8，544－4·7

————十一月四日宣旨　545－3

————十二月五日官符　504－11

——五年四月五日内侍宣　546－2

————十月廿二日官符　395－7

————十一月廿六日官符　494－12

————十二月十三日官符　271－10，272－13

————十二月廿六日官符　268－3

——六年閏八月廿八日宣旨　269－4

————十月五日官符　424－15

————十月十一日官符　305－16

——七年正月一日朝拝日記　666－10

————九月十九日官符　88－13

——八年二月十三日官符　611－15

————二月廿四日詔　352－15

————八月十五日官牒　396－2

————九月廿九日詔　478－5

————十一月廿一日詔　478－7

————十二月九日官符　191－8

延暦二年四月廿八日格　375－1·6，380－3·9·11

————六月十日格　392－16

——三年十一月一日勅　103－1

————十一月三日官符　457－13

——四年七月廿四日官符　353－2，466－16，467－4，472－10·13

————七月廿四日騰（謄）勅符　468－10

——八年五月十五日官符　251－4

————八月十一日格　479－10·13·16

——九年十二月十日宣旨　405－9，408－2

——十年二月十二日格　342－6·15

————九月十六日格　615－8，616－4

——十一年六月十四日官符　448－15

————十一月十九日勅　158－14，559－14

——十三年官符　512－12

——十四年七月廿七日官符　251－3，252－12，258－10，259－1·11，260－8，262－1，269－10，271－8

————七月廿七日格　253－8，262－15

————七月廿七日式　264－3

————閏七月十五日格　342－11，343－2

————閏七月十五日勅　446－2·8，448－16

————閏七月二十一日官府　472－4

————八月十二日官符　368－6，369－2，372－2，374－5，379－9·13·14

————八月十四日官符　89－1，631－4

————九月十七日日格　343－1

——十五年三月廿五日格　392－2

——十六年四月廿九日官符　420－11

————六月七日格　288－5

————八月三日格　277－13
————八月十六日格　448－14
——十七年六月十四日格　596－14
————十月十九日官符　465－7
——十八年十月廿一日宣旨　308－2，312－1
——十九年九月二日官符　348－1·9
————九月二日格　345－5
————九月十六日官符　356－5，358－1
————十月十三日官符　344－7
————十二月十九日格　659－16
——二十一年七月十五日官符　489－11
—————八月廿七日格　405－1
——二十三年十二月廿一日格　598－14
——二十四年正月三日格　397－14
—————四月四日官符　343－6
—————十二月廿四日官符　372－2，379－14
—————十二月廿五日官符　368－5，374－6
—————十二月廿五日格　379－13，392－4
—————十二月廿五日式　374－14
応和三年六月七日官符　303－7
———七月十三日別当宣　529－11
———十月卅日官符　376－8
———閏十二月廿八日官符　273－10

か

夏冬領給晦油雑穀等勘文　312－4
荷前日記　203－9
歌急解　707－9
家語（孔子家語）　583－5，644－10，706－1
家集（菅家）　3－12
河図　542－7，705－7
假寧令　572－13
嘉祥元年六月十三日詔　277－5，450－2
————十一月三日格　394－16，395－9
————十二月十三日格　507－13
————十二月廿七日格　277－4
——二年十月廿二日宣旨　97－11
————十二月十六日格　631－11
————閏十二月五日官符　391－11
————閏十二月廿六日格　408－14，420－5
——三年四月十七日詔　327－5
————四月廿四日太政官宣　327－5
————八月三日官符　429－5
——四年正月十六日格　448－3
会稽王道子伝　236－1·2
慣子書　644－2
戒羯摩　378－11
解式　18－10
開元令　584－10·11
会要（→唐会要）
外記日記　40－12，41－2，133－4，164－10，172－2，204－9·11，578－8
——別日記　219－15
郭知玄　673－10
郭璞　283－5，332－9，488－11，711－11

格　13−3·4，48−5，72−12，73−12，152−14，153−11，154−1，183−3，186−9，251−9，252−9·11，253−5·7〜9·11·14，254−1·4·5·7〜9，255−8·12，256−15，257−3·4·6·9·13〜15，258−7·9，259−11·12，260−5·7·10，261−4，262−1·2·12·14〜16，263−5·8·16，264−1·16，265−1·3〜5·13，266−10·12，268−9·11，269−11，270−2，271−10·15，272−1·7，273−3·5·6·15，274−1·2·10，275−11·12，277−4·10，279−2·12·14·16，282−11，283−6·12，285−13，286−9，287−13，296−5，297−14〜16，298−3，303−1·9，312−16，313−1·2·4·5，317−6，325−13，326−11，328−11·14，329−8·11·13，330−4，331−2，336−12，337−13，338−10·13，339−1·5，340−12，345−5，347−4·7，348−7·13，349−5·12·15·16，350−1·5·6·15，351−11，353−2·3·5·10，355−15，356−8，357−3·10，359−1·8·11〜13，360−1·2·16，365−10，367−1·9，371−1·6，372−8·9，374−13·15，375−2·6，376−10·15，379−16，380−11〜13，383−8，385−16，392−2·4·9·16，395−9·13，401−10，403−9，406−16，407−16，408−2·6·9·10·12，409−4〜6，411−6·7·9·15，420−14，427−11，429−7·12，431−10·12，432−8·9，434−11，435−2·3·12，436−1〜3·5·8·9，444−7，445−13，447−7·12，449−7，451−6，458−11·12，459−1·7，460−10，461−4·7·9·11，462−7〜9，467−11，468−1·6·13，470−1，472−9，473−16，476−3·16，479−15·16，480−2·4，484−10·11·16，485−1〜3·7，489−12，490−1〜4，491−4，492−13·14，493−1·3·8·11·12·15，494−6·13·16，495−15，497−3，501−14·16，502−1·2，509−13·16，510−7，511−8，513−12·15，514−3·6，515−8·12·15，541−7，545−14，548−9，549−3，566−11，663−11，664−1·16，665−1，668−14，671−9·13，674−15，684−7，696−2

額記（令集解）　176−5，196−4，286−8·10，520−10，522−9，574−8，682−10

楽経　652−6

楽府　488−14，659−12

学令　582−8，698−12，699−9，700−7，715−15·16

官位令　564－7·8，574－2·3·7，576－4·7
官曺事類　71－1，173－15
菅家々集　3－12
寛弘元年十月廿七日官符　290－8
——六年二月廿日宣旨　604－11·14
————二月廿日官府　605－2
寛平御遺誡　130－3·6，377－4
寛平府　360－13
寛平二年六月十九日格　261－4
————九月十五日官符　255－5，256－10·15，257－14，265－13
——三年七月二日格　300－14
————九月十一日格　279－14，471－11
————十月八日詔　299－8，449－16
————十月十九日官符　299－8，449－16
————十月廿八日官符　266－6
————十一月十九日官符　449－15
————十二月十日宣旨　620－10
——四年某月廿二日官符　299－6
——五年三月二日格　129－6
————三月十六日格　367－1
————五月十七日格　266－5
——六年格　432－9
——六年符　397－2
————二月廿三日格　279－12，283－9
————五月十二日官符　553－6，554－1
————六月一日格　421－1
————九月廿九日官符　404－10，405－16，407－2
————九月廿九日格　433－13，435－3
————十月十四日民部省府　405－15，407－2
————十一月卅日官符　470－11
————十一月卅日宣旨　531－8
——七年正月五日宣旨　553－8
————正月九日宣旨　553－8
————二月廿一日宣旨　528－2
————二月廿一日別当宣　526－13，527－14，528－2·8·14
————七月十一日格　336－4
————八月十七日宣旨　553－11，554－2·11
————九月廿七日格　279－2，301－5
————十二月廿二日官符　688－14，691－7
——八年閏正月十七日格　611－6
————六月廿八日官符　256－1，257－14，265－13
————九月十九日官符　256－13，257－14，265－14
————十月十一日別当宣　529－1
————十一月廿日格　404－8，406－16
————十一月廿一日官符　436－8
——九年四月十九日官符　349－3，358－15，360－11
————五月廿六日官符　514－2
————六月十九日官符　435－15
————七月三日勅　2－11
寛和二年官符　670－8
——三年三月五日官符　269－16，275－1·10
漢官旧儀　211－10·13，

215－2
漢書　19－9，20－3，453－1･2，553－13，564－4，625－15，626－1･15，650－14･15，659－12，709－8，714－11
――刑法志　453－1
――江充　625－15
――貢禹伝　626－1
――師古注　453－1
――朱邑伝　626－16
――終軍伝　709－8
――循吏伝　626－15･16
――東方朔伝　659－12
――律暦志　566－6
漢邦廉品　215－2
管子　354－6･7，640－10
韓康伯　123－3
韓詩　539－6，628－16，629－2
韓知　628－14
勘解由式　441－12
看督使式　548－5
関市令　335－9
顔氏家訓　709－12，710－10，711－2･10，713－4，715－6
勘解由使勘判抄　156－11，161－10，325－10，336－11，339－11，341－7，349－6，351－4，353－7･10，360－15，367－4，381－12，387－10，402－5，438－11，450－4，473－13，506－15，510－8，515－6

き

記　709－8
儀式　24－5，26－3，60－15，61－2，62－3，71－12･14，72－1･2，75－1，82－7，89－11，100－4･15，101－3，125－10，129－3･4，154－6，171－14，188－5，200－11，216－8･13
儀制令　207－9，208－2，284－15，462－14，506－14，564－12，565－14，566－15，567－7，571－9，572－4･13，573-9･10，585－11･14，586－8，587－4，588－1･5，589－12･13，589－13，590－4･8，675－4
―――義解　462－14，588－5
儀礼　234－4，239－7
――疏　234－4，239－7
――喪服伝　694－10
――鄭注（鄭玄注）　234－4
魏名臣奏　715－4
吉備大臣私教類聚　609－2，682－11，709－12，711－9，713－1
詰眼文　717－7･8
旧記　29－14，45－4，92－5，142－7，210－14，635－8
旧事本紀　117－14，540－5
旧説　276－6，277－8，297－15，298－7，417－2，567－13，587－12，590－9，

617－5
旧典　648－1
厩庫律　12－8，252－5，258－3·13·15·16，206－1，268－5，271－10·11，278－16，364－11·14，463－5·7·9·12·16，464－3·6，469－4，613－10·15，614－4·5·8·12·16，615－14，617－2
厩牧令　11－4·6～8·12，12－5·9·12·14，13－1，14－4，364－4·5·7·9·11·14·16，365－2·12，445－12，506－10，615－12，616－8，617－3，618－13，619－2·15
宮衛令　229－1·13，333－6·9，571－12
―――献軍器条　333－9
―――初条義解　655－5
宮内格　119－15
宮内式　119－13·16，120－8，210－6
九嬪菊賦　58－11
京職式　610－16，620－13
御日記　238－2
御覧（修文殿御覧）　90－15，539－8，715－1
郷飲酒　652－4
曲礼　525－4，565－16，711－1
玉燭宝典　68－15，101－6
玉篇　181－13，626－1
金光明寂勝王経　6－3，378－5·6，383－2，702－1
―――除病品　702－1
金剛般若経　384－9
金谷園記　221－1
錦帯書　650－14，651－2，652－1
近衛式　222－3，249－15
禁酒格　356－9

く・け

軍　709－9
軍防令　333－6·10，334－1·5·7·12，335－3·12，336－5·6，444－10，457－8，518－3
群忌隆集　98－2
経貯　283－5
継嗣令　194－4
継体天皇二十四年二月朔日詔　535－9
刑部式　89－8，665－12，670－7·8
慶雲三年二月十六日格　461－9
―――二月十六日勅　447－9
―――九月廿日格　297－14，483－7，484－9
―――九月廿日勅　297－10，491－14
―――格　297－16
藝文類聚　625－15
穴記（令集解）　18－9，87－8，119－4，207－16，249－11，282－15，283－2，286－8，355－9，424－3，444－6，485－4·14·16，486－3，518－16，519－4·14，520－3，

523－5, 566－3･4, 573－15, 574－2･7, 576－4, 585－16, 619－14，648－16，659－9, 680－7
厥儀式　66－13
月旧記　58－4，210－14
月令　11－11，109－14，110－14，111－13，211－3，329－12
――正義　566－5･6
検非違使式　518－7, 528－8･11, 531－8･11, 532－12･13, 533－9，572－2，575－2, 613－8，620－9，688－15
――――私記　517－1，518－2
――――庁続類従　544－15，545－5，553－8･11
賢愚経　521－10
元慶元年五月二十二日格　393－7
――――十二月九日官牒　373－1
――三年七月七日格　356－13
――――十月十七日定文　311－12
――――十一月二十五日詔　107－15
――――十二月四日官符　305－9
――――十二月四日格　295－2, 304－6
――五年二月八日格　304－15
――――五月十一日官符　429－16
――――九月十六日格　373－11
――――十月十四日宣旨　542－3
――六年六月三日官符　373－5
――――八月廿五日官符　316－11･13，317－1
――――九月廿七日格　73－7
――――十月勅　72－12
――七年五月一日宣旨　565－2
――――五月十三日官符　316－12
――――官符　317－2
――八年九月一日格　366－2
――九年正月十六日宣旨　558－1
元稹躑躅詩　558－15
元命苞（春秋）　98－4，103－5
言古来方経　699－16
玄蕃式　92－10, 370－9･12，374－1･3，381－11, 383－2･11，384－1･11･13･15，385－2･3，399－13, 400－12，401－5･7･8･11･14･16，402－2･3，456－6, 488－5，596－14

こ

戸婚解説　12－2
戸婚律　194－8, 252－6, 258－4･13･15, 260－2, 268－6･7，271－12，455－12･15，488－6，494－12，579－1，627－7
戸令　295－13，300－15，347－14，422－10，423－5･10･14，424－6，451－15･16, 452－12, 508－2･14, 578－14，627－6，655－5, 659－3，668－12，684－9
古勘問日記　527－3
古記（令集解）　14－4，91－13, 119－4，194－5，207－14, 287－6，334－2，335－1, 354－6･8, 355－8, 444－9, 452－14, 486－1, 505－11, 518－14, 519－7, 520－10, 566－1･2, 582－3, 659－11,

719－8
古今通典　626－4
古今薬方　600－11
古語拾遺　123－5，125－2・3・4，540－4
古事記　122－8，363－5
古式　577－15，578－2
古説　680－14・15
古答　644－1・13，645－1・7，646－6，647－11・14，654－6，656－14，676－13
古令　576－8
故記　94－12
故許慎説文　569－8
故書　569－11，624－13，625－5，626－12，643－8・9，644－1，655－9，682－16
故礼運　571－3，649－16
鼓吹式　491－5
五経通義　650－9，652－2
五行書　566－13
——大義　220－15，559－1，566－9，704－9，706－4
呉普本草　364－5
皇氏　569－1
皇太子経　20－3
皇帝　699－5
——甲乙経　704－11
——針経　698－15，699－9，700－12・16
——養生経　705－10・12
公式令　15－14，16－3，18－10，152－14，207－16，223－6，228－2・4，229－3，230－11，246－5，249－6，285－13，409－10，413－10，416－15，441－9，506－7，518－9，519－1・4，520－2・6，521－11，523－7・9，572－8，576－2・10，577－1，579－9・13，593－9，625－7，627－9，631－12，634－10，635－3，664－5，682－9，689－2，701－11
———駅使在路条義解　593－9
公文私記　415－8
公務要事　155－16，415－2
交替式　251－3，258－1，259－2，261－5，262－5，263－15，264－4・16，268－1，286－4・11，334－7，335－10，337－9，338－1，343－11・15，345－7・15，346－14，348－1・8，349－9・13・16，350－12，358－1，359－5・9・12，360－10・13，364－16，365－8，366－15，368－5，369－6，374－4，379－7，391－4・11，405－8，413－11，432－5・6・8・9，446－7，459－9・12，460－9，461－2，465－7，466－16，468－9・12，472－1・4・10，473－3，474－10・13
弘仁格　204－13，350－5，360－1，596－14
——左右衛門府式　517－10
——京職格　608－9・13，610－7

――刑部格　88－16，355－15，469－9，472－10，473－10，511－4，598－14，612－7，613－1，615－4・8，616－4，631－3
――雑格　159－2，194－16，202－5，330－3，411－1，541－5・7，559－8・13，574－15
――式　431－3，565－2，580－9，666－11
――式部格　158－13，572－1，586－2，674－7
――神祇格　70－16
――治部格　377－16，380－3，397－10・14，398－3・8・15，651－4
――弾正格　559－13
――兵部格　448－14，659－16
――民部格　277－13，287－16，288－5・11・16，297－10，329－2，342－6・11，343－1，344－6・15，350－11，409－16，422－14，423－1，446－2，447－9，479－10，483－7・11，489－10，491－13，508－12，513－5・10，574－10，668－12
――衛府式　517－10
――刑部式　684－9
――中務式　132－16
弘仁二年五月十三日格　158－13
――――九月廿三日官符　337－9
――――九月廿四日格　344－6
――三年三月廿日官符　379－7
――――五月三日官符　337－13，338－1
――――九月九日官符　59－15
――――九月十六日官符　59－16
――四年二月三日官符　381－4
――――三月廿日太政官奏　473－3
――――六月一日官符　610－7
――――九月廿二日官符　350－13
――――九月廿三日格　344－15
――――九月廿三日騰（謄）勅符　345－16，346－15，349－9，359－5
――五年正月十五日格　288－16
――――正月廿三日格　411－7
――――四月廿六日官符　511－5
――――五月廿一日官符　512－8
――――六月廿三日格　511－4
――――閏七月廿六日格　559－13
――――十月十日宣旨　620－1
――六年二月九日官符　663－12
――――七月廿五日官符　461－9
――――十一月十三日官符　186－4
――――十一月廿日格　88－16，631－3
――――十一月廿七日官符　410－1
――七年十一月四日官符　484－11
――――十一月四日格　489－10，501－16
――八年九月廿三日宣旨　613－6
――九年四月八日宣旨　548－1，562－14，563－11
――――六月十七日格　409－16
――十年閏正月三日官符　458－6
――――二月廿三日民部省府　458－3
――――三月十四日官符　330－6
――――五月十六日官符　331－1
――――五月廿日格　350－11，491

－13，492－13，493－11，508－12，

――――五月廿八日官符　408－15，420－6

――――六月二日格　330－3

――――十一月四日官符　661－10

――――十一月五日官符　662－2，663－7

――――十一月五日格　663－11

――十一年正月六日勅　456－7

―――――閏正月廿日官符　345－7

―――――三月十九日格　338－13

―――――五月四日格　511－15

―――――七月九日格　329－7

―――――十一月廿五日官符　660－14，662－10

―――――十一月廿五日格　660－5，664－16

―――――十二月十一日宣旨　662－12

―――――十二月廿六日格　283－6，285－12

――十二年六月四日格　293－8

―――――十二月廿六日官符　374－15，380－10，382－11

――十三年八月廿五日官符　468－15

―――――閏九月廿日格　449－6

―――――十一月朔日詔　104－2

―――――十二月廿六日官符　392－1

――十四年正月廿七日勅　325－4

―――――二月廿一日太政官奏　322－3

――年間格　204－13，350－5，360－1

高橋氏文　128－6

広雅　181－14・16，193－6，281－11，283－5，332－9，335－2，553－13，619－1，647－14

広志　90－16

広州記　90－15

藁草詩書　534－15

洪範　486－4・16，494－16，516－3，542－7・14

甲乙経　698－14，699－9，700－12・15

孔安国注　228－6，550－1～3

―――伝　99－9，234－2，235－12，354－3，539－6・12，561－1，628－4，629－1

孔王　646－12

孔注尚書　628－16

考課令　18－1・13，21－2・4・10・14，22－7・10・12・15，87－8，119－5，181－13，207－14，347－14，494－13，508－2・4，519－12，520－5，623－2，629－6，633－13，669－11，700－16，715－15

―――義解　181－13

―――集解　508－4・5

考経　123－1，193－8，510－4，525－5，643－11・12，694－11，701－1，710－3・13

――援神契　123－1，643－11

――諫争章　510－4

――鉤命決　643－12

――宗均注　123－1
考工記　354－2，646－8
考別記　26－1
興福寺縁起　93－8，96－16，97－1
講書私記　560－16
康保元年十二月四日官符　195－4・10
――二年五月五日内侍宣　520－12
――三年八月十九日別当宣　530－3
――――八月廿八日内侍宣　620－14
――――閏八月廿七日内侍宣　621－3
後漢書　19－11・12・14・16，20－5・8，235－16，240－4，243－11，364－6，626－13
―――廿八将論　235－16，240－4
―――馮衍伝　626－14
後宮職員令　451－1・2・4，525－2，589－1・4・5，628－2
劫盗律　628－2
国語　211－11，334－15，354－13，629－4，644－10，650－11
――賈逵注　354－13
国史　5－16，6－1，8－13，47－15，57－12，59－6，60－3，70－15，72－10，91－12，97－8，98－10・12，102－11，105－6，125－4，145－11，174－1，216－3，456－3，517－2，540－13，541－14，557－6，581－1・10，583－13，586－15
獄令　17－15，22－13，23－2，88－6・8・12，229－14，246－16，247－1，474－8，475－14，519－4，522－5・6，584－14，623－5・11・13，625－8，627－12，628－8，629－6，631－14，647－3，660－6・14，669－6～8・14，671－4，672－15，685－1，689－10，690－7，692－1，693－6

さ

左衛門府式　517－6・8・9
左近衛府式　526－6
左氏伝（春秋）　98－6，194－10，211－12・14・15，281－11，335－1・2，453－3，508－4，553－2・13，571－4，581－4，619－1，629－3，648－7
―――正義　581－4
―――杜預注　453－3，619－1
左馬寮式　522－14
左右馬寮記文　40－12
詐偽律　208－4，228－3，242－14，245－14，246－1，249－6，353－1，465－14・15，476－1，508－14，627－5，630－1
最勝妙典　45－6
祭義（礼記）　122－14
蔡邕独断　223－7，228－6
寂（最）勝王経　7－1，45－6・7，

47－11，374－9，378－11，383－4·11，384－1·8，385－6·11·12，393－7～9·10，394－10·12·13，396－4

――――長者流水品　45－7

斉衡式　264－6

斉衡二年五月十日官符　252－15，262－5

――――五月十日格　254－4，257－13·15，264－16，429－12

――――五月十日式　264－5，414－1

――――五月十九日官符　264－10

――――六月廿五日格　420－10

――――八月廿三日格　371－1·13，374－12

――――九月廿三日格　408－1

――三年二月廿六日宣旨　547－13，550－12

――――三月八日格　428－11

――――四月十九日民部省符　429－5

――――五月廿七日格　429－3

――――六月二日宣旨　620－6

――――六月十日宣旨　501－16

雑記　540－11

雑五行書　98－2

雑式　14－8，332－1，412－1，459－13，460－5，462－12·13，516－13，557－13，575－3·4·11

雑律　193－15，474－3，497－6，499－6，565－3，591－1，600－11，617－4·5，619－4·9，630－10，666－14

雑令　99－16，284－14，355－7，455－5，511－11·13，614－7·8，670－13，698－1

三秦記　193－12

三伝義　9－1

三礼義　9－1

三礼図　644－8，651－2·3，652－2·4，653－1·2·4

讃記（令集解）　485－12，506－6，519－7，520－1，522－10，523－5，680－14，693－8

産経　422－12

し

詩　244－13，587－2，654－11，715－6

詩書　244－1

詩伝　98－5，488－11

子産　704－9

史　245－4

史記　101－8，103－5，240－6，453－1，462－4，581－6，713－5

――索隠序説　462－4

思邈論　707－4

私記　252－2，258－13，263－11，265－12，286－6·14，334－9，336－1，337－13，338－7，343－14，344－4，345－12，346－8，347－11，348－6·16，364－3，365－2·15，369－2，374－11，379－13，391－8，392－15，405－15，406－16，414－1，415－8，447－1，

460－13，461－15，465－12，466－7，467－5・8，468－1，469－3，472－8・14，473－11，518－2，598－3
私教類聚　609－2，682－11，709－12，711－2・9，713－1
私曲礼　582－3
私思文　630－7
師古　453－1
師説（令集解）　18－10，249－11，485－6・10・14，486－1，574－6，576－7・8，599－15，619－15
使庁類聚　544－15，545－5，553－11
――続類聚　553－8
至要雑事　655－6
事始（下巻）　539－10
尓雅　193－6，194－1，334－2・15，353－15，488－10・11，508－5，587－2，628－15
地子交易直勘文　312－5
字指　488－12
字書　283－5，334－15，510－6
式　13－6，24－8，27－4，97－13，98－1・9・11，104－16，107－5，119－9・16，124－16，132－8，136－13，138－7，155－5，172－11，181－8，188－1・16，190－8・11・13，213－2，219－5～8，228－16，229－1～3・10・14・15，230－3・11，231－8・10・15，232－5・7，247－2・3，249－8・9，250－1，251－9，253－2・4・7・10，255－14，257－1，258－16，259－1・3・8・13，261－4・9・10，262－9・11・14，263－1・12・16，264－1・5～7，268－11，269－1・6，272－1・6・8・13，277－1・2，283－11・12，284－1，285－5・11，291－15，300－8，308－1・3，311－14・16，312－4，316－10，317－3・9・16，318－2，326－11，336－16，341－10，342－2，348－7，349－13・16，351－10，352－6，359－9・12，360－9，361－3，374－14，386－16，387－2，399－7，404－9，405－16，407－3・5・14，411－6，414－1，417－6，419－16，421－3・5・13，422－2，424－15・16，425－1・4・5・12，426－5，427－11～14，428－4，430－2，431－1・3・7・8・13～15，432－2・6・8・9・13，433－14，434－11，435－4，436－2，445－8，455－3，457－5，458－14，459－12・13・15，460－14，461－1・16，462－5，463－3，466－8～10，468－13，469－5・6，470－12・14，472－8・9，474－13，479－8，480－7，485－12，503－6・9，504－2・4，507－7・8，517－9・11，518－1・15，519－8・11，521－7・8，522－12，523－16，

524－5·9，526－9，531－11，532－13～15，542－3，545－6·14·15，546－8·11，549－13，551－9，553－4·10，560－11·13，566－8，573－7·9·10，578－1·3·9·12，579－16，582－13，583－1·12，584－10·11，586－10，589－13，635－1·6，637－11·12，658－12，665－4，666－10·11，667－3，698－2，701－6，712－1·3，720－9·10

式部式　18－8·11，24－8，60－16，61－4，97－5，154－11·13～15，172－8·9·11，181－3，189－5·6，526－4·9，560－10·1，562－11，577－12，578－1·4·10，580－8，581－16，582－16，584－16，585－2·3，586－3·11，587－7，706－7·8

失官私器物条　332－4

実録　489－7

沙門清制　628－16，629－1

釈氏　628－14

釈思禅師七代記　537－7

釈説（令集解）　11－11，99－9，119－4·12，188－1，193－8·12，194－10，207－14～16，223－12，282－15，334－1·15，354－7·12，444－6，451－6，472－1，478－14，484－9，486－1·3，488－10，505－11，506－6，508－2·4·5，518－13，519－1，566－1·2·4，574－1，576－4·5·7，579－15，582－1，589－3，613－14，614－2，618－16，619－14，649－4·16，650－8，655－16，659－8·9，674－1，676－2，680－8·11，688－6，699－5，709－10

釈智匠楽録　650－10

釈名　281－10，569－12，589－5

尺記　11－11

朱記（令集解）　249－6，355－10，444－7，451－7，479－9，486－3，518－16，520－10，574－8·9，585－16，619－16，659－11，669－10，680－16，682－10

酒式　136－11

主計式　268－2，410－16，417－14，418－7·9·11～15，419－1·3·4·6·7，424－9·10，425－3·5·7·9，427－3，429－16，501－7，504－10，513－4

主税式　13－8·10·12·13，157－12，158－11，282－2·11，283－8，284－1·11，285－1·5·6·11，299－4·5，321－12，365－6，375－7，382－8，383－3·4·12·14，384－1·2·7·9·12，385－6·9，404－6，412－10·12，414－6，430－12，432－15·16，433－1～3，440－3·8，489－8，490－7，491－5，501－4，503－1，617－8，

618－9～11
守記（令集解）　674－5
儒伝　99－5
周易　281－10，324－14，539－6・11，626－7，710－12
——繋辞　626－7・11
——正義　626－9
周官籩人職　58－9
周礼　193－15，194－1，211－11，214－12，234－1・2・6，334－1・2，354－1，510－5，587－1，589－4，644－16，646－12，650－14，653－2・4・5，654－1・13，705－6，714－14，715－1，719－8
周礼注　510－5，645－13，647－3，654－1・13，715－2
——疏　238－14，654－1
——天官篇　705－6
修文殿御覧　90－15，539－8，715－1
集験　698－14
十七条憲法　535－12，536－3，571－7
十二縁起　46－3・6
祝式　72－3
述議（孝経）　510－5
春記　619－6，680－16，709－11
春秋　710－12，715－7（→左氏伝）
——元命苞　98－4，103－5，645－13
——穀梁伝　629－3，715－16
——左氏伝　98－6，194－10，211－12・14・15，281－11，335－1・2，508－4，553－13，571－4，581－4，619－1，629－3，648－7
——釈例　550－1，559－1，566－10
——昭公四年伝注　589－5
——昭公七年伝　122－15
——潜潭巴　705－14
春秋伝　629－2
舜典伝　646－12・13・14
准南王七神仙散方　707－8
書経　98－5，644－8・11，645－5，646－1，654－11
書斉記　716－9
初学記　98－4，99－10，650－9
諸家相笏経　569－13
——相手板経　569－13
諸子百家秘要抄注　534－14・15
諸陵式　189－7，190－11・13・14
暑記　627－6，685－2，690－8
常赦判　325－16，326－3・6・9・14，327－14，328－1，337－3，340－4・10・12・16，351－14，352－2・6，361－6，367－9・12，382－4・7，388－4・8・12，402－15，403－13，439－7・15，450－7・12・15，507－2，510－14，511－1，515－15

剰田勘文　312－4
少破无赦判　340－8
小品　698－14，706－9・11
商賈　709－14
尚丘　628－15
尚書　9－2，228－6，234－2・5，243－10，244－1，354－2，456－9，539－6・11，628－3，644－11，645－5・6，646－1，654－11
――伊訓　235－12，237－7
――堯典　99－9
――君奭　235－8・10，243－10
――孔安国注　628－16
――洪範　486－4・16，494－16，516－3
――周官　236－14
――正義　234－3，236－15，239－6，646－7
――百积　106－2
――呂刑　646－7・8
詔書式　223－7，229－3・5・11・15，230－1，520－6
―――義解　229－3・11，230－1
相五書　568－9・10，569－9
昌泰元年十一月二十一日詔　108－12
――――十二月九日格　383－6
――――十二月廿一日格　411－6
――三年八月十六日官符　470－11
――四年正月廿五日宣命　2－14，4－13
――――正月廿七日官符　3－7
――――閏六月廿五日格　278－3
承平元年十一月七日官符　49－7
――――十二月十日官符　494－10
――三年四月二日官符　36－3
――四年四月十九日官符　424－12，426－1
――――五月一日官宣旨　514－8・16
――――八月廿四日官符　276－16
――――八月廿九日官符　437－9
――五年六月十三日官符　453－12
――六年閏十一月七日官符　270－13
――七年五月五日官符　434－16
――――九月七日別当宣　544－3・8
――――九月八日宣旨　496－2
――――十月十六日官符　159－10
承和元年四月廿五日格　512－7
――二年十一月九日官符　121－2
――三年三月廿五日格　394－10
――四年八月五日格　371－9
――五年八月廿九日官符　446－7
――六年七月廿一日格　329－15
――――十月九日格　502－10
――七年四月十六日宣旨　330－14
――――五月二日格　328－10，404－16
――八年二月廿三日官符　348－8
――――閏九月二日格　297－2
――――十月七日制　271－9
――――十月十九日官符　346－14，350－4，359－16，360－2
――――十一月廿日詔　104－10，105－1
――九年正月廿七日格　409－3
――――二月廿五日格　343－5

————六月九日官符　331－13
————六月九日格　330－16
————七月五日官符　259－16
————八月廿七日詔　477－4
————八月廿七日非常之恩　266－1
——十年三月十五日格　266－15
————六月四日官符　381－3
————六月十四日治部省符　381－3
——十一年三月一日格　296－5
—————四月一日格　410－7
—————七月廿六日格　259－15，271－9
—————十一月十五日格　381－2
——十二年正月廿五日格　412－3
—————八月七日官符　186－4
—————九月十日格　331－12
——十三年二月廿一日官符　259－11，262－1，269－10，271－9
—————四月廿六日官符　501－11
—————八月十七日格　265－16，266－10
—————十月廿七日官符　174－11，175－5，393－12，394－7
—————十月勅　174－4
——十四年七月九日格　419－14
—————十月十四日格　259－11，262－1，269－9，271－9
職員令　15－9，17－16，99－7，118－16，122－6，187－12，229－3，353－15，417－1，451－1･2･4，478－14，479－7･8，518－8･10，519－6･13･15，522－7，523－2，524－4･16，589－3，629－8，697－3，698－3，699－11
職制律　227－9･12･14･16，245－13･16，248－15，249－8，408－7･8，469－5･6，497－7，499－7，525－13，526－1･7，572－13，600－7，614－14，634－5，646－3
殖（食）貨志　516－3
晋簡文紀　236－1･3，243－11
晋書　234－12
——職官志　237－2，239－10･14
晋中興書　236－3
晋律　646－3
神楽譜　166－14
神亀五年三月廿八日格　572－1，674－7
神祇官式　122－7
——記文　71－10
——式　71－15，123－7･15，128－14
——令　123－6，127－10，131－4，246－15，283－4，336－12，360－16，589－10･11
神護景雲元年十一月十二日勅　386－12
————二年二月廿八日官符　119－12
——————五月三日格　574－10
——————七月廿八日官符　159－3

――――四年九月四日格　541－5・7，548－9，549－3
神功皇后紀　166－11
神咒経　94－3
神農本草　364－6
秦氏本系帳　355－13
新儀式　14－15
新修本草　600－15，698－14，706－7・9・11
新撰陰陽書　88－10
親王式　128－6
仁王経　393－7～9，394－10・12，606－3・5・14
仁寿元年七月十四日宣旨　170－12
――二年三月十三日格　494－16，495－15，516－2
――――四月二日官符　252－16，254－2，262－7，263－9，408－8
――――九月廿日宣旨　501－16
――三年十一月十三日官符　175－4，394－6
――四年正月廿日宣旨　545－12，598－7
――――十月一日格　492－12，493－11
仁徳天皇十一年四月十七日詔　354－14
仁和格　349－16，350－1，359－12・13，
仁和元年三月廿一日格　372－16
――――九月勅　92－12
――二年九月十七日宣旨　544－15
――三年十一月廿一日詔　232－10・16，238－3，242－1
――――閏十一月廿七日勅　233－8，238－4
――四年五月廿八日詔　500－9
――――七月廿三日官符　255－7，256－3，261－7，266－6
――――七月廿三日格　349－5，359－1

す・せ

水牛乳　184－1
吹式　491－5
随身要験方　707－3
崇神天皇六十二年七月詔　354－4
世伝　711－10
世本　539－6
西官記　10－16，27－2，36－11，37－1，48－14，49－15，50－15，51－14，101－16，148－12，154－7，172－14，178－5，202－3，203－8，218－6，219－11
西京雑記　98－5
正義　234－3,235－7・11，236－15，237－8，239－6，568－16，581－4，626－9，646－7
正暦三年十月十四日別当宣　530－11
――四年九月二日官符　369－12
――――五月廿日詔　5－4
――――八月十一日詔　667－15
――――十月七日宣旨　161－1
――――閏十月廿日詔　5－10
――五年九月廿六日官符　370－1
清涼記　10－1，14－15，43－10，51－1，53－7，57－9，63－12，75－14，87－12・15，88－2，89－15，90

－2，91－1，93－4，97－3・13，98－15，100－10，127－3・6，133－12，147－11，167－2，173－4，177－9，202－16，219－2，222－9
姓氏録　118－2・3
聖記経　422－12・13
聖徳太子伝　363－10，535－15，537－8
斉王冏伝　236－2
赤鳥神針経　698－15・16
跡記（令集解）　18－9，194－5，207－16，444－7，451－7，452－16，485－12・14，486－2，518－16，574－7，586－1，659－8
切韻　21－3，508－5，628－14～16，673－10
説文　90－13，181－14，211－14，281－11，334－15，335－2，354－1・6・12，488－10・12，553－13・14，564－4，569－10，628－4，629－4，644－10
千金方　704－7，708－2
選叙令　18－4・7，247－4・12，453－7，507－9・14，533－7，576－11，577－1，579－2・3，582－1・6，585－1
選別記　26－1
擅興律　628－4
善家異記　609－7，610－2・5，711－15，713－8

そ

素問　698－15，699－9，700－12・16
蘇敬新修本草　706－7
曾記　683－7
倉庫令　296－16，334－10，342－5，462－15・16，463－2，465－12，472－1，520－9
僧尼令　556－13，564－9・10，597－16，604－3，635－10，669－5，696－2
蒼頡篇　281－12，283－5，332－9，488－10，508－4，553－14，587－2
宋（宗）記　464－10，614－2，630－6，680－14，693－12・13
宋均注　123－1・2
宋書百官志　235－14
相玉書　568－9，569－9
曹　674－6
曹憲　628－14
装束記文　9－8，14－11，61－10，73－14，75－14，101－10，147－1，199－11，218－3
喪葬令　193－6，194－3，445－13，478－15，479－4・7・8，567－12・13
奏事式　247－5
奏弾式　521－12，631－12，689－2
蔵人式　9－14，88－2，90－2・3，97－16，98－7・9・11，165－3，176－1，181－

8·9
像法決疑経　183－11
造地子帳例　312－4
続漢書　211－12·14
続斉諧（記）　58－5
続日本紀（国史）　59－6，70－15，72－10，91－12，145－11，216－3，456－3，540－13，557－6，581－1·10
続日本後紀（国史）　541－14
賊盗疏　628－2
賊盗律　193－11·14，194－12，228－3，252－5，258－3，260－1，268－6，271－11，464－5，599－10·16，600－3，601－6，603－10·14，608－5，615－3，625－14，628－2·3，649－5·6，650－3，675－12，676－4，693－15·16
賊叛律　628－2
村上御日記　202－13

た・ち

多米氏系図　118－5
——宿祢本系帳　117－16
太政官式　23－8，60－15，71－11，82－7，89－9，100－2，101－3，125－5，129－1，154－5，159－9，171－12，188－2，216－7，508－9·10，670－5
大学式　9－7
大饗日記　582－12
大自在王経　47－13
大舎人式　216－16
大炊式　121－10·11
大素経　706－9·11
大蔵式　61－5，97－10，155－4·5，191－3
大戴礼　98－4，99－10
大同格　257－4·9，353－10
大同元年六月一日格　411－1
————閏六月八日官符　513－6
————八月廿二日格　398－8
————八月廿五日格　513－5
————八月廿七日格　398－15
————十月七日格　559－8
————十月十三日官符　451－4
————十一月二日官符　489－11
——二年正月廿日格　513－10，514－3，515－8
————七月廿四日官符　457－14
————九月九日詔　59－8
————九月廿八日格　608－13
————十月十九日太政官奏　153－10
————十二月一日官符　461－3
————十二月廿九日官符　252－3，258－1，259－11·16
————十二月廿九日格　257－9，262－1，268－5，269－10，271－8·10
——三年正月七日格　273－3·14
————正月廿日格　522－10
————七月四日官符　391－4
————七月十二日騰（謄）勅符　330－5
————九月廿三日官符　612－7，613－2
————十一月二日官符　613－1
————十一月十日太政官奏　152

－13
——四年五月十一日格　288－11
————五月廿六日格　159－2
————九月廿七日格　494－13
————十一月十三日格　353－5・10
——五年三月廿八日官符　405－8，408－2
大儺賦　215－1
大般若経　179－7，378－2
大宝元年格　153－9
——二年七月八日詔　70－16
大宝令（前令）　225－1，229－6・7
醍醐天皇（先帝）御日記　136－5
堪輿経　88－10
弾正式　330－13，516－1，522－11・12・16，523－11・12・16，526－8・10，532－12～14，541－3・4・11・13・16，544－12，545－11，546－7・8，549－13，550－11，553－3・4，556－11，557－1～3・10～12・15・16，558－3・5・8～10，559－4・6・7・12・16，560－1・2・7，562－4・6，563－10，564－3，567－7，568－8，575－5・7・10・12，576－1，588－10・15，593－11，594－5，598－4・11～13，599－2・5・7・8，611－1，616－2，631－16，634－2・16，635－1，689－2
弾例　519－4，528－12，541－13，550－11，575－8，632－1
断獄律　88－12，497－14，499－14，624－5，630－2・3・5・6・11，636－9，669－3，671－7，676－15，689－13，692－4，693－10
治部式　208－6，480－7・13～16，481－2・3
中務式　60－14，71－13，100－4，125－7，132－1・2，188－1・8・16，189－1～4，216－8・9・14・15
庁例　521－3
張　464－13，628－7，692－7，693－13
琱玉集　20－1
朝拝日記　666－10
長徳三年十一月十六日別当宣　632－11
長保元年七月廿七日官符　548－6，549－3，550－13，553－13，554－11
————十月廿五日宣旨　532－6
————十月廿九日官符　369－10
——二年六月五日官宣旨　548－16，554－8
————六月五日宣旨　550－14，555－13
——三年五月十九日官符　377－6
————五月廿二日宣旨　292－10
————十二月廿五日宣旨　440－16
————閏十二月八日官符　550－7，555－10，563－6
——四年十月九日宣旨　183－2
————十一月廿八日別当宣　530－15
勅旨式　224－2・13，228－5・6，229－2・4・11・16，

230－4
―――義解　229－16

て・と

悌　644－8
帝範　197－5
貞観格　174－11，413－3，431－10·12，447－7，626－6
――儀式　26－3，62－3，75－1，89－11，125－10，200－11
――宮内格　119－15，120－11
――京職格　663－1
――刑部格　660－5·13，662－9
――左右衛門府式　517－11
――雑格　297－3，356－4，361－8，412－3，420－10，507－13，512－7
――式部格　153－14，413－3，626－6
――神祇格　72－16，338－9
――弾正格　631－11，661－8
――治部格　371－9·13，372－13，380－10，381－2，382－10，393－12，394－6·10·16
――兵部格　289－5
――民部格　259－15，266－15，269－9，283－6，285－12，299－13，328－10，329－7·15，330－16，331－12，404－16，408－1·14，409－3，410－7，419－14，420－5，428－11，429－3，433－7，447－1·13，454－15，456－7，457－1·12，462－6，479－14，492－12，502－9，511－15
――臨時格　186－3，265－16，293－8·15，322－3，343－5，448－3，481－4，509－8，516－2
貞観式　413－3，426－5，431－12，462－5，580－9·12，626－6，665－1，666－13
――衛府式　517－11
――中務式　132－16
――実録　489－4·7
――政要　533－14，582－4
貞観二年四月十九日格　119－15
――――九月十七日宣旨　254－4，264－16
――――閏十月廿五日詔　106－7
――三年六月廿一日格　431－10，433－7
――四年二月十五日官符　120－11
――――三月廿日官符　264－12
――――四月十日官符　670－9
――――八月廿五日格　401－10
――――十一月廿一日式　259－2
――――十二月五日格　72－16，73－12
――五年九月廿五日格　338－9
――六年正月七日詔　447－1
――――正月九日格　447－1，458－11
――――八月十五日宣旨　526－13

――――九月十四日官符　448－7
――――十二月十四日官符　264－8
――七年三月二日格　186－3
――――四月十五日格　372－13
――八年三月七日官符　287－7
――――十月八日格　462－6
――九年二月七日宣旨　611－3
――――五月八日格　454－15
――――六月廿日宣旨　598－6
――十年正月廿八日格　337－13
――――十一月七日官符　458－11
――――十一月十六日民部省符　458－9
――十二年七月廿日別当宣　526－11
―――――十二月廿五日官符　459－2，480－6，501－6
――十三年九月七日格　399－4
―――――九月八日官符　175－7
――十四年三月九日詔　475－15
―――――七月廿九官符　467－8，469－15
――十七年三月廿六日格　129－5
―――――八月廿二日格　296－1
――十八年六月三日格　295－11
―――――六月十九日格　385－11
―――――七月廿三日格　663－10
―――――九月廿三日格　93－1
貞義　234－1，235－7
天安元年十一月十一日官符　121－5
――二年正月廿九日官符　311－12
――――十月廿五日官符　120－1
天延二年十一月十八日詔　111－12
――三年二月廿五日別当宣　594－5
――――三月一日官符　555－8，594－12
――――（下知）　552－14
天応元年八月廿八日格　409－9
天鏡経　568－5
天慶元年記　220－1･4
天慶元年五月廿二日官符　393－7
――――五月廿二日詔　225－11･13･15，226－12
――――十二月廿六日官符　426－3
――二年二月十五日官符　386－7，470－6
――――六月十三日官符　437－11
――――閏七月五日官符　437－4
――三年二月廿七日勅符　230－15，231－1･3･11～15，232－1
――四年三月廿日官符　375－10，396－15
――五年閏三月廿八日別当宣　529－3･16，530－7
――――五月十六日宣旨　544－7
――――十二月廿九日官符　421－10，503－14
――八年正月六日宣旨　182－3･9
――九年八月七日官符　665－13
――――十二月七日官符　270－10
天元五年三月廿二日宣旨　596－1
――――十一月廿五日詔　276－1･3
天台霊応図　46－16
天台六十巻　6－14
天地災記　568－5
天長格抄　59－15･16
天長元年正月廿日官符　461－8
――――五月五日官符　357－4
――――五月五日格　356－4
――――六月一日官符　121－2
――――六月廿日官符　481－5
――――八月廿日官符　153－16，365－9
――――八月廿日騰（謄）勅符　260

－12
――――八月廿日格　627－1
――――八月廿一日官符　299－14
――――九月二日格　479－14
――二年二月四日宣旨　544－14
――――二月十二日民部省符　476－6
――――五月二日官符　372－6
――――五月三日官符　374－4
――――五月十日官符　413－3
――――五月廿七日官符　345－15，347－4，468－9
――――五月廿七日格　350－5，353－3，360－1
――――五月廿七日式　470－12
――――七月八日格　153－14
――――閏七月廿二日官符　457－12
――――十月廿日格　299－13
――――十二月廿一日官符　358－8
――三年五月三日官符　356－14
――――五月廿五日官符　267－7
――――七月十五日官符　358－7
――――十一月三日格　289－5
――四年六月二日格　293－15
――――六月五日格　481－4
――――九月廿日官符　663－11
――――九月廿一日官符　661－10
――――十一月十七日格　660－13，671－9
――――十二月二日官符　433－8
――五年二月廿八日格　374－15，382－10
――――四月廿六日官符　547－14
――――七月廿九日詔　447－13
――――十月十一日官符　461－2
――――十一月一日宣　593－10
――――十二月十一日官符　663－3
――――十二月十六日格　661－9，664－1
――六年五月廿一日格　361－8
――八年六月十六日宣旨　260－9・11，261－2
――九年二月三日官符　502－11
――――七月九日格　662－9，665－1
――――八月十一日宣旨　28－6
――――十一月廿九日格　663－1
――――十二月十五日勅　457－1
――十年四月勅　216－4
――――六月三日官符　509－9
――――六月八日詔　476－14
――――七月六日格　509－8・13・16，510－7
――――十月十日官符　501－8，502－1・5
――――十一月十八日宣旨　580－10
天徳三年十二月四日宣旨　182－7
天武天皇五年八月十七日詔　47－15
――――――十一月十九日詔　47－15
天文要録　528－5
天平元年八月五日詔　188－1
――二年五月十八日格　513－12
――四年七月六日詔　48－1
――六年十月十四日官符　391－12
――八年四月七日官符　460－9
――十年五月廿八日格　511－5
――十三年二月七日格　615－4
――――――二月十四日格　377－16，380－11
――――――二月十四日勅　375－2，380－4

——十四年五月廿八日官符　380－4
——十五年五月廿八日格　511－5
——十六年七月廿三日詔　386－10
——————十月十七日勅　379－8
天平勝宝元年八月四日勅　343－11
————三年三月十四日格　330－4
————七年正月四日中臣丸連張弓等勘奏　58－15
————九年四月四日勅　422－14
——————四月四日詔　423－1
——————五月廿六日格　574－15
天平神護二年八月十八日官符　386－12
——————九月五日勅　343－15
——————九月十五日格　329－8
天平宝字二年三月十日詔　59－6
——————七月三日勅　423－1
————三年五月九日勅　456－3
——————六月廿二日官符　397－10
——————六月廿三日格　48－5
————七年九月一日勅　355－15
天暦元年六月廿九日別当宣　527－13
————閏七月十六日官宣旨　278－14
————閏七月廿三日官符　271－6, 273－2・14
————九月五日詔　497－15, 499－15
————十一月十三日宣旨　29－1, 32－4
————十一月十三日官符　546－8・12, 548－9, 549－3, 551－14, 562－8・13, 563－9
——二年三月十五日官符　551－12
——四年二月十日宣旨　273－1・12, 274－14
————九月廿六日詔　66－10
————十月十三日官符　664－13
天暦五年右大臣大饗日記　582－12
天暦五年十月一日官符　82－10
————十二月廿七日官符　291－13
——六年五月十五日宣旨　514－15
————九月廿三日官符　51－6
————十一月廿八日別当宣　529－8
——七年七月五日宣旨　509－13
——九年十一月廿二日詔　110－11
天禄三年九月廿七日太政官奏　247－10
典言　625－15
典薬式　60－13, 210－8, 366－9・10, 701－13, 706－9・11～13
田令　119－2・9, 281－8, 282－14・15, 286－4・6, 287－1, 289－14・16, 290－3, 293－3・4, 294－16, 295－3, 296－14, 297－8, 304－2, 332－7, 444－10, 445－7, 451－16, 452－2, 493－8, 505－16, 513－1
度縁式　399－13
度者除帳田勘文　312－5
唐会要　566－6, 580－15, 581－8・12・13, 583－11
唐儒宋　603－15
唐儒張　603－13
唐律　648－2, 654－8
——集解　88－10
唐令　15－15, 21－8,

444－6，518－16，567－3・4，701－9
唐暦　489－5，568－2
闘訟律　627－11，628－6，629－16，636－13，649－6・7，669－1・2，675－11～13・15，676－6・10，682－1，683－3・12，684－11，687－12，688－2・7，689－12，691－9・16，693－8・11～13，694－7・13，695－2・12・16
東宮切韻　628－14
独断　223－7，228－6

な～ね

内侍式　127－4
内匠式　555－12
内蔵寮式　188－4，191－1，322－2
内問日記　603－10
内裏式　63－12，76－2，146－15，149－9，151－3，588－13
日本紀（→日本書紀）70－6，99－1・2，117－9，118－7，127－12・13，166－11，189－12，281－5・7，354－14，363－6，364－2，535－9，537－8，540－2・3・6，598－3，627－10，645－9・15，646－5
――――私記　166－13，364－3，598－3（→私記）
日本決釈記　363－6
日本後紀（国史）　8－13，586－15
日本三代実録（国史）　5－16，6－1，57－12，97－8
日本書紀（国史）　47－15，583－13
涅槃経　96－4
年代記　190－8
年中行事記　527－7
――――御障子文　230－12
――――文　230－9

は～ほ

波羅密経　606－13
馬融　644－11，645－5，646－8
馬寮式　13－14，14－4・5・7，598－9
買逵　181－15
白居易伝　534－8
白虎通　99－11，194－2，539－6・9，582－1，715－8
白氏文集　535－2・8，716－3
――――記　535－2
――――策林　486－4，534－1，640－10
――――判　716－3
八十一例　546－5，586－8
――――難経　706－9～11
八省相移式　520－6
判事式　469－14
判授位記式　400－12
范穽集解　628－4
般若心経　6－3，197－12・13，394－11・12，605－10，606－5・13，607－11
伴記（令集解）　353－15，354－2，451－2，518－15

潘尼菊賦　58－12
斐淵広州記　90－15
非常赦判　327－1·2，328－6，337－6，341－4，342－2，352－10，368－2，389－3，403－3，404－1，507－5，515－12
百済王本系帳　363－5
苗薄式　485－11·12
賦役令　276－6, 282－8, 416－13, 424－7, 443－10, 444－4·10，445－8，451－6·8, 452－12, 453－5·7·8, 454－8·10, 455－15, 484－4，491－14, 505－9, 506－2·4·12，508－2，518－4
符式　18－10
傅玄菊賦　58－12
武玄之　628－15
封事十二条　142－2, 294－8, 719－5
風　709－8
風俗通　625－15
風談　709－8
諷諭雑言　488－14
服薬駐老験記　713－8
復記（令集解）　680－10
仏経　174－8，175－12，183－15
仏蔵経　715－13
仏名経　173－7, 174－2·3
物記（令集解）　249－6，599－14，658－16，676－15，680－3·6·9·12, 688－6, 692－6，693－12·15
文　263－11，265－12，286－14，348－16，374－13，391－8，393－1·6，461－15，467－5，469－3·7，479－3，511－11
文集　535－2·8
——楽府　488－14
——策林　486－4
文選　98－6, 211－10, 626－15，652－1
——謝恵運雪賦　98－6
——長楊賦　626－15
——東京賦　211－10
兵衛式　222－4，249－6
兵庫式　217－6
兵部式　181－6·8，366－11，562－10，588－11
薜峋　628－15
別記　22－2·3, 26－2, 95－8
別式　12－7，193－7, 565－3，666－14
返進田勘文　312－5
辨官記　687－8
捕亡律　681－2，709－6
——令　445－3·4，619－7·10，627－14，628－3
方言　283－5，332－9
法花経　94－14，197－12, 393－7～10, 536－4·8, 712－11
法官論　244－3·6
法経　628－2
縫殿式　542－1, 550－3·4，558－16，559－4·6·7
宝亀二年閏三月十九日格　541－5, 550－10
——四年正月十六日騰（謄）勅符

612－8
――――正月廿三日明法曹司解　335－16
――五年八月十七日格　479－15
――六年六月廿七日格　409－4
――八年三月廿六日格　479－15
――十年八月廿一日官符　413－11
――――八月廿一日格　253－14，263－5・14，436－7
――――八月廿三日官符　251－5
――――十一月廿九日格　469－9
――十一年八月廿日官符　461－5
――――十二月四日官符　194－16
――――十二月十四日格　608－9
宝注　58－10
本願薬師経　46－11
本草　183－14，184－1，698－14，699－5・7，700－12・15，704－13
本草経　713－9

ま～も

麻果　628－15
脉経　698－4・14，699－9，700－15
脉決　698－15，699－7・8，700－16
妙法蓮華経　378－5
民部式　119－6，121－9・14・15，155－6・7，158－10，184－8，186－1，261－14，267－16，276－12・15，288－10，289－9～13，290－6，291－1～3・5～12，293－2，296－13，321－15，322－1，325－8，404－7・15，409－12～15，410－12，415－3，416－13，417－5・6，419－9・10・12，426－6，433－4・5，451－9・11・13・14，454－11・12・14，456－2，458－2，464－4，483－10，505－13
――例　282－16
无垢称経　92－7
无赦判　325－13，327－9・12，336－13・15，340－1・7，351－6・10，361－1・3，367－7・14，387－12・14・15，388－2，403－5・7・9，510－11，515－10
明堂　698－15，699－7，700－16，706－9・11
名例律　11－14，193－10，242－14，413－9，465－16，468－5，473－4，474－5，476－8，477－12，497－7・9，499－7・9，533－7，555－3・4・5，565－3・4，577－8，584－15，590－7，591－2・3・4，603－12・13・16，604－1～3，610－14，613－9，616－9，627－7，629－6，636－2，643－6，647－5～7，655－5・8・10・14・15，656－1・3，657－10・11・13・15・16，658－1・6・10・14，659－2・14，666－14，667－12，668－5・11，671－8・16，672－1・2・16，673－6・11，674－5，675－11，676－6，679－4，681－1・12，682－3・4・5・10，684－2，694－2・13，695－7・10

毛詩　8－15，90－13，194－1，234－1，235－7，237－8，243－10，244－1，629－2，654－11
——義　8－15
——正義　237－8
——箋　619－1
——伝　90－13，119－4，194－1，234－1，235－7，488－11，553－14・14，629－2
木幡寺咒願文　198－8，199－10
———鐘銘　196－1

や～よ

野王案　90－13，181－13・15，281－11，334－15，335－2，353－15，354－7，453－2・3，539－6・12，564－3，647－14
薬師経　46－11
薬方脉経　698－4
右官史記　99－6，184－3
揚書　464－11，693－13
要覧　682－14，321－2
養老四年正月一日辨官口宣　207－15
————三月十七日格　451－6
——五年六月十日格　287－16
——六年閏四月十七日官符　184－4
——七年八月廿八日格　328－11，329－2
——八年正月廿二日格　286－9
——八年格　484－11
欲急解　707－9

ら～わ

洛書　542－7
吏　709－9
吏部記　10－11，44－5，58－1，65－10，68－15，80－16，91－8，134－2，168－4，171－3，172－1，180－9，219－13，551－6・11，582－12，591－11，592－2
李固列伝　709－8
陸法言　21－3，508－5，628－14，673－10
律　11－6，12－5・6・14・15，16－4・8・9，18－1・15，19－3・9，21－7，23－1・4，106－12，162－1，190－8，197－5，242－16，246－1・3，247－5，249－8・9・11・12，252－11，259－10，260－7，261－16，279－16，296－9・10，336－2，353－10，407－13，408－10，427－11，431－16，466－7・8，467－12，468－7，469－5～7，470－2，472－3，473－11・14，493－16，496－16，497－15，498－16，499－15，500－2，508－16，512－11，520－1，521－7・8，522－5，525－9，555－5，573－15，578－14，604－3，623－11，625－8・9・11・15・16，627－15，630－2，635－10・11，

636－10・11，644－13，646－7，650－12，654－12，655－9・13，657－10，658－13，662－5，668－14，669－16，671－11，672－1・2，674－15，676－10，680－14，681－2～6・10・13，682－4・5，683－15，684－10，687－14，689－2・6，692－1，693－3・8，695－11・15・16，696－2
律疏　11－14，88－15，245－15，279－1，476－2，533－8，540－15，561－1，579－1，581－6，584－15，587－3，603－11，604－2・3，616－9，617－2，643－8，644－10・16，645－5・12，646－16，647－16，648－7・10・12・15，654－5・9・11・15・16，655－5，659－14，667－13・14，668－6・7，672－16，676－3，684－11～13，709－8
――骨髄録　626－1，648－9，694－10・11，709－8，714－13・15
――骨々録　694－10
――表　634－7
――附釈　193－12，649－16，650－8
――粟書　603－12
劉欣期交州記　90－15
劉子　324－14，518－13，626－14，710－9
――風俗篇　518－13
流記　397－15
流注経　698－15
良吏伝　20－2
類聚国史　118－15，456－3
礼運　539－8・10，571－3，649－16
礼記　122－12・13，193－16，194－15，221－1，335－2，354－1，539－8・11，564－3，568－9，571－3，582－2，583－2・4，619－1，643－11，644－5・6，645－13・14，647－3，654－11，691－1，694－10・11，704－9，710－9，714－13・15
――故月令季春　211－3・4
――学記　714－3
――曲礼上篇　714－15
――曲礼下篇　565－16
――玉藻篇　568－9
――月令　329－12，704－9
――月令正義　566－5
――郊特牲　122－12
――祭義　122－14
――正義　568－16，569－3・6・10・11，571－3
――檀弓上篇　694－10
――鄭玄注　619－1，645－13，647－3
――内則篇　694－11，
礼経　525－5，715－9
礼書　101－8
礼伝　709－12
令　12－5・15，16－9・10，19－3・9，85－2，88－13，89－1，152－14，190

−8，193−6，197−5，208−2，227−9·11，229−2，247−5·12，248−14，249−8·9·11·12，255−13，256−16，270−2，276−7，277−7，287−13，293−11，297−10·14·15，298−1～3，299−14，334−4·5，335−8·13，336−1，391−9，392−15，417−2，418−7，424−3，426−5，427−11，441−11，444−4·7·10，445−6·7·9，446−2·4·8，447−5·6，453−15，455−12·16，460−1，461−5，463−14，465−4，466−8，472−5·9，474−4·10，479−5，483−11，484−7·16，486−1·3，488−7，491−4，504−13，511−16，512−4，513−11·13，514−5，520−16，524−9，525−4·9，527−7，543−4，549−13，561−7，565−3·13，567−3·13，572−7，574−9，579−16，582−2·10，586−10，588−7，589−1·5，600−9，601−1，625−9·16，627−7，647−4，649−4·11，654−2，659−9，663−5，666−14，668−12，673−1，674−15，683−9，692−16，693−1·8，697−10，701−9

令義解　11−12，152−14，181−13，188−1，207−16，223−7，229−3·5·6～9·11·12·15·16，230−1，276−10，282−8·10·14，283−4·16，286−7，332−7，333−6·7·9·10，334−9，365−3，416−15·16，417−1，441−9～11，451−15，462−14，474−8，475−14，506−1·2，513−1，518−4·15，519−7·14，523−6，524−4，525−2，556−13，563−2·12，564−7·11·12，566−16，567−12，571−12，572−8·11·14，578−14，579−1～3·7·8，582−6，584−14，585−2，587−4，588−5，589−3·13，590−5，593−9，604−3，616−8，617−4，627−14，628−9，629−6·7·9，631−13，633−14，635−10，655−5，669−5·7，671−6，672−15，689−4，690−8·11·13，715−15，716−1

令釈　486−1·3，680−11，699−5

令集解　18−9，88−15，99−9，119−4，122−7，193−8·12，194−5·10·14，207−14，287−6，334−1·15，353−15，354−2·6·12，355−8，444−6，479−9，508−4·5，519−14，674−1，680−6，681−1·12，692−6，709−10，

———額記　286−8·10，520−10，522−9，574−8，682−10

———穴記　18−9，87−8，

119－4，207－16，249－11，282－15，283－2，286－8，355－9，424－3，444－6，485－4·14·16，486－3，518－16，519－4·14，520－3，523－5，566－3·4，573－15，574－2·7，576－4，585－16，619－14，648－16，659－9，680－7
―――古記　14－4，119－4，194－5，207－14，287－6，334－2，335－1，354－6·8，355－8，444－9，452－14，486－1，505－11，518－14，519－7，520－10，566－1，582－3，659－11，719－8
―――讃記　485－12，506－6，519－7，520－1，522－10，523－5，680－14，693－8
―――師説　485－6·10·14，486－1，576－7·8，599－15，619－15
―――釈説　11－11，99－9，119－4·12，188－1，193－8，194－10，207－14～16，223－12，282－15，334－1·15，354－7·12，444－6，451－6，472－1，478－14，484－9，488－10，505－11，506－6，508－2·4·5，518－13，519－1，566－1·2·4，574－1，576－4·5·7，579－15，582－1，589－3，613－14，614－2，618－16，619－14，655－16，659－8·9，674－1，676－2，680－8，688－6，709－10
―――朱説　249－6，355－10，444－7，451－7，479－9，486－3，518－16，520－10，574－8·9，585－16，619－16，659－11，669－10，680－16，682－10
―――跡記　18－9，194－5，207－16，444－7，451－7，452－16，485－12·14，486－2，518－16，574－7，586－1，659－8
―――伴記　353－15，354－2，451－2，518－15
―――物記　249－6，599－14，658－16，676－15，680－6·9·12，683－3，688－6，692－6，693－12·15
例進雑物勘文　312－4
霊亀二年五月十七日太政官奏　398－3
――三年五月十一日格　493－8
――――五月十一日勅　331－1，483－11
――――八月十日格　331－2
歴注　98－4·12，105－11
歴帝記　699－1·3·6
歴本　99－2·3，100－5·8
歴録　354－4
呂氏春秋　20－6·9，539－10
老閑行　718－16
六衛府式　588－12
禄令　152－10，153－4·9·11，574－4

論語　210－14, 211－1･10, 214－2, 540－14, 549－16, 550－2, 560－16, 581－5, 629－1, 648－9, 651－1･2, 652－2･5, 682－11, 701－1, 710－3･8･9･13
――郷党篇　210－14, 550－2, 560－16
――憲問篇　540－14
――孔安国注　550－1･2
――図　214－1, 651－1･2, 652－2
――疏　211－1
――陽貨篇　549－16
論奏式　15－14, 246－6, 247－2･3, 249－11
和銅五年五月十六日格　445－13, 460－10, 461－3, 462－7
或記　521－5, 531－6, 581－2

5　国名・地名

あ～え

阿久原牧（武蔵国）　36－6

阿知駅（信濃）　418－3

阿波国　3－6，8－16，158－6，185－14，291－5，311－7，316－4，328－5，412－13，416－6，491－7，609－8・10，617－10

愛宕（おたぎ）郡（山城国）　192－2・9，302－2，713－9

安藝国　126－9・10・12，158－5，185－12，311－3，313－14，315－15，320－7，381－14，409－10，412－13，416－7，437－10，491－6，492－9，617－14

安房国　157－15，184－13，309－5，315－7，318－15，339－16，412－15，416－7，491－8，610－4，617－16

伊賀国　72－14，73－2・3・9，155－8，157－13，184－13，289－9，321－12，336－14，370－14，371－3・6，412－16，416－4，439－12，491－9，617－10，685－4

伊勢国　31－16，32－1，66－7，70－2・11・12・14・16，72－3・14，73－2・3・9，130－6，155－8，157－13，184－9，191－1，266－16，289－9，296－13，308－12，313－7，315－3，318－8，326－2，341－13，343－15，365－8，412－12，416－4，480－15，491－6，496－10～13，489－7～13，498－7・9，617－12

伊豆国　155－8，157－14，184－10，309－1，313－8，315－5，318－10，370－14，371－3・6，376－12～14，412－16，416－5，438－15，491－10

伊那郡（信濃）　478－8

伊予国　130－7，158－7，185－15，267－16，300－7・11，307－7・8・10，311－9，313－15，320－9，387－8，413－1，416－9，471－9，491－10，498－7・13，594－5，602－2・4・6，604－14，605－3

依羅（よさら）池（河内国）　354－5

壱岐国　289－7，314－1，316－9，385－6・9，386－11，406－1，411－9，413－2，424－11・16，425－4・10，491－11，507－11，618－8

因幡（いなば）国　155－12，158－

3，185－6，272－10，310－10，313－12，314－8，319－14，412－13，416－5，491－6，617－10
乙訓（おとくに）郡（山城国）　191－14，302－2
隠岐（おき）国　158－5，257－15，261－5，267－16，313－13，316－3，371－7，412－16，416－9，450－6，491－10，507－1，577－7
宇治郡（山城国）　190－7，191－11，192－4·5·12～15，193－3，195－6
宇陀（うだ）郡（大和国）　297－5
宇和郡（伊予国）　267－16，416－9
穎川　19－10
穎陽　235－16
越後国　155－11，158－3，185－4，257－15，267－16，310－5，319－9，408－7，413－1，416－9·11，491－10，515－14，602－16，617－16
越前国　158－2，185－2，256－15，300－6·11，310－1，313－11，314－4，315－11，326－5·16，403－12，412－14，416－6·11，491－8，507－7·8·11，515－11，617－16，719－10
越中国　155－11，158－2，185－4，310－4，313－12，314－5，315－12，325－15，327－13，352－1，370－15，371－3·6，412－14，416－6·11，462－7，465－1，491－8，617－16
遠江（とおとおみ）国　3－4，157－14，184－10，300－6·11，307－3·10，308－15，313－7，315－4，325－12，412－12，416－5，491－6，617－14
塩原牧（信濃国）　13－14，36－15
塩山牧（上野国）　13－15，51－3
塩野牧（信濃国）　13－15

か～こ

華山（西岳）　644－3
加賀郡（越前国）　719－10
加賀国　2－4，158－2，185－2，300－6·11，310－2，313－2·4·11，315－11，370－15，371－3·6，388－10，412－12，416－6，491－6，617－16，719－13，720－9
加茂河　541－14
賀夜（かや）郡（備中国）　610－2
河内国　6－12，119－2·6·13，120－16，190－4，293－9·12，294－2，300－15，304－7，355－1，356－14，412－12，416－4，439－3，449－2，457－13，460－2，477－2，491－6，637－15，719－11·14
河南　19－9
茢坂池（大和国）　354－5
葛城（かつらぎ）郡（大和国）　610－1

葛野（かどの）大堰（山城国）　355－13
葛野川堰　355－9
葛野（かどの）郡（山城国）　189－11，192－3・10・11，302－2
漢水　605－12
紀伊郡（山城国）　190－10，191－13，192－1，302－2
紀伊国　59－16，127－10，155－13，158－6，185－13，191－1，279－12・15，291－5，307－7・10，311－6，313－3，316－3，412－13，416－5，421－2・3・7，491－7，618－6
喜多郡（伊予国）　267－16，416－9
畿内　18－5，24－9，25－15，48－1，77－5，82－6・7，102－13，119－2・4，121－9・15，157－12，158－9，281－1，285－16，291－3・15・16，292－1・2・4・6・10・13，293－2，295－2・6，300－2，303－10・14，316－11，321－15，322－1・2，329－2，344－16，365－6・7，380－4，392－16，398－8，409－12，412－10，413－6，415－10，418－4，424－9，443－12，445－9，452－1・5，457－14，488－5，489－11，531－1，617－9，701－11
祇洹　521－10
吉野（大和国）　63－5，147－16，150－2，418－3
吉野監　102－14
吉野宮（大和国）　145－8
宮処牧（信濃国）　13－14，36－15，41－4
久世（くぜ）郡（山城国）　302－2，719－10・14・16
久野牧（上野国）　13－15，51－3
橿原（かしはら）宮（大和国）　190－2
京　4－3，13－10，22－13，36－4，49－8，50－10，88－6・8，93－5，102－13・15，104－8・16，107－6，108－4，109－2，110－3，111－2，112－2，113－2，121－11，148－8・9，220－10，224－14，230－1，251－5〜7，253－9・10，254－16，255－3・14，257－1，261－5，262－16，263－1・4，267－4・8，268－12，270－3・6，272－1・8・12，279－14・16，295－2・5・7・11，296－1，297－1，300－1・14，302－1・7・8，303－8，304－8，325－13，327－10，334－8・13，335－5，336－5・9，340－12，345－13，346－9・10，353－5，364－4・9，380－13，382－8，384－15，392－16，403－9，405－2〜4，409－4，410－3・12・16，411－1・3・8，413－12，429－9，425－6，426－4・5，437－10，443－10・12，444－10・15・16，445－8・15，452－5，458－4，459－2・3，

479－11·12，480－1·2，485－14，488－5，508－8，514－9·11，515－12，518－4·16，519－1，522－6，530－11·15，531－1·8·11，542－10·13，572－13，584－14，585－5，590－2·3·12，608－11，610－1·16，611－3·11·16，618－14，619－2，631－14·15，632－1，634－15，660－8，661－12·15，662－12，663－6·12，664－2，670－5·6，701－11
京畿　6－6，103－2，327－5，394－13，453－11，610－7·9，612－10
京極　73－2·9·10
京国　296－16，300－16，399－14，446－2·8
京城　4－6，72－14，371－10
京兆（中国）　19－10·14
京兆杜陵（中国）　19－14
京都　448－10，471－13，519－8
京辺　529－12
京洛　142－16，712－2
近江（おおみ）国　2－9，59－16，72－14·15，73－2·3·9·10，91－13，148－7，157－15，169－11，184－16，190－7，191－1，278－15·16，291－13，299－8，300－6·11，309－9，313－1·9，315－1，365－7·10，397－15，412－14，416－4，454－16，455－4·5·7，467－10，469－16，491－8，509－15·16，545－4，617－10，640－4，709－2，711－16
近江大津宮（近江）　190－7，191－11
荊州　19－16，20－1·2，644－6·14
荊岫　66－10
恵様郡　47－6
下総（しもふさ）国　155－10，157－15，184－14，216－6，309－7，313－1·4·9，314－4·8·14，315－8，319－2，412－14，416－7，491－8，617－16
下野（しもつけ）国　2－2，155－11，157－16，185－1，309－15，313－10，315－10，319－7，341－3，389－2，394－16，395－1·8·9，412－14，416－7，491－8，507－4，618－2
軽嶋明宮（大和国）　190－4
湖陽　20－5
五畿内　6－10，48－4，59－16，106－7，174－4，175－5·8，183－2·6，255－7，256－15，257－11，273－10，278－15·16，285－10，296－4，299－6，303－7，305－9，321－12，330－7，331－1，344－7，346－15，356－5，357－8，376－8，377－6，386－7，393－8，394－7，397－15，406－16，407－9，429－14·16，449－

10，461－3，470－6，493－6，494－10，496－16，498－16，509－9·15，511－5，512－8，513－6，518－9，612－8
五十鈴（いすず）川（伊勢国）　70－12，72－3
吾妻（あがつま）郡（上野国）　670－10
洪河　355－13
恒山（北岳）　644－4
嵩山（中岳）　644－4
江左　568－3
江水　209－2，211－10
江南　183－15
衡山（南岳）　536－4·9，537－7，644－3
衡州　537－7
甲斐（かい）国　1－7，11－2，13－6·10·14·16，14－5·12·15，35－6，48－13·16，51－6，155－9，157－15，184－11，287－9，288－10，309－2，315－6，318－11，351－13，363－10，366－11，367－13，370－1·3〜6，388－7，412－12，416－5，491－6，617－16
岡屋牧（信濃国）　13－14，36－15
交野（かたの）郡（河内国）　293－8·9·12
高位牧（信濃国）　13－14，36－16
高市（たけち）郡（大和国）　190－2
高野（紀伊国）　6－12·13·15
高麗　6－4
崑山　197－14

さ〜そ

左京　72－13，73－9，93－9，292－13，295－15，296－11，300－16，302－7·9，330－7，480－13，512－8，514－8，515－1·3，517－6·11，518－9·10，542－15·16，608－13，612－8，639－4，663－7
左京二条二坊　639－4
——三条七坊　93－9
佐渡国　158－3，217－15，267－16，289－12，310－6，319－10，381－3，409－14，412－16，415－10，416－9，491－10，618－5，686－9
済南　709－8
薩摩国　289－7，316－8，322－4，331－9，406－1，411－9，412－15，424－11·16，425－2·4·8·10·12，429－5，433－5·9·14，435－4，461－11，491－9，492－9，507－7，618－7
雑太（佐渡）　289－12
参河国　3－4，157－14，184－9，300－6·11，307－3·10，308－14，313－7，314－3，315－4，370－14，371－3·6，384－7，396－13，412－15，416－4，491－8
三関国　507－7·8·11，617－14

讃岐（さぬき）国　2−5，137−1，158−6，185−14，234−9，243−7，248−10，261−5，300−7·11，307−7·10，311−8，313−15，369−10·12·14，412−13，416−6，431−2，453−14·16，454−1，491−7，665−15

山陰道　158−11，175−9，271−6，409−10，411−2，461−3，492−9

山鹿牧（信濃国）　13−14，36−14，41−4

山科郷（山城国）　190−8

山階（山城国）　93−15

山崎（山城国）　531−8

山城国　3−10，48−2，72−12·15，73−7，86−6，119−2·6·13，120−12，121−9，189−11，190−7·10，191−1〜5·11·13·14，192−8，195−6·10，285−7，299−14，302−2·4·8，304−7，352−5，370−14，371−3·6，402−14，412−12，416−4，449−2，491−6，638−2，713−9，719−10·14·16

山東（東山道）　409−10，492−8

山田原（伊勢国）　72−7

山陽道　174−6，175−9，271−6，409−10，411−2，461−3，492−9

志賀高穴太宮（近江国）　118−5

志紀郡（河内国）　190−4

志摩国　59−16，157−13，289−9，296−13，371−7，384−7，386−11，409−13，412−16，415−10，416−4，491−10，617−10

市代牧（上野国）　13−15，51−3

茨田（まんだ）堤（河内国）　355−1

茨田郡（河内国）　719−11·15

泗川　605−12

四畿内　301−3，386−10，475−16

七道　6−10，48−4，106−7，174−4，175−3，183−2·6，184−4，255−5·7，256−1·13·15，257−11，268−3，273−10，285−10，286−1，297−6，329−2，331−1·9，344−7·16，346−15，356−5，357−7，371−5，377−6，380−4，386−7·10，393−8，394−7，398−15，406−16，407−9，415−10，424−9，449−10，470−6，493−5，494−10，496−16，498−16，509−9，512−8，513−6·10，515−8，516−7，518−9，612−8

児玉郡（武蔵国）　36−6

若狭国　59−16，128−11，158−2，185−1，264−10，300−6·11，309−16，313−11，319−8，370−15，412−16，416−4，450−11·14，371−3·6，476−5，491−10，617−10

若水　211−10

朱雀（すざく）大路　620－13
寿春　20－1
周防国　9－3，158－4，185－13，287－9，311－4，314－5，412－13，416－7，491－7，530－14，617－14
萩倉牧（信濃国）　13－14，36－16
終南　489－5
鷲峯（霊鷲山）　197－16，606－3
渋河（川）郡（河内国）　637－15，719－11・15
十市郡（大和国）　190－12
出羽国　49－9，153－16，158－1，175－15，186－7，248－2，256－9，266－11，274－12，279－8，286－2，288－12・16，289－1，295－9，301－11，304－12，321－12，330－8，331－5・15，338－16，343－8，345－9，373－9，376－4，381－6，697－6，408－15，410－4，412－3・4・6・8・14，415－10，416－7・12，420－6，425－13，428－11・12，430－3・4，452－8，458－6，459－6，462－5・12，462－5・12，467－14，470－4，480－10・16，491－8，492－4，495－14，509－3，512－1，618－3，660－10，662－10，663－15，667－7，690－5
出雲国　3－5，155－13，157－9，158－5，185－6，186－1，310－12，313－2・5，316－2，319－16，409－10，412－13，416－6，458－11，491－6，492－9，585－10，617－13，645－16
駿河国　3－4，155－8，157－14，158－11，162－3・4，184－10，308－16，313－8，315－5，318－9，326－13，327－16，404－9，407－2，412－12，416－5，439－6，491－6，501－12，510－16，617－14
春日（大和国）　93－16
准陽　19－9
小室山　58－15
小川牧（武蔵国）　13－14・16，50－7・15，51－2
小田郡（備中国）　609－14
小野牧（武蔵国）　13－16，35－7，49－6・8
小栗栖郷木幡村（山城国）　195－6
小栗田牧（上野国）　51－3
沼尾牧（上野国）　13－15，51－3
常陸国　44－8，155－10，156－15，157－15，168－7，184－14，216－6，309－8，313－9，314－4，315－8，319－3，413－1，416－7，491－10，618－2，719－12・15，720－7
上総（かずさ）国　69－7，128－10，155－9，157－15，184－14，216－6，275－13，309－6，312－16，313－4・9，314－3・14，315－7，318－16，327－8，344－8・10，361－2，402－11，412－14，416－7，491－7，617－16

上党屯留　19－12
上野国　13－6・10・15・16，14－5，35－11，50－2，51－3・6・14，53－7，54－9・12～15，155－10，157－16，169－7・10，185－1，288－10，309－14，315－10，319－6，366－11，412－14，416－7・11，461－8，491－8，617－16，670－10
埴原牧（信濃国）　13－14，36－15，288－6
真衣野牧（甲斐国）　1－7，11－2，13－14・16，14－5
新屋牧（上野国）　13－15，51－3
新治牧（信濃国）　13－14・15，41－4
信濃国　12－4，13－6・9・10・14・16，14－2・5，35－3・9，36－14，37－1，41－4，42－15，43－4・6・8・10，44－5・7・10・14，49－14，51－6，52－15，53－4・5・10，54－9，74－3・11，155－10，157－16，158－11，162－2～4・6，184－16，288－5，309－13，313－10，314－12，315－9，319－5，363－12，365－11，366－11，367－8・11，403－8，412－12，416－6・11，478－3，491－6，500－14，518－8，533－4，616－14，618－3
神泉苑（山城国）　6－1・10，8－14，59－12，60－15，63－12，620－14，621－2
神済（北陸道）　409－10，492－8
穂坂牧（甲斐国）　13－14・16，14－5，35－6，48－13・14・16，49－2・4
西海道　175－9，409－11，411－2・3，433－5，461－11
西成郡（摂津国）　637－16
石見（いわみ）国　155－13，158－5，185－7，287－9，310－13，313－13，320－1，326－8，341－9，412－15，416－7，491－9，510－13，618－6
石作（播磨国）　401－7
石川牧（武蔵国）　13－14・16，50－7・15，51－2
石田牧（武蔵国）　36－5
赤石郡（播磨国）　127－13
摂津国　3－10，48－2，119－2・7・13，120－14，121－2，218－2，304－7，354－14，370－14，382－2，412－12，416－4，449－2，491－6，637－16
蘇州　535－2・5
相模国　155－9，157－13，184－11，216－6，309－3，313－8，314－3，318－13，331－13，412－12，416－7，437－7，491－6，617－16
相楽郡（山城国）　302－2
桑原郡（大隅）　638－1

た～と

多褹（たね）嶋　386－12，492－9

対馬（つしま）　288－7，321－12，386－12，406－1，411－9，413－2，424－11・16，425－4・10，491－11，492－9，507－7・11

大隅国　45－4，289－7，316－8，322－4，331－9，411－9，412－15，424－11・16，425－2・4・8・10・12，429－5，433－5・9・14，435－4，461－11，491－9，492－9，507－7，618－7，638－1

大縣郡（河内国）　6－12

大室牧（信濃国）　13－14，36－15，41－4

大津（近江国）　531－8

大津宮（近江国）　91－13，190－7

大井（山城国）　531－8

大井堰（山城国）　355－14

大鳥郡（和泉国）　293－16

大内郡白鳥郷（讃岐国）　453－14

大野牧（信濃国）　13－14，36－16

大藍牧（上野国）　13－15，51－3

大和国　119－2・6・13，190－2・3・12，191－12・15，192－7，297－5，304－7，412－14，416－4，448－15，460－2，491－7，565－7，610－1，709－2・4

太原　534－8，535－2

泰山（東岳・岱宗）　209－4・10，644－3

涿鹿之野　645－14

丹後国　155－12，157－6，158－3，185－5，287－9，310－8，316－1，319－12，370－15，371－3・6，412－15，416－5，491－9，617－10，719－12・15，720－7

丹波国　158－3，185－5，271－1，276－1，278－15・16，291－13，300－6・11，307－4・10，310－7，313－12，315－16，319－11，327－2，342－1，352－9・11，365－7・8，370－15，397－15，412－12，416－4，455・1・4～7，491－6，509－15，529－7，530－2・10，617－10，720－7

丹比郡（河内国）　293－8・9・11

但馬国　3－5，155－12，158－4，162－3，185－5，272－10，291－5，310－9，316－1，319－13，337－5，412－12，416－5，491－6，498－7・13，617－10，684－2

淡路国　59－16，118－11，128－10，155－14，158－4，185－14，191－1，313－15，340－9・15，370－16，371－3・6，403－16，408－7，413－2，416－5，491－11，609－8，618－6

値嘉島（肥前国）　217－14

筑後国　289－7，313－16，316－5，320－12，322－4，331－9，351－9，387

－16，411－9，412－13，423－10・13，424－10・13・14・16，425－2・4・5・6・8・10・12，429－5，433－5・9・14，435－4，439－10，491－7，493－10，507－7，515－9，617－16
筑紫　447－10
筑前国　289－7，313－16，316－5，320－10，322－4，331－9，383－16，384－6，385－7・9，411－9，412－13，424－10・13・14・16，425－2・4・5・6・8・10・12，429－5，433－5・9・14，435－4，461－11，491－7，507－7，617－16
秩父郡（武蔵国）　36－5
秩父牧（武蔵国）　13－16，35－2，36－2・4・11・12，54－13・14
猪鹿牧（信濃国）　13－14，36－16，41－4
長倉牧（信濃国）　13－15，41－4
長門国　3－6，155－13，158－4，185－13，267－16，287－9，311－5，313－14，315－16，320－8，412－13，416－7，491－7，617－14
朝来郡（但馬国）　684－2
陳留東昏　19－11
提河　197－14
綴喜郡（山城国）　302－2，638－2
纏向（まきむく）玉城
――――宮（大和国）　118－12
添下郡（大和国）　190－3
添上郡（大和国）　191－12・15
土佐国　3－6，185－15，287－9，300－7，311－10，313－15，316－4，409－10，412－14，416－9，491－8，492－9
度会（わたらい）郡（伊勢国）　70－15，72－3・7・11
度瀬山（伊勢国）　492－9
渡遇（わたらい）宮（伊勢国）　70－14
唐　2－8，6－4
東海道　158－11，174－6，175－8，271－6，299－8，344－7，409－10，423－1，461－3，489－11，492－8，513－11
東山道　158－11，175－8，271－6，288－12，409－10，423－1，461－3，492－8
東都　535－5
東萊　19－16
藤原宮（大和国）　328－11，329－3
道州　659－12

な～ほ

南海道　174－6，175－9，271－6，349－3，409－10，461－3，489－11，492－9
南山　90－13
南陽　20－5・6，707－13
難波（摂津国）　354－14
日向国　45－4，189－8～10，287－9，289－7，314－1・6，316－9，322－4，

331－9，385－8，406－1，411－9，412－15，424－11・16，425－2・4・8・10・12，435－4，461－11，491－9，492－9，507－7，618－7
日根郡（和泉国）　294－1
能登国　3－4，155－12，158－2・11，185－4，275－13，287－9・13，310－3，313－11，315－12，370－15，371－3・6，412－15，416－6・11，491－9，617－16
拝志（上野国）　401－7
拝志牧（上野国）　13－15，51－3
伯耆国　3－5，155－12，157－2，158－3・11，185－6，310－11，313－12，314－5，316－2，319－15，337－2，412－13，416－6，491－6，617－10，639－5・6
柏前牧（甲斐国）　1－7，11－2，13－14・16，14－5
白鳥郷（讃岐国）　453－14
斑鳩（大和国）　536－14
斑鳩宮（大和国）　536－5
反折（さかおり）池（大和国）　354－5
飯高郡（伊勢国）　72－11
坂東（東海道）　395－1・9，409－9・10，492－8，720－8
坂本駅（美濃国）　418－3
磐余稚櫻（いわれのわかざくら）宮（大和国）　190－3
播磨国　105－7，127－13，130－15，158－4，185－11，243－5，278－4，293－11，294－2，300－6・11，307－5・10，310－14，313－13，314－10，315－13，327－11，412－14，416－5，456－3，491－8，602－3，604－13，617－14
簸之川（出雲国）　645－16
飛騨国　3－4，287－11，309－12，313－10，315－9，319－4，371－7，412－16，416－6・11，448－9，452－16，484－6，491－10，512－7・8・11，617－10
飛鳥浄御原宮（大和国）　145－8・12
肥後国　289－7，314－1，316－7・8，322－4，323－2，331－9，361－5，385－7，406－1，411－9，413－1，424－10・13・14・16，425－2・4・5・6・8・10・12，429－5，433－5・9・14，435－4，461－11，491－11，507－7，618－1
肥前国　313－16，316－7，321－2，385－7，386－11，388－3，412－13，424－10・13，425－5，477－7，491－7，618－1
美作（みまさか）国　3－5，158－4，185－11，274－15，300－6・11，310－15，313－13，315－13，320－2，412－13，416－5，491－6
美濃国　157－15，160－5，184－16，279－3～5，300－6・11，301－6・8，307－4・10，309－11，313－10，314－4・8，340－3，343－15，

365－8，412－4·14，416－4，418－3，491－8，507－7·8·11，617－12
備後国　106－4，130－7，158－4，185－12，300－6·11，307－5·6·10，311－2，313－14，314－15，315－15，320－5，412－13，416－6，491－6，498－7·13，617－10
備前国　158－4，161－12，185－11，248－12，300－6·11，307－5·10，310－16，315－14，339－13，402－7，412－13，416－5，441－1·3，491－6，617－10
備中国　158－4，185－12，248－13，251－4，300－6·11，307－5·6·10，311－1，313－3·14，314－5，315－14，320－3，412－13，416－6，491－6，597－14，605－6，609－12，617－10
尾張国　157－14，160－12，184－9，293－13，296－13，308－13，312－16，313－7，314－3，315－3，384－7，386－11，412－15，416－4，440－11，491－8，617－13
馮翊県　535－2
富之小川（大和国）　536－14
芙蓉山　47－5
附神（ふじ）丘（富士山）　363－12
武蔵国　13－10·14·16，14－5，35－2·7·10，36－2·3，49－6·7，50－7·9，51－1·6，155－9，157－15，184－13，216－6，309－4，313－8，315－6，318－14，355－1，358－8，368－1，403－2，412－14，416－7，491－7，617－16
封有牧（上野国）　51－3
汾水　66－10
平安宮（山城国）　190－10·11，191－13
平城京（大和国）　93－16，191－12
平井手牧（信濃国）　13－14，36－15
平沢牧（上野国）　51－4
片岡（大和国）　536－11
片岡山（大和国）　536－12
畝傍（うねび）山（大和国）　190－2
豊後国　289－7，316－6，320－16，385－8，322－4，331－9，406－1，411－9，412－13，424－10·13·14·16，425－2·4·5·6·8·10·12，429－5，433－5·9·14，435－4，439－14，461－11，491－7，507－7，618－1
豊前国　45－4，87－1，289－7，313－16，316－6，320－14，322－4，331－9，406－1，411－9，412－13，424－10·13·14·16，425－2·4·5·6·8·10·12，429－5，433－5·9·14，435－4，491－7，507－7，617－16
蓬山　605－16
望月牧（信濃国）　13－15，14－5，35－9，49－14·15，50－4·

5
北池辺新造宮（伊勢国）　71－3
北陸道　344－7，409－10，424－9，489－11，492－8
渤海　2－5

み〜わ

味原牧　366－2・9・10
鳴渡（阿波国）　609－10
木幡（山城国）　195－6，196－2・4，198－10，199－10
由比牧（武蔵国）　13－14・16，50－7，51－2
有馬島牧（上野国）　13－15，51－3
右京　2－7，72－13，73－9，292－13，295－12，296－2，300－16，302－7・9，330－7，512－8，514－8，515－1・3，517－10・11，518－9・10，542－16，608－13，612－8，663－2
与度（よど）（山城国）　531－8
楊州　19－10・16
洛水　66－11，211－15
洛都　531－3
利刈牧（上野国）　13－15，51－3
陸奥国　49－9，153－16，158－1，175－15，186－7，217－14，230－15，232－5・6，248－2，256－9，266－11，274－12，279－8，286－2，288－12，289－1・2・8・11，295－9，301－11，304－12，321－12，330－8，331－5・15，338－16，343－8，345－9，373－9，376－4，381－6，385－16，397－6，408－16，410－4・8，412－3・4・6・7，413－1，415－10，416－7・11，417－11，418－3，420－7，425－13，428－11・12，430－3・4，452－8，458－4・6，459－6，462－5・12，467－14，470－4，480－10・16，491－11，492－4，495－14，507－7，509－3，511－16，618－4，660－10，662－10，663－15，667－7，690－5
立野牧（武蔵国）　13－14・16，14－5，35－10，50－7・8・10・15，51－1・2
笠原牧（信濃国）　13－14，36－16
廬山　535－5
鹿田荘（備前国）　95－15，96－11・13
和許郡（和泉国）　510－12
和泉監　102－14
和泉郡（和泉国）　293－16
和泉国　119－6・7，267－8，294－2，304－7，356－5，371－7，412－15，416－4，449－2，476－10・12・13，491－8，510－10

6 寺　社

安楽寺（大宰府）　5－15

伊勢神宮（伊勢国）　31－6，32－1，57－6，70－4·5·16，71－2·11·13·15，72－3·12，73－1·7·8·15，75－2·5·11·13·14，76－6，130－6，171－8

意富（おお）社（大和国）　127－10

壱岐島分寺　385－6·9

宇佐八幡神宮寺（豊前国）　35－5，175－10

雲林院（山城国）　561－13

円覚寺（山城国）　285－8

園神社（山城国）　116－1，117－7

延暦寺（近江国）　373－3

鴨明神（山城国）　164－10

恩智社（大和国）　127－10

嘉祥寺（山城国）　285－7

賀茂（鴨）社（山城国）　32－4，127－10，163－2，164－9·13·15，165－1·3，166－10，167－2，168－4·6·11·12，169－4·7·16，170－1·3，181－11，546－2·4，552－13·14·16，578－6，589－8，590－14，594－8·13，596－1·4·9·10·12

賀茂上社（山城国）　164－11，166－7，167－9，169－9

賀茂下社（山城国）　164－11，166－6，167－9，169－1

海印寺（山城国）　285－7

葛木（かつらぎ）社（大和国）　127－10

韓神社（山城国）　116－1，117－7

観世音寺（大宰府）　175－10，374－3，382－11，383－12·15，384－6，395－2·4·8·10～12·14

磯宮（伊勢国）　70－12

吉田神社（山城国）　115－13，117－6

厩坂（うまやさか）寺（大和国）　93－15

穴師（あなし）社（大和国）　127－10

元慶（がんぎょう）寺（山城国）　285－7，372－16，373－3·7·8，374－1，376－10·11·16

元興（がんごう）寺（大和国）　175－11，371－4，401－9，596－16

興福寺（大和国）　78－1，91－11·16，92－3·10～13，93－2·8·16，94－7，96－2，174－7，197－5，371－4，397－11，596－16

弘福（ぐふく）寺（大和国）　596－16

高野山（紀伊国）　6－12·13·15

金光明四天王護国之寺　378－10，384－9

山科（階）社（山城国）　115－2，116

－8
山階寺（大和国）　91－16, 93－15, 397－11
山城国分寺　285－7
四王寺（大宰府）　396－3·4
四天王寺（摂津国）　93－13, 596－16
住吉神社（摂津国）　127－10
春日神社（大和国）　115－4·7, 116－10·13
松尾社（山城国）　167－9
神宮寺（伊勢国）　72－11
神護寺宝塔院（山城国）　376－2
仁和寺（山城国）　49－1
崇福寺（近江国）　596－16
垂水古社　609－12
聖善寺鉢塔院（中国）　535－5
西大寺（大和国）　371－4, 596－16
生島神社（信濃国）　478－8·9
石清水八幡宮（山城国）　35－5, 45－3·5, 589－8, 594－8·13, 598－8
率川（いさかわ）神社（大和国）　115－7, 116－13
多気（たけ）大神宮（伊勢国）　70－15
大安寺（大和国）　371－4, 376－12·14, 596－16
大原野神社（山城国）　115－11, 117－2, 546－4, 561－8, 562－1
大神（おおみわ）神社（大和国）　127－10, 163－8, 170－13, 173－1, 188－2·6, 200－13
大倭（おおやまと）神社（大和国）　127－10
醍醐寺（山城国）　376－10·11·16
天満天神　4－10, 6－14
渡会神宮（伊勢国）　71－2
渡遇宮（伊勢国）　70－14
杜本（もりもと）社（大和国）　115－5, 116－11
東光寺（山城国）　285－8
東寺（山城国）　396－2·9
東大寺（大和国）　371－4, 402－1, 542－16, 596－15
東林寺（中国）　535－5
当宗神社　115－8, 116－14
当麻寺（大和国）　115－6, 116－12
南円堂（大和国）　94－10, 95－10
南禅院（中国）　535－2·5
日前（ひのくま）社（紀伊国）　127－10
梅宮神社（山城国）　115－9, 116－15
八幡神宮寺　175－10
普光寺（河内国）　6－12
普明寺　226－7
平野社（山城国）　5－16, 115－3, 116－9, 125－7
法花寺（大和国）　197－5, 596－16
法華滅罪之寺　378－10
法興院（山城国）　197－7
法性寺（山城国）　197－6
法隆寺（大和国）　371－4, 596－16
豊受（とゆけ）宮（伊勢国）　72－6, 75－5·11
北野天神（山城国）　1－3·5·12, 5－16, 545－5·6·16, 620－6·

9·11
妙楽寺（大和国）　196－4，198－15
木幡寺（山城国）　196－1·4·12，198－8，199－10
野寺（山城国）　620－2
薬師寺（大和国）　92－12·14，371－4，596－16
薬師寺（下野国）　394－16，395－1·8·9·14
楞厳（りょうご）院（山城国）　197－6
霊厳寺（山城国）　620－2

第Ⅱ編　一般項目索引

あ　行

あ

阿古女　179－16
阿闍梨　395－3・11
阿弥陀仏　173－13
幄（とばり）（帷）　61－13，62－6，64－2・5・8・10・11，131－11・12・15，138－15・16，139－2，148－5，149－14・15，150－7，151－3，165－16，168－2，188－4，199－13・14・16，200－1・2・4，201－4・13，202－5～8・12・14，203－3・10・11・13・14，205－8，206－14・15，717－3
悪鬼　211－13・14
悪逆　4－5，88－7・13，647－4，648－13・14・16，649－3，650－2，658－13
悪君邪臣　379－5
悪疾　423－8，659－6
安嘉門　220－13，221－図
安藝木綿　126－9・10・12
安居　370－10，374－5・9，380－1，381－11，384－1・2・7，385－7，393－7・8，401－9
――供養料　374－9
――講師　393－7・8
――雑用料　385－7
安福殿　38－10，67－10・16，90－6・7，134－12，149－5，218－15
案（几）　61－13，74－15，102－2，123－11・13，128－14，199－16，202－8・9，204－14・15，205－4，231－9，534－3，557－15
案（文）　13－2，67－12・13，102－8，224－13～15，228－16，229－1・10・14・15，230－3・4・6・11，231－15，247－1・5，522－5
案記　619－7・11
案内　51－8，73－1，120－1，121－2，130－8，141－1，153－10，159－13，161－2，252－16，260－10，262－7，266－16，268－12，269－10，270－2・12，272－2・7，276－4，280－1，292－11，294－9，295－5・12，296－2，299－8，300－15，302－2・13，303－9，306－2，307－9，308－2・6，311－12・16，316－11・14，328－11，331－1・13，337－13，344－7，348－9，356－5，369－12，372－6，373－1，374－5，379－8，380－4，381－3，385－16，391－12，395－1，405－1・9，408－2，421－2，424－14，425－7，

426－5，428－12，429－4，434－10，436－7，437－6，440－11，441－1，446－8，449－6，452－4，453－15，457－13，458－13，470－10，479－11，495－5･10，503－5，504－1，509－9，512－8，532－1，551－16，556－3，597－9，602－13･14，604－7，612－8，637－5，660－14，661－12，663－11，664－15，690－5

按摩　698－6，701－4･9

鞍　71－16，556－6，575－2，598－4

鞍橋　330－13

鞍褥　598－4･12

鞍韉　598－16

鶍　210－3

い

已役　484－8

已結正　475－16，477－10，478－6

已発覚　475－16，477－10，478－6

已輸　484－8

夷狄　453－5，540－15･16，541－1

夷俘　386－1，430－12

夷俘帳　430－12

衣冠違法之制　568－7

――束帯　526－4

衣裳之制　568－4

位衣　567－8，568－13，580－4

位蔭　356－8･10，357－5，564－12･16，573－3･10･12･15，595－6，673－7

位階　40－6，53－11，289－16，290－2，296－5，401－4，412－4，459－12･16，460－3･4，479－2･3･7，555－14，576－14，577－1･13･16，578－10，589－16，594－16

位官　711－11･12

位記　1－6，10－15･16，69－2，133－9･10，338－4，391－1･3，400－12，657－15･16，658－9，674－3

位御服　170－4

位子　24－10，418－4，423－16，428－3

位色　565－14･15，566－4･5･16，567－1･4･5，578－10･12，579－9･12･15･16，580－4

位田　152－14，154－2，281－1，282－4･14，283－1･16，284－3，285－3，289－16，290－1･3，291－1～3･5～7･9･12～16，292－10，293－3，304－3，316－14･15，332－4･7，440－6，674－14

位服　38－8，138－3

位分資人　674－14

位法　580－7

位袍　30－5，147－12，

567－4・5, 579－9
位禄　51－10, 145－5, 152－9・14, 153－10・14, 154－5・7・11・13～15, 155－1・4・6・15・16, 156－2・3・7, 158－9・11・14, 159－2・4・9・11・12・14, 160－4・11, 161－1・3～5・11・13, 162－2～5, 186－10, 189－6, 247－3, 304－8, 434－11, 463－14, 660－5・8・13, 671－9・12, 674－14
――価直　158－9
――行事　156－7
――文　156－3
――料舂米　159－4
伊威酸　704－14
伊勢御幣　66－7, 171－8
偉鑒門　220－13, 221－図
葦索　216－1・2
葦矢（箭）　211－13, 216－13, 217－2, 218－2・11・13, 219－6・7, 220－9
藺笥　123－13
渭橋之拝　233－10
圍碁　28－16, 29－1, 36－13, 38－4, 40－4, 44－9, 134－8, 171－4～6
圍牧　620－9
違期　251－1・2・4, 252－6～8, 253－13, 254－6・7・9・10, 255－8, 257－4・9, 258－2・4～6・14・15, 259－10・15, 260－3・4, 261－14・16, 263－4, 265－2・3・5・6・8・12・13, 268－7・8・16, 269－6・9～11・13, 270－1, 271－12～14, 272－6・13, 273－3・15, 274－6, 275－3・11・12, 301－2, 404－8・10, 407－1・6, 419－12, 436－8・9, 671－3・4・7・11・12
――見納之吏　274－6
違闕　252－9, 258－7, 260－5・14, 268－9, 270－2, 271－15, 436－6・10
違式　136－13, 393－4, 466－10, 553－10, 555－3・4, 565－5, 667－3
違制　557－2
違勅（罪・科）　97－6, 186－5, 277－16, 329－13, 357－14, 381－7, 392－13, 393－3・4, 399－2, 420－14, 448－11・12, 511－9, 512－2・15, 541－8・12, 595－6・14, 598－16, 612－11・15, 634－4, 635－5, 660－2, 673－5・6
遺書　715－9
遺勅　180－16
遺田　719－16
遺稲　326－9
遺料稲　402－8
威儀　247－3, 525－5・13, 557－2
――師　397－2, 400－4・5・16, 401－1, 596－15
威従　375－15, 397－2
異損　66－3, 327－9, 340－16, 483－1・6
移　13－12, 135－

13，189－1·6，227－10·12，254－4·6·10·11，257－13，263－3，264－2·11，265－1·2·4·6·7·12，269－5·7，280－6，303－8·13·14，338－9·15，339－1，384－12，427－7，429－1，430－3·13，431－4，437－5·15·16，438－2，471－2，504－4，519－15，631－11·16，632－3·5，633－6·9，635－3～6，637－2·8·11，638－8·9，660－1·2·5·10·11·13，661－1·3～6，644－3，671－1
移郷　681－7
――人　445－4
移書　638－8
移文　254－11，265－7·8，280－6，303－8·13·14，338－15，437－5·15·16，438－2，471－2，635－5，637－11
意見詔書　226－2
維摩（経）　95－6
――会　91－11·16，92－1·3·7·8·10～13，93－1·2·4·6，95－1·2·5，139－7～9，401－8
――立義　371－15，372－1
緯候之家　3－14
医　600－7～12，713－11
医王大象　46－1
医家　708－5
医業　698－11
医者　703－8
医針生食　709－3
――生新　706－12
――生例　700－9·10
――博士新　706－12
医人　698－9，702－14，704－1，706－5，714－5
医方　702－5，703－9，704－8，713－1·4·7，714－4
医薬　665－4，701－11
――術方　714－12
医養　512－1
医療　511－16，698－4，700－9
飴　209－6
闈司座　75－6
闈司奏　102－7
蜮鬼　211－10
郁芳門　30－9·10，220－13，221－図
一院　15－2，276－3
一章　105－9
一上（左大臣）　10－13
一人　15－12
一世源氏　156－5·7，591－11·12，592－1
一分　181－9
一万三千画仏像　175－7
一門　196－3
鎰　520－10
鎰奏　79－9
印　231－6～9，232－4，370－9
印案　231－3
印記　424－7，464－3

印符　232－1
印封　464－3
印文　462－1
引駒　81－14
引唱　24－8, 25－2·6·8·15
引導姫　151－1
員外官　583－12
院家　430－2，662－3
院宮（諸家·勢家）　279－15，515－1，546－4，547－5·7·8，548－12，549－4，556－4，562－8，563－14
院守　352－11
陰明門　131－14，217－1
陰陽家　188－7
隠首括出　418－6·11，419－7，422－1
————帳　417－11·14
隠截　465－11·14，469－9·11·12·14
——罪　465－12·14·16
茵（しとね）　37－3, 165－14，197－14，206－15
蔭　21－11, 559－7，573－10·15，576－9·10，578－12，579－5，589－3，627－7·12, 656－2·6·9·11，657－1·12，658－1，662－5，673－10～16，674－5·9·15·16，675－2
蔭子　423－15·16，428－2，545－2，576－9·14
蔭贖　186－6, 356－9，420－13，610－11·15，611－1·2·11，615－5，662－4·5，673－14，674－11·14
蔭親之法　675－2
蔭孫　50－11, 576－9·14
淫濫之徒　396－5·6
殷（王朝）　99－12·13，122－13，234－1，235－1·2·7·14，237－3·8，238－10，239－8～12，243－4，324－15，487－4，583－2·3，605－11，654－12
殷人　122－13
殷湯七年之旱　487－4·5
殷富門　217－3，220－13，221－図
韻器　67－15，68－1
韻坏　64－5

う

宇気槽　123－11，126－12，127－5
宇多法師（倭琴名）　80－4
宇宙　646－6
竽　650－11·14
烏　209－10，363－10，561－5
烏合之衆　716－15
烏頭　599－16，713－2
烏油罨帯　562－2
雨儀　10－9，15－5，27－4，28－12，29－2·5，30－11，43－1，44－2，50－1，54－12，61－14，62－1，65－5，67－16，102－3，134－4, 137－4·5, 148－10,

149－3，168－1，200－3，203－6，204－3・7，205－10，218－8・11・12・14，219－14
羽皮　539－9
運進之夫　120－5
運賃（料）　121－14，158－12，451－12，481－7
温明殿　54－16
縕　335－2
雲上客　552－8

え

永安門　62－15，147－5・6，149－5・14・15，150－9，204－10
永籍　26－6・10，27－1
衛　518－14，581－5・6，715－6
衛卒　289－5
瓔珞　46－7
穎　58－12，210－1，279－12，293－9，299－5，300－5・8・9・11，302－14，431－7，438－7・8・10，470－9，471－4，685－6，720－2
纓　170－7，521－5，557－8
栄爵　316－14，578－11
営種　286－5・7・10，289－15，328－9，451－11，483－12，493－9，495－4，516－10
――料（稲）　119－7・13
営人　284－13
営田　281－1，305－2・4，321－15，322－1，324－2・7，457－15
営佃　305－9，322－2，326－6
営料　304－15，321－15，322－2・14，326－6，495－4，516－9
役　344－8，354－10～12，355－6・8～11，445－16，448－8，454－8，484－6・7，486－3，504－1
役所　533－10，632－12
役身之徒　485－14
役夫功食　324－10
易田　282－3，284－2，285－2，293－5・8～11・15，440－5
掖門　132－8・10
疫鬼　210－15，211－1・2・10・11，214－4，215－1，217－14・15
疫死（百姓）　355－15，413－2，419－3・4，491－5・12，492－12，494－6，503－1・4・5・8・9・16，504－4
――百姓口分田　328－1・3
――分法　503－9
駅（家）　13－10，285－8，345－5，348－1・2・6～9，349－4・13，350－1，351－10，358－16，359－9・13，360－9，565－14，566－3
駅戸　418－3，484－6
駅帳　416－2

駅伝　444－7，445－14
駅馬　13－6, 14－1·2, 364－10·11，409－11，412－1，506－10，614－14，618－9
——直法　617－8
——帳　416－1，430－12，431－4
駅鈴　191－2
鉞　211－11
越　518－13·14
越職　136－4
越訴　160－8·14
鷰　208－8
厭式　602－6，607－4
厭咒　601－10，604－4，650－3
厭符　601－10，602－10·15，603－2～5·7·8
厭法　602－13
厭魅　593－3, 599－9, 600－3, 601－8, 602－4·9, 603－10·14, 607－6, 608－3·10，649－2·6，650－3，656－16，657－1
園祭　116－1, 117－7, 125－7
園宅　391－9
園地　513－1·2
園池　118－16，119－5
円覚寺料（稲）　285－8
円座　28－16，37－3，80－15，129－11，168－15
円堂（南円堂）　94－5·12
塩　100－7, 217－8·9，307－7，335－11·12，365－7，375－7·8，382－8·13，384－5，414－6，463－5，597－1，612－2，704－11，717－2
塩器　81－4
堰　354－7, 355－9·13·14
堰渠　361－10
死侍　579－2, 582－7, 585－2
死倉　297－11
宴会　65－7，148－8, 463－7·8
——装束　61－11
猨女（さるめ）　122－5, 124－9·13·16，126－1·13
延喜二年帳　316－2·7
——三年帳　315－7
——五年帳　315－12·16
——六年帳　315－5·10·11, 316－3
——七年帳　315－3·5·6·8～10·15，316－1·2
——八年帳　315－4·6·8·13·14，316－3
——九年長　315－3·11·12·14～16，316－4
——十年帳　315－4·9
延政門　100－11·12, 121－16
延長七年帳　339－14
延任之輩　462－5·12
遠国　608－15，631－8
遠心　713－1
遠墓　191－1

遠流　89−16，194−12，242−14，243−1，245−15，246−1，252−6，258−4，259−10，260−2，261−16，268−6，271−12，466−1，599−10·11，608−5，624−9·11〜13，625−10，645−4，647−6·10，649−5，656−15，683−5，684−11，694−1·4
遠陵　191−1
筵　14−13，30−1·9，52−1，66−12，74−6，147−5
筵（莚）道　74−9，200−5
縁起　46−3·6，47−12，96−16，97−1
——文　45−6
縁坐　584−15，625−8·10〜12，656−4·11，658−10·14，669−9，672−5，679−7·8·10，694−7·7
縁端畳　90−5

お

王　61−15·16，62−1·8〜10，71−11·12，72−1·4·8，146−4，147−8·9，189−13，236−14，237−1，238−12·13，457−2·3，488−4，537−1，569−13，576−5〜7，629−9·11，641−6·7，644−4，702−3，717−9，719−8
王卿　38−2〜4·6，39−2·4·7，40−1〜4，41−1·13，42−9，43−4，52−13〜16，53−3〜5·10，65−7，67−12·13，68−9，70−3，80−12·14，98−11，102−4·6·9，131−15，132−12，141−3，149−2，152−4，166−3·8·9，167−12〜16，168−15，169−8，176−16，177−1〜3·7，178−3·5〜7·9·13，179−1·3·4，218−8·9·12·13·16，220−8·9，551−9，553−5，555−8，558−11，572−7，573−5，688−11
——座　90−5，165−7·15·16，166−5，168−3，176−6
——侍臣　9−9·11，91−3·6，98−11，166−3·8，167−12·13，177−6〜8·12，178−2〜4
王公　65−11，81−16，103−2·14，135−15，136−10，168−5·14，169−1·2
——卿士　6−2
王侯　196−3，295−6
王氏　75−3，457−2
王子　46−13，128−7·11
王室　93−12，456−9
王者　105−2，109−15
王臣　276−6，277−13，279−9，356−13，357−3，397−16，420−12，519−3，546−4，576−6·7，579−13·14，612−10，616

−2
——家　299−13·15·16, 397−14, 398−8, 556−4
——諸家庄　356−13, 357−3
——庄　277−13
——勢家　398−10
——僕従　301−12, 302−3
王政　494−16, 516−3
王制　540−7
王聖遺訓　4−10·11
王府　654−7
王法論之教　640−8
王禄　152−8, 155−16, 304−8, 434−11
応計会帳　415−12
往還程粮　444−1
往古薬方　699−14
押鮎　311−10
桜花　165−9
黄（三歳以下）　422−10
黄衣　550−2, 558−7, 561−1·6
黄菊　66−11
黄衾　80−12, 179−2
黄金　210−14, 211−1·2·11, 214−2·4, 217−3, 554−3·12, 646−13·14
黄子　422−12
黄雀　47−8·9
黄鐘磬　652−6
黄泉　99−12, 189−16, 540−2
黄丹　541−16, 542−1·3
黄端畳　74−9, 129−11, 165−15, 176−7
黄鉄　646−2·3·13·14
黄袍　562−2, 563−2·12
黄黎　705−13
襖子　9−16, 177−6·7, 179−3, 542−11, 546−7·8·11·14·16
鴨使　164−13
嗢鉢羅花（白蓮華）　7−6
音韻　179−15
音楽　24−5, 31−9·10·12·14·16, 32−1〜3·7·10, 59−2, 79−3·12〜14, 97−9, 102−10
音聲　79−14, 82−4, 169−16
恩赦　23−1·3·4·6, 143−2, 326−10, 382−4, 474−13, 623−4·6·8, 624−5·6
恩詔　243−6, 277−11, 299−10, 352−7, 423−2, 450−2, 475−2·9, 500−4, 510−15, 637−7, 668−2, 673−2
恩復　276−8·10·11, 277−7
穏座　24−4, 29−15, 30−15, 32−1·9, 37−7, 38−2, 40−1·2, 41−13, 44−8

か　　行

か

匕　81－3
堝　123－11
下衣　124－2･4，541－4
下々戸　505－10
――田　284－7･11，306－7･12，317－13･14
下器　79－10，81－3，102－6
下戸　505－16，513－2
下国　287－3･4，358－9，430－14，431－5，454－13，457－10，484－13，489－14，507－7･10，509－10･14，510－7，512－3
下襲（重）　170－6，546－14，549－6，551－7･11，558－11･12，560－16，561－7･9･12･14，567－15
下女　563－14
下上戸　505－10
下人　551－8
下瑞　208－4，210－4
下中戸　505－10
下田　284－7･11，306－4～7･12，317－10～14
下部　302－4
下馬　617－9･11～14，618－1～7
――之法　589－14
――之礼　556－5，573－2･7･8，585－13，589－7･10，590－12
下簾　553－4･5
下﨟　178－13，204－14
可字　226－15，227－1
加冠　58－2
加挙　387－3
加杖立法　624－8
加徴　436－1
火（＝兵士＋人）　333－6，335－12･13，447－10，518－3･4
火器　506－16
火櫃　177－2
火炬屋　41－7
火災　19－11，542－10
火蛇　177－6
火爐　178－13，202－4
戈　210－14，211－2･11，214－2･4，215－2，219－9，628－16
戈男　168－8
戈矛　646－8
化外人　463－3
伽藍　93－15･16，94－1･7･15，198－14，368－9，392－5･16，397－11，

399－5·6
価　247－3，318－7，321－4·6·7，324－3，364－7·12，670－7
価直　305－10·11，328－3，472－1，503－1·4
価稲　14－7
仮　205－8，520－10，521－1，543－14
仮日　88－8·13，527－8，572－11
仮面　217－3
家学　244－7·8
家牛　183－16
家口　410－13，599－10～13，658－11，689－13～16
家人（けにん）　88－7·13，225－9，399－1，423－15，444－2，453－6，437－4，562－3，565－12，578－14·15，591－9，600－5，601－9·10，619－7，624－8，625－4，628－6，636－10，647－4，675－13～16，680－1，684－9，688－5，692－8，693－2·3·8
家畜　614－2
家長　423－14
家牒　279－5·7，301－8·10
家譜　197－4
寡妻妾　422－11，423－15，424－3
花筥　177－2·12，178－10·13
花三昧　198－14
花薬　561－15
花瓶　69－15
荷前　166－10，187－2·11，188·1·6·7，191－9，202－3·16，205－8，206－5
——差文　172－14
——日記　203－9
——所　204－2
——装束　199－12，207－6
——殿　203－2
——幣　187－12，206－3·14
菓子　90－9，91－3，129－13，133－15，704－12
過契　280－3
過期　253－4，262－11，263－13，268－13，272－2，273－4·6·16，274－2·4·6，278－7，279－10，301－13，436－6，492－1，670－5
過差　32－5，548－13，549－5·7，551－10，561－12，594－10，596－1，597－9
過失疑罪　643－2，655－7，669－5～7·13
——殺　660－12
——殺傷　656－8·9·11，657－5·6，669－2·13，680－2·3
——殺人法　600－2
——法　614－10，669－1
——本法　680－3

――流　23－4
過状　498－2，629－11･13，633－1･4･7･8･11･12，634－4～6，635－1･5･6･8，638－9，639－3･7，663－3･5，666－8･9，668－5･15，670－11
過分損田　440－8
――不堪佃田　325－13･16，427－12，440－8
枷　537－12
夏（王朝）　99－13･14，324－15，542－7，646－1･4
夏（季節）　394－11
夏講　371－15，373－3，401－8･9
夏中之安居講　401－9
夏冬頒給晦油雑穀等勘文　312－4
――――料　308－6，311－15，312－1
嘉禾　106－12
嘉喜門　74－13
嘉祥寺料（稲）　285－7
課役　193－7，276－9，278－5･9，417－15，421－5，443－2，452－11･14～16，453－7･9･15，454－2，455－13･15，456－2･5･6･15，457－4，484－6･7，485－10･11･13･14，488－7，504－14，506－5，508－2，512－9，604－2，668－13
――之民　324－1
課戸　276－6，423－14
課口　276－12，419－4，423－14，424－7，505－13
課試　181－13･14
課税　252－5･6，258－3･4･13･14，260－1･2，268－5･7，271－11･12，278－16，464－1
課調　453－15，454－3
課丁　276－16，277－2，293－8･9･12，323－13，337－10，418－9･14，421－1･2･4･5･7，428－4･5･7，501－7･12･14，502－3･5，503－5･9，504－3･10
――帳　417－14
――口分（田）　293－8･9･12･13
課法　366－2･3
貨物　619－7
裹銭　29－1，32－5，41－5，546－14
裹幣　75－6，207－5
裹葉薦　123－12
裹料　190－15
歌　126－11，127－8，128－4，135－16，145－9，146－8，147－16，165－4･13，167－3･4･14，168－11，169－5，536－12･14，650－12
歌者　124－13，134－11，135－12，137－4，150－15
歌人　141－7～9･11，150－10･15
歌吹　169－16
歌笛　147－16，148－2，150－2，165－13

歌舞　164－11，165－4·7，166－5，167－4·14，168－11，170－1，546－2，650－6

歌縫　134－11

歌遊　166－2·5，167－12

鍋子　706－14·15

靴　70－3，102－2，149－1，152－4，203－4，560－2·4·5·7·9·11·12

瓦　650－12

賀殿　80－6

賀表　102－1

賀茂禊祭　181－11，594－13

——祭　32－4，578－6，589－8，590－14

——臨時祭　163－2，164－9·15，165－3，167－2，168－4·12，169－4·7，594－8·13

駕輿　131－14

——丁　201－10

鵝鴿之愁　708－6

牙笏　521－7，568－8

雅院　6－9

雅楽　32－7，582－12

雅塤　653－1·図

雅簫　651－3

雅箎　653－4

蛾　706－2

餓死　159－13

会赦（えしゃ）　23－2，157－4·7，341－4·14，352－10·14，353－7，361－6，367－9，382－7，388－11·14，429－10，439－7，473－5·8·11·12·16，474－5·9·14～16，475－1·3·15，476－8，477－12，497－13，499－13，507－2，510－14，522－5，584－15，599－11·13，604－1，623－5，648－14，655－16，656－5·12，658－10·11，660－7·15，667－11·12，669－15·16，671－5，672－5·14·15，681－11，695－13·16，696－1

会昌門　24－12，666－8～10·13，667－2

戒壇　395－14

——十師　395－3·11

戒牒　381－2·4·7·13

戒本田　282－16

戒律　368－13，372－5，395－13

階位　152－14

階業　370－12，371－3～5，372－11·16，373－2·3·7，376－16，377－4，395－13，396－9

海印寺料稲　285－7

海藻　217－8·9，310－9·12，375－7，384－5，437－6

海賊　328－13

海浜山沢之利　686－13

改易　577－2

改元　108－10，226－12

改年号　225－11

芥子　375－7·8，384－5

槐位（門）　4－1，543－5，

607－15

槐子　714－7

槲（かしわ）　123－11

檜櫃　184－6

檜皮　437－6・10・13

晦料油　308－6，311－15・16，312－4

絵折敷　67－13

解（文）（状）　14－5，18－10，37－1・15・16，38－1・5・6，39－15・16，40－1・4・6・15，41－11～14，42－16，43－6・11，49－3，50－5，52－1・2・4，54－1，73－1・8，89－1・10，108－5，121－2，158－14，159－2・3，160－15，181－10，227－10，251－4，255－7，256－3・15，259－16，260－15，261－5，264－10，266－6・7・9・16，267－8，270－3，278－4，279－3・12，285－13，287－13，288－12，289－1，293－9，294－2，295－12，296－2・9，299－8・10・14，300－15，301－6，302－2・13，303－9，306－2，307－9，308－2，311－12・16，316－10・13，317－9，318－1・4，321－4，322－11，331－13，335－10，338－10・13，344－8，349－5，356－5・14，358－8，359－1，366－3，369－12，370－3・9・10，376－13・14・15，381－3，382－11，385－16，386－10，395－1・9，397－3，404－9，405－9・16，406－6，407－2・3，408－2・15，410－8，411－2・7，412－4，417－7，419－10・15，420－2・6，421－2・13，424－14・15，426－5，428－12，429－4・5・10・16，431－8・14，433－7・8・10・11・14，434－2，435－3・4・8，436－5，437－6，440－11，441－1，448－4・5・9・11・15，453－14，455－2・9，457－13，458－11，460－2，461－8，462－7，467－10，469－16，470－10・11，476－5・10・12，477－2・4・9，478－5，481－7，501－8・12，503－5・11，504－1・13，505－5，507－15，512－8，519－15，631－4・12，632－6，660－1・6・14，661－10・11，662－2・11，663－2・11・12，664－15，685－4，686－9・15

解官　247－12，253－2・6，262－9・13，263－14，290－1，407－14，408－1・6・9～11，409－8，414－4，460－14，465－16，467－6，468－3，469－5，472－15，496－4，522－5，566－2，579－2，582－6・9，585－2，623－5・9・10，635－16，660－2，661－2，674－3

解闕（帳）　181－4，507－15

解陣　578－6

解脱　7－16，46－14

解任　407−14·16，411−3，413−14，414−1·3·4，420−12，443−4，459−8·10，460−7，461−7，469−12，475−6，513−15，636−1，661−5
解由　79−3，107−14，143−2，182−1·4·7·9〜11·14，255−9·11，256−2·5·6·9，259−3·5，261−7，264−12，269−12，337−14，338−5，345−4·8，346−1·4·5·8·16，347−3，348−13·16，349−16，350−5·9·12·14，353−6，356−7，358−4，359−12，360−1·4·5·11，363−2，365−13，366−11·14·15，367−1，368−4·7，369−2·5·6，379−11，392−8，393−5，399−7·8，401−11·12·14，404−11，406−4·7，407−5，434−3，435−9，439−9，468−9·14，470−11·14，471−4，477−5，478−7，513−15
開田　495−15
開発　494−11，495−9
薤（おおにら）　704−12，705−13
褂（うちかけ）　177−7，179−3
鎧甲　335−4
外位　83−16，86−16，106−4，153−5·7，154−14，291−2，292−8，387−8，396−12，476−12，572−1，576−7，577−13，670−10，673−11，674−7·10·12·15，714−2
外印　89−14
外官　18−2，286−8·9，572−8，697−11
外国　6−7，18−5，88−6，154−6，162−2，183−14，224−15，230−1·5，291−3·16，292−1，295−5·6，304−9，365−6，452−4·5，453−11，479−10·11·15·16，480−7，518−16，590−10，631−15
外国司　460−14
外孫　244−14
外題　82−9，253−16，254−11，263−7，265−7，407−15，418−10，427−9，430−2，440−12，441−2，685−4
外典　536−3，715−14
外任　63−13，661−5
外蕃　304−2，453−5
外吏　266−1，405−4，477−5
亥日餅　97−15，98−2
磑（ひきうす）　464−5，614−13·14
恪勤　19−7·8，83−12·14，84−1，85−1
獲穎　279−12
獲稲　48−7，279−10，281−8，284−6·11，301−13，304−10，305−1·2·13，322−2，323−1，324−10，326−6·14，327−1，451−

11

格　48−5，72−12，73−8·12，152−14·16，153−3·6·8·9·11，154−1，183−3，186−9，252−9·11，253−5·7〜9·11·14，254−1·4·5·7〜9，255−8·12，256−15，257−3·4·6·9·13〜15，258−7·9，259−11·12，260−5·7·10，262−1·2·12·14〜16，263−2·5·8，264−16，265−1·3〜5·13，266−10·12，268−5·9·11，269−11，270−2，271−10·15，272−1·7，273−3·5·6·15，274−1·2·10，275−11·12，277−4·10，279−2·12·14·16，282−11，283−6·12，285−13，286−9，287−13，296−5，297−14〜16，298−3，303−9，304−5，312−16，313−1·2·4·5，317−6，325−13，328−11·14，329−8·11·13，330−4，331−2，336−2·12，337−13，338−10·13，339−1·5，340−12，345−5，346−6·8，347−4·7，348−13，349−5·12·15·16，350−1·5·6·15，351−11，353−2·3·5·10，356−8·9，357−3·10，359−1·8·11〜13，360−1·2·16，365−10·15，367−1·9，371−1·6，372−8·9，374−13·15，375−2·6，376−10·15，379−16，380−12·13，383−8，385−16，392−2·4·9·16，395−9·13，401−10，403−9，405−1，406−16，407−16，408−2·6·9·10·12，409−4〜6，411−7·9·15，420−14，429−7·12，432−8·9，435−2·3·12，436−1〜3·5·8·9，444−7，445−13，447−12，449−6·7，451−6，458−11·12，459−1·7，460−10，461−4·7·9·11，462−7〜9，467−11，468−1·6·7，470−1，472−9，473−16，476−3·16，479−15·16，480−2·4，484−10·11·16，485−1〜3·7，489−12，490−1〜4，491−4，492−13·14，493−1·3·8·11·12·15，494−3·6·13·16，495−15，497−3，499−4，501−16，502−1·2，509−13·16，510−7，511−5·8，513−12·15，514−3·6，515−8·12·15，522−9·10，541−12，548−9，549−3，550−10，556−13，566−2，586−4，597−9，616−2·3，623−11·12，627−1·3，628−12，635−10·16，663−11，664−1·16，665−1，668−13·14，671−9·13，674−14·15，684−8，696−2，720−1

格（杭）　13−3

格子　52−1

格式　251−9，263−16，264−1，303−1·2，326−11，348−7，427−11，

432－8，434－11，468－13，624－6
画可　223－4，224－12～14，225－4～6，230－2·11·12
画日　223－3，224－1·13，225－3，229－11，230－2·10，231－2·11
画屏風　37－10·11，42－1·2
画聞　247－5，250－1
隔子　101－12，218－5
穫稲帳　305－13
角（牛角）　364－5·6
角鏡　180－7
革　650－9·11·12·15
革筥　61－13，62－13
革嚢短冊　232－1
革皮　650－9
霍　704－12，705－13
鶴　208－8
学官　709－6·7
学館　720－1·4·13
学藝　710－2
学校　697－1·2，719－7
——田　282－2，284－1·2，285－1，440－5
学生口味料　719－13
——帳　417－11
——食料　719－14，720－8
学侶　92－13
楽　68－5，82－4，101－6，146－1，170－2，571－12，650－5·6·12·13，654－3·4，657－2·3
楽酣　168－8
楽器　653－6
楽人　81－15
楽府　659－12
滑海藻　384－5
葛　561－1·2·4
葛紵　90－16
干戈　3－16
干棗　177－3
干物　90－9，91－4，129－13，133－16
甘葛煎　308－15·16，309－1
甘酒　203－14
甘草　699－1，713－2
——国老　601－4
甘糟　180－11，202－4，204－6
甘栗　177－3
甘露　198－6
缶　217－9，706－14
冠　105－4，210－3，211－9，245－8，551－1，565－16，566－1·7，568－2·3·5，719－3
冠位　146－12·13
冠纓　557－8
冠制　557－4
冠箱　709－8
函　100－12·14，102－2，121－16，122－3，231－16，232－1·5·6
函鈴　16－3

官位　165－1，289－16，290－2，459－12·16，460－3，479－3，521－14，573－10，584－16，585－4，604－2，656－1～3，657－7·10，672－3·4·7·9·10
官印　16－3
官蔭　694－1
——人　624－7
——之法　658－1·5
——之律　658－4
官役　465－4，670－2，671－6
官家　279－5，301－8，507－15
——功徳分封物　385－3
——物　301－5
官牛　364－4·5·7·9·16，365－2·4，613－10，615－3·12·14，617－2，620－7·11
官戸　421－1·2·4·5·7，578－14～16，624－7，625－4，681－9·10，701－8
官交易　158－9，466－3·8
官考文　18－10
官雑物綱丁　279－3，301－6
官司　162－1，279－2，282－14，296－16，300－16，329－11，330－11，410－14，420－14，463－10，495－1，507－14，511－16，512－13，513－12，516－4，564－11·14，615－12·13，619－7，624－5·6·8·11·14，625－3·13，627－14，629－16，630－3·6·8·12，654－7，658－12，669－16，675－14，679－4·7·8，680－1·9·12，681－12·14，682－1·5，683－5·7，684－13·16，685－1，688－8，689－2，690－7·12，692－3～5·9·10，693－16，695－12～15
官使　326－3，397－2·5，413－3·7，492－15，493－13
官祠　5－15
官私器物　162－1
——之物　613－15，615－1
——畜　12－6
——馬牛帳　364－4
——文書　476－2
官次　136－6，141－6，654－9
官字（印）　13－1，51－3
官舎　338－10，343－14·15，344－1·6·16，345－7·8·15·16，346－15，348－6，349－4·10，350－1·7·11·12，351－5，352－14，353－7，358－16，359－5·13，360－9·10·13，444－6，492－12，494－6，665－2，685－8
——修理料　685－8
——帳　338－9·13，339－1，415－5，416－1，417－5，433－2，511－8
官社　72－11
官爵　244－8，673－

10
官主　11－14，468－5，616－9，619－5，647－7，679－5
官省符　428－6
官食　355－11
官人　9－16，18－8・13・14・16，19－2・4・5，21－5・10・11，22－1・10・15・16，23－4・6，30－4・5，37－4，38－2〜4・6・13，39－2，40－1・3，44－7，47－12，61－1・4・13，63－2，73－16，75－7・8・10，79－16，98－9・10，102－14，104－8，123－15，124－7・8，125－16，126－9，128－16，134－4・5・15，146－12，148－8，167－13，180－12，201－6，206－9，207－3，216－16，217－10，218－15，286－15，288－1，292－14，299－13・15・16，305－6，307－9，321－7，343－12，344－4，345－8，375－15，411－12，414－6，418－2，420－12，423－12，426－1，460－9・10・13・16，462－5・12・13，463－16，464－1，468－9，470－11・12，479－8・10・11・16，480－7・15，496－3，507－11，514－12，517－10・12，518－9，519－9〜11，522－16，524－10，526－4，528－2，529－3・4・6・16，530－4・7・11・12・15，531－13，532－6，544－14・15，557－5，561－9，562－1・10，564－12，568－8，572－5・12，573－3・10・16，575－15，582－1，590－6・7・10・11，591－1，594－13，596－4，599－5，611－16，623－2・3・8，625－7，629－6・7，632－1，633－11・13〜15，659－16，660－11，663－10，664－7，665－3，667－2，669－11・12・16，682－9・10，685－2，687－14，688－16，690－8，713－15
官人所　16－7
官宣　327－5，353－13，424－9，449－5・7，671－4，673－6
官船　445－11
官倉　279－4・10，301－7・13，468－12，495－5，516－10
官奏　79－9，81－12，102－10，241－5・8
官畜（産）　12－1・7，364－9・14，613－15，614－16，615－1・15，616－12
官庁　132－14
官長　253－2・3，256－9，262－9・10，263－11，327－6，330－10，414－2，459－9・12・13，460－5，467－10，469－16，492－14・15，493－13・14，494－13，516－6，533－8，585－15，654－3，656－15
官丁　276－3

官定考　586－5

官田　77－8，87－15，118－16，119－2·4～6·9·12·16，120－8，121－11，281－1，304－5·15，305－9

――帳　415－3·4

官奴（婢）　219－7，643－9，646－4

官奴婢　464－8，614－12，625－4

官稲　279－12·13，282－9，283－8，299－5，300－8，302－13，450－7，469－10·12，472－4，477－4

官当（除免）　22－13，89－10，260－10，407－14，467－6，497－10，499－10，522－5，623－11，624－8，635－16，636－1，656－4·11，657－15·16，658－13，669－7，672－5·8·9，681－9，689－1

官馬　11－15，364－4·5·7·9·16，365－2·4，464－6·7，613－10，615－3·12·14，616－10，617－2，620－7·11

官判　159－4，251－8，287－14

官符　119－12，121－9，154－6，155－6·15·16，157－3·10，159－13·16，161－1·4·14，162－2·3，183－6·7，188－16，224－15，230－1·5，231－1·3·14，232－1，257－15，259－12，260－14，262－2，265－14·15，267－1，292－4，306－5，311－12·13，317－2·11，326－6，328－1，339－14，369－12·13，370－3，379－14，397－4，401－12，402－3，425－7·10，426－1，427－13，430－4，432－15，437－6·7·10·12，438－1，449－13，450－10，451－4，453－16，454－1·2，459－3，460－1，467－8，484－11·12，489－9，506－8，509－15，517－2，526－9，529－16，550－13·14，553－6，555－8，562－8·13，563－9，613－8，664－16，670－15，690－6

官物　104－6·15，107－4，108－2，109－1，110－1，111－1，112－1·16，257－6，265－16，272－8·9，276－7，278－3·8·11，279－3·4·6·7·16，280－3·6，282－1·6·7·9·10·12，283－10，286－10，292－13，300－2，301－6·7·9·10，302－1·6，303－3，328－12，329－3，331－5·8，335－5·6，336－3，345－5，350－2·8·15，355－15，359－13·14，360－4，377－9·10，384－1，406－1，410－12·13，417－8，427－4，429－10，433－15，435－5，436－1·2，437－14·16，443－

5·6, 462－14, 463－7～10·12, 464－1～3·6·7·11·13·14·16, 465－3·4·6·8, 466－16, 467－1·6·7·9·13·16, 468－11, 469－3·4·15, 470－3·8·12, 471－1·11·13·16, 472－1·5·10, 473－15, 474－8～10, 506－14, 614－16, 615－1, 627－2, 630－16, 670－1·2, 681－15
官文書　87－9, 227－10·11·16, 228－1·2, 249－1, 682－6
―――法　682－8
官幣（帛）　5－15, 127－10
官牧　11－15, 616－10
官吏　534－2
官僚　511－9
寛平五年帳　316－1
――七年帳　315－7
――九年帳　316－5·8·9
寒門　2－15
漢（王朝）　58－9, 67－3, 103－5, 109－9, 110－7, 193－13, 215－1·2, 244－1, 456－7, 534－5, 583－16, 605－15, 640－12, 643－8·9, 644－12·13, 646－4, 647－16, 710－6, 717－12
漢家　559－9, 580－13, 581－12
漢神　615－8, 616－4
漢土　536－3
潅漑　357－10
潅頂　477－14
還俗（げんぞく）　381－4, 456－6, 556－13, 604－4·7, 635－10～13, 669－5, 696－2
菅円座　37－8, 44－8, 90－6, 129－10, 165－6·10, 166－2·5, 167－5·9
姧盗　623－7, 628－4, 675－16, 676－1
旱炎　293－9, 294－2, 328－14, 488－5
旱損　361－9
旱魃　32－10
旱澇　488－6, 493－16, 496－16, 498－16
柑橘　705－3
棺　536－16
患解（状）　579－2, 582－7, 585－2, 686－9, 703－5
欵状　370－3
欵冬色　561－8
欵冬花菜　561－13
監国　229－2
監主　353－1, 364－13, 455－13·14, 463－12, 464－10, 465－15, 476－1, 508－15, 623－7, 681－13, 695－13
監守　464－12, 465－16, 497－8·12, 499－8·12, 655－13·14, 656－10, 657－9, 672－2·11
監牧公廨田　288－5
管（ふえ）　650－9·11
管絃　80－8, 166－5, 177－8, 178－4, 179－16
関　680－4, 709－8·9, 711－4

関契　425－8
関吏　709－9
簡　149－14，152－1，218－9～11，283－7，286－1
簡硯　90－10，91－4
巻纓　557－4～6
貫首人　53－3，149－11～13
貫属　521－14，522－6，631－11·14·16，632－3，637－3
貫附　421－7
閑月　21－15
閑地　356－13，357－4，373－4
勘会　159－11·14～16，160－4·7·11·14，161－1·6，253－4，254－2，262－11，263－9，267－3·12，301－2，303－8·13·14，321－16，331－14，339－1，377－8·10，385－5，411－8，419－12，426－11，427－5，429－6·11，430－12，431－3，436－6·12·13，437－5·15·16，438－2，513－14
勘解由使起請　468－10
――――勘文　182－16
――――勘判　470－15
――――勘判抄　325－10，336－12，339－11，341－7，351－4，360－15，367－4，381－12，387－10，402－5，438－11，450－4，475－13，506－15，510－8，515－6
――――勘例　353－7
――――報符　366－4
勘出　13－12，251－11，253－9·10，262－16，263－1，266－16，267－1，284－12，306－3，317－9，318－5，349－6，359－2，360－6，367－12，406－3·9，411－8，415－1·2，417－15·16，418－11，421－2，422－4，424－16，428－1·6·7·13，429－9，430－13·15，431－5～10·12·14，432－2·3·8～10·13·14，433－16，435－6，436－1，440－9·10·13·16，441－4，443－5，462－14，464－4，501－10·12·13，502－2·4·5
――之帳　338－15
勘状　328－1
勘申状　339－14，427－13，449－5，475－15，498－14，527－9，666－7，684－1
勘籍　706－8
――人　454－1
勘奏　58－15，274－4，432－13，637－5·11
勘草　683－16
勘徴　292－10·14
――之人　280－3
勘陳之状　182－15
勘定帳（大宰府）　425－8
――文　496－15
勘当　129－2，508－11，611－5·10，613－4，618－15，634－15·16，666－11，670－6

勘納　253－9，291－14，292－3･6，303－9･10，321－4，664－16
勘判　156－11，161－10，264－1，302－16，326－7，349－7，353－10，359－3，469－8，474－15，475－3･6
――之吏　182－15，475－7･8
――抄　328－4
勘負　475－1
勘文　156－4，182－15，238－14，239－6，243－6，274－5･9，275－3，298－6，311－15，430－16，431－2･3，432－13，498－2，500－8，503－11，533－1･3
勘返　253－11，263－2，267－6，422－4･5，431－11，440－12，441－3，494－2～4，496－10･14，497－3･5，498－1･9･13･14，499－3･5，500－1･2，501－11･13，502－1･2，505－1
勘免　474－16，475－3，510－15
勘問日記　527－3
勧課田農　494－14･15
勧学田　282－3，284－2，285－2，440－5，709－1，719－11･13･14，720－9
勧唱往来之法　135－8
勧賞　396－8，604－15，605－5
勧農　495－5
勧坏（盃）　129－13，134－9，135－8，166－2･4･8，167－12，169－4
観射　59－8･12，588－14
乾魚　217－8
乾蒭　522－14
幹了　263－15，413－14，414－1･4
――国司　303－11
――使部　226－7
翰林　4－1
韓櫃　203－15
韓神祭　116－1，117－7，125－7
韓竈　123－11･13
餔　58－9
餔饐　58－10
餔餅　58－10
館　609－13，686－11，711－16，712－1
館舎　342－5，353－5，511－5
鰥寡惸独　102－15
――孤独　447－16，486－12
盥　76－2，203－3
丸蘄薬　713－1
鴈子　653－1
願文　92－7，196－12，199－10，605－8，608－3

き

鬼　211－8･11･13，215－3，216－1，220－1･4，364－6，609－7～10･14･16，

610－1～3，712－2・4
鬼妻　518－13
鬼神　210－15，600－4，601－7，608－5，703－10
鬼門　215－3
几案　716－16
伎楽　173－8, 448－3・4
伎藝　709－14
倚　151－10
倚子　80－14，101－12・13，129－9，140－3，165－6・14, 167－5・10, 586－3
亀　207－9, 707－9・16
器仗　334－7・12，335－4，336－4・5，338－10，344－16, 345－16, 346－12・15，349－4・10，350－1，358－16, 359－6・13, 360－9・10，444－13，463－6
――修理新　685－8
寄作　328－7
葵　704－12，705－12
姫　133－15・16
畿外无主職田地子　316－11・12
畿内七道諸国　329－2，344－16
忌火　133－13
――御飯　98－15，170－10
忌諱　243－16
忌公卿座　135－4・5
忌座　131－11
忌日　92－9，674－6
耆　422－10
耆老　423－2・3
机　63－14・15，69－9，90－11，91－6，100－12～15，121－16，122－1・3・4，127－5，165－10・11・13・14，167－8～10，176－9・14，177－6，178－13・16，203－4
樻　100－12・15
櫃　123－13
祈年祭　72－13，129－5～7
季帳　419－6，453－16，454－2
季料（米）　121－9，308－3
季禄　1－8，15－7，35－8，49－13，97－6，155－5・6・15，156－10，158－9・14，159－2，160－4・11，161－3・4・11・13，163－3，170－8，189－4，247－3，660－5・8・13，664－4・10，671－12・13
――料舂米　159－4
箕　166－14
簣　94－7
紀伝　242－3，243－11
絺　550－2
綺　564－10
諱（いみな）　517－1，574－10
起請　48－3, 345－16, 348－9，349－9・13，359－5・9，468－10，480－7，501

－8，530－15，661－11，663－15
棊　28－16
棊盤　134－6
棊枰　37－8
碁局　171－3
飢餓之輩　324－7
飢饉　328－12，329－4·11，330－7，640－6
飢民　492－12，494－6，508－13，509－9
帰化　453－6，463－3
騎士　38－9，42－5
騎射　6－8·11
騎馬之制　556－4
騎兵　247－2
——隊　334－5
宜陽殿　10－10，39－8·13，42－16，43－4，44－3·4，52－6，61－14，62－1，65－6·8，66－3·5，79－2，101－14，102－5，107－14，134－11，135－12，136－15，148－11，150－15，200－3·5～7，203－7，204－12，226－2～4，230－16
儀仗　333－9·11，588－11·12·15
儀鸞門　588－14
妓（女）　137－5，142－3～5·7
魏　58－4，605－15，628－2，713－6，715－4
擬補帳　375－13
——之奏文　247－8·9
義絶　623－1，627－7，673－15·16
義倉　193－7，495－3，505－9，506－2·12，516－9
——帳　415－3·4·6
——料　612－2
議益　418－5
議貴　603－15，604－1·5，643－1·5，654－15，655－5，666－16
議勤　654－9
議賢　654－15，655－2
議故　654－15，655－2
議功　654－10·15，655－4
議獄　665－7
議所座　133－9
議親　603－16，654－14·15
議請　657－8
——減　497－9·14，499－9·14，522－4，591－3·4，627－12，643－2，655－7，656－3·4，657－10·13·14，658－4，667－1，672－4，673－11·12
——之人　522－4
議損　418－4·5，504－2
議能　654－15，655－3
議賓　654－10
議論人　662－5
礒宮　70－12
菊　58－12，67－3·8·15，68－8，69－15

菊花（華）　61－12，65－8，707－10･図
――宴　60－15･16，62－4，65－10
――酒　58－6･8･9，65－7
――豊楽　59－10，63－10
吉日　166－12，173－1，176－1，177－9，188－2，199－2，200－14
吉祥悔過　383－6･7･11･14，385－11･14
――――料　385－6
――菩薩　534－16
吉田祭　117－6
吉服　134－13，148－12，650－6
吉野国栖　63－5, 147－16, 150－2，418－3
橘　90－14～16
脚（夫）　410－14
脚児　507－16
脚直帳　427－1
脚力　296－15
逆臣　568－5
逆叛　684－15，692－2，694－16
九夷　15－12
九坎厭対之日　711－9･10
九月九日節　59－15，60－1･9，61－2･5･11，62－4，63－12, 67－4, 68－11･12･15
――――祭　58－15
九原　5－11，199－8
九日之節　66－10
九地菩薩　7－9
及第　2－1，92－11，577－1，591－13，629－11
韮（にら）　704－12，705－13
休假　572－13･14，714－11
厩　11－11
厩戸　536－1
厩牧　367－5
宮闕　603－13，648－9
宮城　72－13，73－2･9, 217－3, 518－10, 522－11，565－14，620－1
宮人　58－9，87－14，481－2
宮内省輔座　131－7
宮売祭　222－12
宮門　71－8, 444－15, 571－12
弓　67－16，123－10，131－14，217－5，218－9･12，220－8･10，249－15･16，333－7，334－5
弓矢　90－8，91－3，219－8，712－4
弓執莒　69－4
弓射　59－8
弓箭　61－4, 141－16, 271－1，333－10，334－1･3，335－7･9，545－1･2, 594－16
――台　90－4
朽女（和琴名）　135－15
糗（餌粉）　58－9･10
糺勘之法　691－6
糺弾　275－14，288－1，517－2，526－7，552－

6・8・9, 557－8, 595－13, 634－2, 635－5, 662－13, 664－7, 687－12・13, 689－5
給假　543－14
給侍　423－10・13, 424－7
給食　100－6, 365－8
給人　284－5・6
給田　451－14, 454－11
給復　247－5, 276－2・3, 277－11
給禄　61－3, 65－2, 142－14, 149－2, 167－16, 179－2・13・16, 582－16, 660－1
裘　335－2, 561－2・4～6
救急帳　430－11・12
――稲（料）　285－8・9・11, 361－12, 430－12, 495－3, 516－9
救世菩薩　535－16
臼　123－11, 706－15
旧年欠　434－4, 435－10
舅　197－2
鳩車　196－14
笈　706－15
牛　117－9, 119－2・3, 127－16, 134－9, 208－8・11, 209－4・5, 247－4, 270－15, 361－11, 363－1・4・6～8, 364－4～7・9・16, 365－4, 366－2～5・9・10, 399－1, 554－15・16, 555－12・13, 556－6, 593－6, 595－15, 598－15, 613－9～13・16, 614－4・14, 615－3・4・8・9・12・14, 616－4・5・16, 617－1・2・6, 618－11, 620－3・6・7・9～11・13・14, 626－7・9・11, 680－9, 691－11, 704－12
牛黄　364－5・6
牛車　555－12
牛人　221－1・2
牛蘇　183－16
牛頭馬面鳥足人形　699－1
牛肉　705－12
牛乳　183－14, 184－1
牛皮　366－10
牛牧　366－9・10
渠堰　355－8・10, 445－5・16
渠池　353－15
炬　211－15
炬屋　131－16
炬火　90－12, 129－12, 165－5, 211－14
莒（筥）　63－4, 65－12, 67－16, 68－1・2・5, 69－1～4, 71－16, 90－14, 123－10, 126－9・12, 156－6・8, 172－16, 173－1, 177－5, 178－10・15, 203－4・16, 226－12, 227－1, 231－1・12・13, 706－15
挙塡　270－4, 386－9・15, 387－1～3
御衣　117－4, 141－

15，165－7，167－7･16，170－4，179－13，203－3，207－6，220－8，540－2
――匣　126－2
御可　230－10･11
御画日　223－2，224－12･13，225－3，227－13，229－11，230－2･9･10，231－2･11，246－13，247－5･9，249－13･14，250－1，522－2
御幸　600－10，649－13，656－16，657－1
御産　601－12･14
――田　119－4
御贄　60－1，90－6，102－10，147－16，150－3，445－7
御酒（美岐）　90－9，91－4，102－6，129－13，134－1，136－11･12，146－8･9･16，147－16，150－1～4･7，166－3，169－9
――米　121－14
御所　67－11，188－14･15，220－2，225－3･13，226－8･15，227－6，230－9，231－2，518－16，575－3
御贖之政　118－2
御食料稲　123－11
御神楽　165－14，166－7･10，167－15，168－7
御製（歌）　65－12･15，69－9･16，146－7
御膳　63－4，64－9，79－9，81－3，120－3，128－9，133－4，138－3，140－2，147－14，149－16，600－10，649－12，656－16
御曹司　231－8
御題　67－8
御宅田　117－8，121－16
御厨子　90－9，91－3，176－3
御田　117－13･14，119－4，281－5
――之職　118－2
御稲田　304－5
御巫之職　123－5
――田　282－2，284－1，285－1，440－4
御封　428－7
御服　124－8，127－4･5，152－4，210－10，558－14
――箱　127－5
御仏名　173－6，176－1，177－9，178－5，179－11･12･15，180－4･6･7･9･11･13
御幣　74－7，75－16，76－2，165－10･11･13･14，167－8～10，170－4，205－4
御牧　13－14
御輿　76－16，74－16，132－11
御霊　6－5･6
――会　1－3･12，6－1･7･10
漁人　47－3
魚　66－2，368－10，

437－6，682－16
魚須　568－11
魚水之契　233－13・14
――之功　717－12
魚袋　66－4，70－3，152－4，170－5
夾纈　558－3
夾名　63－8，69－6，139－6，140－7，203－1，205－16
京官　16－10，18－5，85－5・6，286－8，345－13，346－9・10，401－14，478－15，531－2，572－8，585－12，631－8
京下　413－12
京畿　6－6
京戸　279－14・16，295－2・5・7，303－8，452－1・4・5
――口分田　303－8
――田　302－2・3
京庫　251－11，253－9，254－16，255－4，262－16，300－1，304－8・9，334－8・13，336－5，479－12，480－2
――物　479－11，480－1
京極　73－2・9・10
京作田　302－8
京師　584－14，585－5
京職　663－10
京城　4－16，72－14・15
京人　631－15，632－1
京坊　663－6
供解斎　148－12
供御　65－16，98－1，117－16，119－16，120－2・4，121－6・7・9，366－5・6，463－2
――座　167－10
――雑膳　119－5
――酒　147－15
――造食料田所　119－4
――稲　121－3
――稲田　118－16
――飯笥　123－10・11
――料　121－11
供講　371－15，401－8・9
供祭　277－1
供施　96－6
供侍　423－12
供養　7－10・11，46－11・14，183－5，198－2，374－8，375－7，378－4，382－13，383－5・12，384－4・10，392－1・15，393－1，394－4，401－5・6，537－16，606－4・16，673－14，674－6，692－3
――布施料　370－11
凶会九坎　68－15
凶事　88－11
凶年　325－2，328－15，357－12，484－15
凶服　565－14・16，566－4・5，567－3・7・8
兇徒　91－15
蕎麦　329－15・16

薑　704－11
卿　10－13
卿相　561－8，590－16，710－7，718－6
郷土　443－10，451－9，513－2
――估価　297－8
――法　293－4･5
郷里　597－16，598－1
狭郷　513－2
狭侍菩薩　93－13
杏　704－12，705－13
杏人　713－1
橋　444－8･16，445－7
橋梁　661－13
脇門　93－9
教戒　378－11
教誨　178－13～15
教典　183－5
教令　599－10･11
筐　133－15
饗　37－13，39－13，41－10，170－1･4，292－5，546－14，582－14
曲宴（曲水宴）　59－13，169－10
棘弓矢　211－13･14，215－2
玉　511－13，704－13
玉音　332－9，335－1
玉机　536－6
巾子　551－1･2
近衛楽　82－4
――陣　9－16，204－10，222－5，562－1
――陣雑例　222－6
近国　418－15，421－14
近侍児童　6－4
近仗　138－1･2
近臣　4－12，581－6，714－1
近親　4－7
近代　6－6，63－12，64－14，76－2，97－14，127－4，161－3，245－8，328－14，514－10，527－3，567－15，670－15，714－8
近墓　191－1
近陵　190－15
近流　599－16，603－14，624－9･11･12，645－4，647－6･10，684－11，695－12･14･15
禁獄　689－8
禁殺日　88－12･14･15
禁色　533－2，539－2･4，541－3･4，552－7･15，554－14，558－11，561－9･10，565－1･5，596－3，599－3･5･6
禁酒格　356－9
禁書　680－3
禁処　511－12
禁断殺生　175－2
禁中　66－6，174－2，211－13，217－10，522－9･11，536－1，560－5
禁内　522－10，525－11

──礼式　525－2
禁兵　593－7，618－12，691－13
禁兵器　680－3
禁令　542－13
琴　80－4, 124－12・13，125－16，126－10・11，145－8，150－9・15，166－12・15，179－12・15，650－10・14
衾　9－16，177－7
金　511－13，533－3，599－5・8，646－1・8・12～15，650－10～12・14，704－13・15，705－2・4
金牙　583－16
金器　506－14
金光済物无編宝　47－2
金光明四天王護国之寺　378－10
金光明寺　384－1・2・9
金剛　373－1
──力士　210－16
金石　245－8
金塗釘　553－3
金堂　93－10，386－12
錦　124－3・6，564－10
錦軽幄　199－15
錦繍　594－8，595－13
錦毯代　90－4
錦長紐　546－5
銀　511－13，553－3，599－5・8，646－13

く

苦使　556－13・14・16，564－10，598－10，696－2
狗　58－7
枸　90－13
枸櫞　90－10・13～16
駒　11－5，12－9，37－1，42－15，44－9，51－14，53－12，54－12，55－1，209－12，363－10，365－9～12・15・16, 367－6・9, 616－8～11・13, 618－10
駒牽　14－10
具注暦　100－5・8
空閑地　282－15
君子　128－4，486－11，534－3，540－11，554－4，568－3，643－12，655－2，682－12～14，705－6，715－6
君臣　573－1，600－11・15，601－3
──之礼　379－3
──祖子乃理　146－5・11
勲位（等）　289－1, 453－7・9・10，479－3，573－11，584－16，589－1，604－2，655－11～13，656－1～3，658－7・9, 672－1・3・4・7・9・10
軍器　333－9～11，334－8・13・14，335－3・7，336－6
──器仗　333－12
軍機　227－9
軍毅職田　289－12

軍国　615－3
軍事　444－14·15，634－16
軍所　364－9
軍団職田　288－11
軍物　444－12
軍粮　246－11
郡院　627－1
郡家　342－14
郡司器仗帳　416－1
——職田　283－1，316－13，317－1·2
——職田地子　316－13，317－1·2
郡倉　342－12
郡稲　282－8～10，462－14
郡邑之長　487－3
群飲　546－14
群卿　571－7·8
群盗　352－6，641－1

け

頃　355－14，495－11
刑官　270－7，468－15，470－8，471－6
刑獄　444－6，486－11·14，641－4
刑致　88－10，527－2，645－5
刑書　89－4，631－7
刑法　534－1·2，640－13
慶雲　106－11
慶幸　649－13
惸独田　282－3，284－2·3，285－2，440－5·6
契状　278－7
契陣　134－15
桂心　704－13，713－2
脛巾（はばき）　61－4，560－6·8·9
禊（みそぎ）　165－12·13，167－12，168－2·4
禊祭日　552－5
禊祓　541－14
磬　650－6·9·10·14，652－4·5·7
磬声　111－10
磬折　150－3·4·11
競馬走馬之輸物　97－8·9
——負方献物　97－7·13
醯（けい）　704－11
経　176－14，378－3·4，394－13，534－10，536－4·6·8～10
経営　684－6
経家　234－16，236－5，239－16，525－9
経学　20－4
経巻　391－12
経机　176－10
経義　9－4
経業　654－2
経巾之法　560－9
経藝　719－7
経史　105－10，237－3，243－14
経術　9－3
経書　709－15
経籍　517－2，550－4

経蔵　535－5
経典　174－8，175－12，183－11，243－15，716－1･2
経文　582－8,699－9,700－16，701－1，704－8
経礼　525－4
経論　391－11
繋（馬）　51－3
繋飼　12－11
――解文　52－2
繋囚　533－1
継嗣　423－14
計会　251－11，253－9，262－16，267－4･13,417－15，463－4
計考　247－4
計帳　294－7，295－11･14,296－3,300－14･16,301－1･2，303－9，344－8,410－2･3,424－7,446－14,451－8
――公文　410－4･7
計歴　369－11･13,370－2･4
警衛　556－9
警固　578－6･8
警蹕　63－14，90－7,91－2，102－10，131－14,136－3･4，138－9･10，148－16，150－1，203－3
軽幄　201－4･11，203－7
軽科　4－5
軽貨　321－13
軽罪　89－2
軽服　32－1･2，148－12，527－8，567－8･11･14
軽幔幄　200－3
軽傜　422－14
鞋　333－7
鶏　58－7，209－8,417－5，704－13，707－16
鶏子　653－2
――黄　364－6
鶏肉　705－13
鮭　310－2
鮭児　310－2
髻髪　124－3
熒惑　644－3
麑（げい）　561－5
麑裘（げいきゅう）　550－2，561－1･5
劇務　556－9
覡（げき）　211－11･12,593－3，599－9，608－13･14，609－3･6･7
綌（げき）　550－2，560－16，561－1～3
戟　148－16
戟稍（げきさく）　334－9･13･16
欠　462－15，463－1，468－16，469－7
欠失　468－16，469－7，470－13，472－1･3，475－8
欠乗　462－15，463－12･15
――之価　463－13
欠損　463－4，468－16，469－8，474－10，475－2
欠負　104－6･15，107－4，108－2，109－1，110

−1，111−1，112−1·16，182−15·16，259−5，279−4，285−6，301−7，305−6，406−5，465−4，468−12，471−4，473−1，474−4·8·13，475−4，670−2
欠物　474−11
決杖　186−6
潔衣布　72−2
潔斎　57−12，341−11
羯磨　395−14
結縁　6−15，196−9
結解帳　406−2，419−12·13，433−16，435−6
結獄吏　640−9
結集　420−12
闕　103−3·8，365−1·3·4，455−9，456−2，507−10·15
闕腋袍　66−4，70−3，170−5
闕官田　286−4·6·7，289−14·15
闕郡司職田　282−16，315−2，316−12，317−5
――――地子　316−12
闕国司公廨田　326−14
闕国造田　282−16
闕采女田　282−16，283−1
闕字　224−9
闕所　205−12，380−13·14
闕状　380−7·13
闕番　21−15
月華門　38−14·16，39−6，43−16，52−9·12，53−2，131−14，148−16，219−8
月次（祭）　72−13，128−16，163−13，171−2
月奏　97−6
月俸　130−12，307−9
月料　709−3
月粮　142−9，304−9
犬　202−15，209−4·11，611−4，613−9，614−5·7·8，704−12
犬肉　705−13
剣　178−16
見国　277−15，294−6·10
見参　31−6，32−8，43−15，62−12，63−8，65−2·3·4，66−3·4·6，81−16，93−5，98−4·7〜9，137−11·13·14，139−9〜11，140−4〜6·8，141−12，142−13·14·16，143−3，148−7·9，151−6·7·10·12，189−3，581−16，584−16
――之書杖　151−9
――文　30−7，65−2·3·8，66−5，102−8
――簿　24−5
見受業師　654−2，656−15
見進　273−4·6·16，274−2，276−11，277−9
見直（者）　106−15
見丁　450−7
見得之戸　299−10

見任　21－10，436－8，438－14，439－4・7・11，450－9，465－14・16，466－2・7～8・10，467－2・5・6，468－12，469－4・6，472－11，497－11，499－11，500－4，507－2・5，510－14，513－14，522－5，581－16，584－4・7・11，585－1，623－5・9，633－13，700－3・4
――国造田　283－1
――職事　242－15，243－2
――吏　302－16
見納　273－1・7・13，274－3・4・7
見物　269－4～6
見輸丁　422－4・5
牽馬　13－11
牽甲斐勅旨御馬　11－2
―――穂坂御馬　48－13
牽信濃勅旨御馬　36－14
牽武蔵秩父御馬　36－2
牽夫　14－2・8
牽国　130－9，160－4・6・12，161－1・3・4
健児田　282－2，284－1，285－1，440－4・5
憲章　186－6，252－9，258－7，260－5，265－9，268－9，271－14，492－3
憲法　425－1，466－12，496－3，521－10，529－12，531－3，533－12，536－3，537－8，564－12・16，573－3・10，596－2・3，597－10，632－13，688－12
藺　335－2
堅塩　81－4，311－7
堅魚　81－4，217－8，308－16，309－1
――煎　308－16，309－1
堅厚熟紙　433－1
塤（つちぶえ）　650－6・10・11・14，653－2・5
建春門　37－8
建卯　3－16
建礼門　15－6，39－11，40－1，50－15，53－14，74－12，76－1，188－4，199－12・13，201－3，202－5，203－3・9，205－8
懸幄　206－4
懸札　279－5，280－2，301－8
懸車　96－8
懸手之人　202－11・14
―――幣（物）　202－12，205－3
――長官　205－3
懸物　90－12，91－6
――絹　90－11，91－5
剱　52－14，53－8，172－6，202－8，203－15，521－5～7・9・10，527－6
剱組　134－13
撿印　14－1
撿括　420－10・13・15
撿簡　285－14
撿交替使帳　302－14
撿校　12－10・11，277－15，326－10，330－10，331－8・10，338－5，345－

1, 346－1･16, 349－10, 350－14, 378－12, 379－7･8･11, 388－16, 391－6, 392－2･4･6･13, 393－3, 398－5, 399－10, 403－5･9, 404－1, 464－2, 612－13･14, 613－3, 625－13, 690－13, 692－9･10
撿田帳　306－8, 317－14
撿納　269－5, 430－1, 620－10, 665－7
撿非違使雑事　517－3･5
撿封　280－2
権官　316－14
権貴之家　142－4
権行　2－5
権勢　279－6, 280－4, 301－9, 589－8
権摂　507－11
――連署之法　507－11
権任　259－3･7
権門　720－6
献詩　61－3, 64－12･14, 65－2･6･15, 68－5, 69－7･16, 70－1
献替　16－2, 20－10, 83－12, 629－9
献題　64－1･3, 67－8･14
献杯（盃）　69－7, 80－7
献舞姫所門籍　117－4
献物　97－8･12, 188－14
献幣　188－2
研学者　95－14
硯　28－4, 30－14, 63－14･15, 64－3, 172－15
硯筥　23－9･11･16, 24－1, 26－6･9･15･16, 27－15, 28－2･7･8, 172－16
羂索菩薩像　94－3
襽（けん）　335－2
襽袍　334－16
絹　90－11, 91－5, 98－10, 151－8, 153－15, 157－13～16, 158－3～5, 158－6･7･10, 179－16, 181－11, 267－5･6, 274－7, 308－12, 309－16, 310－5･7～10･15, 311－3･9･11, 318－7･8･10･11, 319－11～14, 320－2･7･9･10･12･14･16, 321－2･4, 464－11, 539－2･4, 542－14, 543－2･8, 544－5･9, 551－15, 553－3, 555－5･9, 562－12･16, 563－8･13･15･16, 593－1･8, 595－4･11, 602－12, 603－6･9, 691－10･11
絹袴　539－2･4, 555－5･9, 593－1･8, 595－4･11
絹絁之衣　563－13
縑（かとり）　547－1～3, 551－13･15･16, 553－3, 563－10
券契　619－7
券證　619－7
賢聖衆　197－13
軒轅　103－10, 699－3
乾坤　108－9, 111－7, 112－5

鉗　506－14
蠲除　443－2，452－11，456－15，457－4
蠲符　453－16，454－12・15，455－4・7・8
蠲免　454－2，455－15
元会　189－3，200－15
元慶三年帳　316－6
――寺料　285－7・8
元子　518－13
元日　73－15,571－9・10，572－1，588－12，589－14，590－5
――宴会　588－12・13
――節禄　216－14
元正　557－2
――行列　557－12，578－12
元服　276－1
玄衣纁裳　539－6
玄暉門　217－1
玄功　60－7
玄武　196－2
減省　130－9，386－16，387－2，435－13，436－13
減大升　298－1
減直　158－10
源氏姓　591－11・13
――冬季衣服　117－1
弦麻　334－7・9・13・16
現神　146－3
絃　126－11，650－9
絃歌　168－14

こ

庫　121－4,283－6,285－16，334－7・12，335－3・4・13，336－3・5～7，345－10，444－13，463－6,520－9
庫蔵　463－16，464－1・13
壷　184－9～11・13・14・16，185－1・2・4～7・9・11～15
壷箙　207－7,220－8・10
估価　364－16，365－2，466－4・9・10
沽却　283－9，294－11
狐　208－10
狐狢之裘　548－11
狐裘　550－2,561－1・6
孤独　516－13
戸　20－3，119－2・3，130－9，276－12，281－7，295－11・12，296－2・4，301－1,302－2,421－3～7，444－13,452－12,455－16，456－10，483－7・8・10，484－4・5・7・9・10～14,485－1・4・5・7～9・12・13・16，486－1・2，489－13・14，490－2・12・14・16，491－2・15，501－4・8～10・12・13・15，502－1～3，504－16，505－2・4・8・9,505－13,506－1・6・8・9・11，513－1・2・4・7，514

－5，516－6，518－4
戸貫 453－6
戸口 19－10，294－8，295－14·15，347－13，399－14，418－13，452－12，453－14，500－15，503－7
——逃法 295－14·15
戸主 331－4，399－14，423－14，453－14，505－11，639－4
戸籍 426－4·5·10
戸田 296－3，301－1·3，331－3·4
戸頭 285－15
戸品 505－11，506－2
雇役之家 512－13
古語 125－2·3，718－2
古人 561－2，588－9
古典 67－3·4
古稲 120－9，122－2
古幔 612－3
古薬 699－14
古礼 575－9
古老 4－2，166－14，557－4，558－11·16，601－12，688－10
故諺 682－16
故致 107－4，110－16，112－1·16，352－15，475－16，477－10，497－16，499－16，649－8，655－14，667－16，675－13
——罪 614－3，649－7
——傷罪 680－2
———法 600－13·14，680－2
——人 102－15，103－13，104－6·14，108－2·16，110－1，584－15
——馬牛罪 615－9－10，616－5·6
故実 104－4，106－8，142－5，168－13，169－1，312－6，395－2·10，521－3，552－9
故入人罪 629－15·16，630－1～3·7，695－12·13·15
故礼 644－5
胡公頭 210－15
胡床 148－16，149－3，204－11，588－11·13
胡桃 705－3
胡麻 328－15
胡籙 131－14，598－16
袴 123－16，124－3·5，125－8，172－8，217－9，548－11·13，549－6·8·9，550－9·12～14·16，551－1·2，553－1，561－12
袴口 547－15
袴襴 541－13·15
虎 208－10·12·13，216－1·2，233－2，547－8，701－5
虎皮 61－13，62－13，547－8，598－13
——之謗 547－8
虎魄（宝石） 511－13
虚空 8－2
蠱毒 593－3，599－9·

10·12～14，649－2，658－11
皷　150－9，217－6，333－10，650－10·11·15
皷吹　87－11
——声　87－11·12
五悪　647－15
五位已上歴名帳　172－15
五緯　107－2·10，112－6·13，566－7
五雲　697－3
五営騎士　211－15
五稼　281－10
五果　705－2，706－1
五階　371－1·14，372－9，374－13
五岳　644－3
五官正　566－5
五紀　500－10
五畿七道　6－10，48－4，106－7，174－4，183－2·6，273－10，285－10，346－15，357－8，518－9
——内　59－16，278－15·16，303－7，305－9，376－8，429－14·16，509－15，511－5
——内七道諸国　175－5，255－7，256－15，257－11，299－6，331－1，344－7，356－5，377－6，386－7，470－6，493－6，494－10，496－16，498－16，509－9，512－8，513－6
五逆　647－15
五虐之刑　644－11，647－14
五刑　643－11，644－6，645－5，647－14·15
五月五日供節　599－5
——之節　60－5，67－1
五行　506－14，542－7，643－11，644－4，704－15，711－9，718－10
——器　506－14，507－5
——調度　506－16
五穀　98－5，211－13，297－4，378－3，699－1·2，704－15，705－16
五重塔　94－6
五丈幄　201－4～6，206－4
——斑幄　201－3，203－10
五常　535－3
五色　566－9，578－14
——帛　190－14·15
五世（王）　75－3，423－15，456－15，457－2·4
五星　106－12，110－5，644－2，707－12
五節　130－10·12，136－11，145－9·11，147－10
——妓　142－2·8，551－7
——行事　88－2，129－16
——試　129－8
——舞（儛）　108－6，116－3，127－6·8，135－15，145－8，151－4
——舞姫　77－9，88－2·3，

115－12, 117－3, 127－11, 130－13・14, 151－1
——舞伎　142－3, 148－4
——舞師　127－7
——舞人　130－3
五蔵　183－14, 705－10, 706－1
五臓　644－5
五賊　705－12
五大力菩薩　606－5
五地　7－15, 8－6
——菩薩　7－5
五畜　706－1
五兵　217－16, 336－7, 701－5
五保　295－13, 445－4
五方　266－7・8, 567－2
五味　704－9・11・13・14, 705－6・14
五流　645－6
五礼　644－4
碁局　28－16, 44－8
碁手（料）銭　38－3, 44－8
碁枰　28－16
呉竹　166－5
工（たくみ）　579－1
后（きさき）　535－15・16, 574－15
后宮　607－7
公　159－16
公営田（くえいでん）　322－4・13
公役　130－8, 293－11, 337－10
公益　284－8, 303－13, 305－7, 630－15
公家　44－6, 48－12, 180－14・15, 182－11, 183－4, 255－10, 256－6, 272－8, 280－6, 294－9, 295－15, 296－4・7, 305－10, 339－5, 397－4, 429－9, 447－2, 459－4, 504－16, 510－1, 515－2, 527－11
公会　525－4, 560－1・2・4
公廨（くがい）　51－11, 130－9, 160－4・11・13, 161－1, 186－10, 251－8・10・11, 252－10・12・16, 253－3・5・8・9・13, 254－5・9・16, 255－1～3, 257－14, 258－8・10, 259－1・2, 260－6・8, 262－6・10・12・14・16, 263－3・4・11・13, 264－2～7・9・11・13, 265－1・5・12, 266－9, 268－10, 269－13, 271－15, 283－8, 284－16, 285－6・7・10, 288－1, 321－13, 346－3・4, 347－2・3・11, 349－12, 350－13, 353－5, 359－8, 405－3・8・12, 406－4, 407－12・14, 408－1・5・6, 413－13, 414－5, 429－12, 464－14, 470－9, 476－14・16, 492－5・13, 493－11, 508－12, 509－4, 615－1・2
——事力法　287－8
——処分帳　430－10
——田　282－2, 284－1, 285－1, 287－5・6・8・13, 288－2・5・7, 289－13, 316

－15，327－1，440－4，459－2·4
——物　464－1·10·14
——本穎　266－9
——粁　252－12，253－9，258－10，259－1·2，260－8，262－16
公卿　10－2，37－3·11·12，38－5，39－13，40－13，41－7，42－10·13，43－11·15，44－5·14，53－10，60－6，64－8·9·15，65－4·12，79－4，81－9，82－1，88－3，91－1·8·14，102－1·3，104－10，106－1·9，107－1·2，108－7，109－5，110－5，111－5·14，112－5，127－11，130－3·4，131－13·15，133－6，134－15，136－4·8，138－6·9，139－5，140－5·16，141－16，142－4，149－1，166－6，168－13·15，172－1，178－16，179－5，180－9，193－12·16，200－3·6·9，201－11，202－6，203－13·15，204－5·12，206－11，216－15，220－8·10，225－15·16，240－9·10，241－8·12，244－4，247－7·8，248－14，295－6，452－5，543－4，551－8，553－9，554－5·13，555－6·16，569－13，585－7，587－10，590－14，715－4
——座　64－12，66－2，74－13，101－13，203－11
公験（くげん）　381－11，410－15，613－6，635－11，709－10
公坐　21－7，22－8，523－8，533－7，657－13，658－3，666－14·15，682－8
——相連　519－9
——流私罪徒　627－12
公罪　18－15，21－5·6·10，23－6·7，623－8，633－13，658－2·3，664－6
公使　21－15，339－6，413－12，445－7，572－5，590－5·10
公私船帳　416－1
公事（くじ）　47－11，312－6，324－7，335－15，364－7，407－8，445－9·15，447－3，520－13，530－16，544－12，545－11·14·15，556－7，560－2，562－2，563－2·3·12，566－5，590－15，615－5·12，635－5，682－3·10，687－11
公主　94－7
公出挙（くすいこ）　391－10
公水　325－9
公請　401－12，595－6
公族　645－14
公損　294－10，505－1
公帳　160－7·14，161－7，175－14，296－3，302－13

公庭　591－12
公田　282－14・15，283－1・14～16，284－1・5・6・11，289－2，294－11，296－9，297－8，325－9，332－6・7，719－10
公途　269－12，470－14
公奴婢　562－4，578－14
公平　19－7，20－6，257－8，347－7，348－2・10・14
公物　142－8，272－9，437－14
公文（くもん）　16－5・7，24－16，160－4・11，161－1・7，183－4，253－14～16，263－5～7，312－3・6・7，353－5，377－8・10，404－12，405－5・11，406－8～11，407－7・8・12・15，408－4・15，410－2・4・7～9，411－7・9・15，412－11，415－3・6～8・13，417－6～8，419－7・12，420－6，424－14，425－1・2・6・8・10・11，426－1・7，434－4・5，435－10・11・15，436－7・9・11・12・15，440－12・13，441－2・4・5，519－6，520－9，529－9，682－10，683－8
――之預　529－9
――乗　465－8
公俸　411－10，480－8
公民　2－14，105－3
公門　565－14・16，566－3～5・16，567－3・7
公用　13－6，157－10，292－5・6，301－1，304－11，306－11，307－11，324－14，334－8・13，336－5，364－10，434－13，450－12，554－16，620－9，665－2・3
公力　286－4～8，289－15，495－4，516－10
公粮　344－9・13，443－10，444－7，447－10・11
更衣　156－5，594－2
匣（はこ）　64－6・7・13，65－6
匣殿　127－4
交易（きょうやく）　158－10，276－15，277－10，318－7，321－13，324－2，328－1・3・7，451－9・12，465－12，466－3・4・8，481－6・7，491－4，501－7，502－8・10・12～15，503－1・4・10・16，504－5
――雑物　273－11，274－9，434－9
――之直　318－1
――商布　31－1，292－4
――蒭　285－9
――物直　465－12
交代　286－4・8・14
交替　159－9，257－5，286－6，326－10，336－9，345－1・3，346－1・3・16，347－2・11，348－1・3・11，349－10・11，350－12・14，358－4，359－6・7，360－10・11，464－16，476－13，481

－15，501－7，513－15
——官物　182－14
——欠　353－3，430－15，431－6·12，432－4·8，468－16，469－7，510－12，719－15
——帳　345－1，346－1·16，474－14
——丁　462－6·8
——料　461－2·5·6·10·12·13
交名（きょうみょう）　65－2·3，148－7，188－3，530－1
高机　165－11
高御座（たかみくら）　101－12
高戸者（上戸者）　150－5
高座　606－16
高年（者）　102－13，103－16，107－6，108－4，109－3，110－3，111－3，112－3，113－2，450－7
——帳　417－11
高杯（たかつき）　29－1，38－4，40－3，166－3
高麗褥（こまのしとね）　74－6
——舞　30－5
勾印　472－1
勾勘　428－15，429－10，434－1，435－7
勾当　312－7，395－2·10
肴饌　168－14
口伝（くでん）　545－9
口分（田）　282－14，283－1·9·16，285－15，290－1·2，293－4·5，294－6·7·9·11·16，295－2·3·5·7·15，296－3·13，303－8·9，304－2·10，322－5·6·9，328－1·3·6·7，332－7，451－16，452－1·2·4·6·9，484－5，485－4·5，503－1·4·6～8·10·16，504－4·5，508－6
喉舌之臣　634－8
———官　629－9·10
工巧　709－14
工匠　335－7，579－1，649－13
工人　151－4
功　119－9，322－13，323－11，354－9，358－5·11，360－10，445·2，512－13，603－14，604－6
功過　18－1·3·5·6·8·13·14·16，19－2，21－2，22－1·4·7·12，181－13，182－10，183－2·6，268－16，272－6，273－6，274－2·5，406－4·10
——簡　24－12
——勘文　183－8
功課　181－11·12，182－2·8·15·16，396－16，397－1～3·5，406－9，425－1
——勘文　181－11
功口　418－12
功直　286－4·6，289－14，447－11
功賃　119－14，321－13
功程　358－5·11，361－3
功田　91－13，92－3，

291－1，314－9，484－5
功徳（くどく）　47－10，173－8・12，174－15，183－5，196－7・11，198－3・5，199－7，386－9，398－9，606－5，607－12・16
功物　462－9
功力　286－10
功粮　447－3
巧宦　718－6
巧人　444－2
貢挙　720－5・11
貢進麁悪　259－12
貢上　512－8
貢人　453－10
貢蘇　183－13，184－8，186－1・3
貢調　252－8，253－5・14，258－6，259－15，260－4，261－4，262－12，263－5・13，268－8，270－2，271－14，324－2，405－8・9，408－3・7，409－14，410－16，415－3・4，418－15，421－14，427－7・9，481－7，670－6
——郡司　261－4
——綱領　269－13，410－16
——綱領郡司　410－16
——国　415－5
——国司　409－3
貢調庸　253－10，255－14，257－1，263－1，268－11，272－1・8・12，409－4，422－2
———郡司　261－14
貢馬　13－8，40－13
貢賦　295－6，452－5，454－2，455－9，457－15
貢物　269－9・10，270－2，405－5，409－5
広筵　9－11，14－13，42－1，51－16，74－4，199－14，200－3
寇賊　628－4
荒田　291－4，493－2
荒廃　282－14，332－4，495－9・11
荒蕪　494－12，495－5
荒服之郷　109－8
荒妙（あらたえ）　540－5
藁　121－11，437－6，445－8
郊（祀）　103－6
降致　510－4～6
洪鐘　197－13
洪水　500－12，719－15
溝　354－2
溝渠　354－1
溝池　350－12，354－4，356－4・6・8～11，357－4・10・13，358－2・7・8・12
——堰堤　333－4，346－12，353－14，358－1，360－10
鴻鴈　571－5
行（官位相当制）　6－2，9－2，49－9，94－8，105－7～9，106－4，130－7，153－16，160－5・12，174－16，186－7，195－6，236－8・9，237

－14・15，248－1～3・5・7～13，256－8，257－8，260－15，266－11，274－12・15，279－8・13，286－1，288－12，290－14，292－8，294－3，295－3・9，301－11，303－13，304－8・12，305－13，306－9，308－4，317－7，330－8，331－5・15，336－8，338－16，343－8，345－9，350－3，356－14，357－2，359－15，361－9，365－10，370－5，371－10，373－9・12，376－4，381－6，382－15，383－7，387－5・8，394－1・13，396－12・13，397－6，404－12，406－13・14，407－9，410－4，411－12，420－3・11，425－13，426－11・13，430－3，433－8，438－1，452－2・8，455－9，458－6，459－6・16，460－1・4，461－13，467－14，470－4，471－7・9，475－7，481－8，492－4，494－8，495－14，498－5，500－7，502－11，504－6，509－3，511－16，512－14，513－11，514－4，520－12，547－14，551－4，604－10，605－6，637－9・10，660－9，661－3，662－7・10・14，663－15・16，665－15，666－7，667－7・9，670－13，688－14・15，690－5

行啓　561－8，562－1

行香　177－6，178－2，179－1，521－9

——机　176－10，178－16

行幸　5－16，71－11・13，76－6，129－15，133－13，134－5・15，138－15，202－15，203－3，206－1，544－15，545－5・6・16，560－11

行事　23－14，25－7，26－12，28－5，49－15，59－9，60－15，128－16，129－3，134－4，525－5・14，546－10，552－9，558－11，560－4

——官考文　87－8

——上卿　552－9

行署文案　519－6・8

行李　159－13

後家　512－13

後宮　91－10

——礼式　525－2

後周　628－2

後寝　82－2

後生　173－9

後殿　71－13

後版　75－9・10

後房　82－2

衡門　96－8

孔目　83－1

拘勘　436－15

拘留　387－4，392－8，393－5，426－7・8，474－15，475－8，513－15

拘物頭華（水蓮）　7－6

抗表　106－14，107－8，108－7，110－5，111－

5，112－5，582－5，583－11
校印　11－5，445－12
校書殿　9－14，44－3，52－13，98－7，106－15，149－5，176－2・15，177－10，178－5
幌（たれぎぬ）　132－3
栲　603－5・10
皇王　103－9，109－5，500－9
皇嘉門　220－13，221－図
皇居　577－4
皇憲　607－7
皇子　607－8
皇室　91－15
皇親　35－4，45－2，423－15・16，445－13，479－5，603－15・16，604－5，654－14，662－1・4～6
皇宗　92－2
皇孫　189－13・14
皇太子座　101－13
―――膳　64－9
皇大夫人　219－15・16
皇朝　196－3
皇帝　8－15，62－14，79－9，197－2，203－4，216－1，603－16，654－14，699－2
――陛下　106－11，107－11，108－9，109－7，110－6，111－7，112－7
皇天　235－10
皇輿　76－6
甲（かぶと）　335－1
甲冑　599－5・8
考　22－7～10・12・15・16，23－3・4・6・13，26－11，85－2，87－10，119－11，148－8，181－13，347－14，366－11，405－8・12，407－12，408－5，413－13，461－9，494－14，519－10，520－5，526－4，623－2・3・6，624－3，629－8，633－14，660－1
考案　441－9
考課　82－9，87－5，533－15
考限　674－14
考試　700－2・3・9，701－6
考状　87－8，706－6
考人　25－2・4・6・8・14
考選程限　18－7
――文　15－14，23－8・9，24－9・10，26－5，82－6，101－2・3
――目録　25－16
考第　18－4・8，19－1，21－2，22－3・4・7，25－8，700－14
考定　10－13，27－2，31－5
定考（こうじょう）→「て」の項
考番　26－1
考文　18－5・9，22－3，24－11・15，87－9・10
考別記　26－1
考簿　18－4
考満　18－4，579－2・3，582－7，585－2

考問　18－9·10，24－8，25－13·15
——引唱　18－8
考例　82－12·13，83－7
考禄　661－9·12·14·16，663－10，664－3
孝子　94－4，452－15
香　46－14
香花　173－8，197－13
——机　176－9
稉粮　47－5
袷裳　557－10
箜篌（くだらごと）　650－10
簧　650－11
紅　542－3·4
紅花　542－1·13，543－1，551－8
——染衣　603－9
——染褂　602－11
紅褂　177－6
紅牋　534－15
絞（刑）　88－10，497－7，499－7，599－10·16，600－2，601－11，603－11，604－6，607－6，625－11，634－6，645－11·12·14，647－2·5·7，655－9·13，656－5，675－12～14，684－12·15，693－3·15，694－7·8
纊　334－16，335－1
纊襴　334－9·13，335－1
蝗　487－2，488－10·16，489－3·5·7，508－4
蝗螽　488－10
蝗虫　489－1·4
耕営　293－10，299－15，326－11，385－2
耕稼　554－15
耕作人　328－8
耕種　293－5，328－12·13，329－2·4·11
耕田　278－9，293－10
耕農　394－12
耕夫　537－2
羔裘　550－2，561－1·5
興販　391－9
興礼門　24－12
講（維摩講）　92－2
講会　96－6
講演　94－15，95－13，606－4
講経　370－11
講五経之法　700－12
講詩　64－16，69－7，70－1
講師解由　392－8，393－5
——常供料　385－9
講書座料　706－12
講匠　95－14
講席　368－9，606－9
講説　46－3，95－7，368－7，369－3·6，370－11，372－3，374－11，375－1，379－9·15·16，384－1，700－12
講堂　94－2，542－16，720－4

講読　371－6·11，373－4·14，374－4
杭　279－5，280－2，301－8
合期　254－7，265－3·12，268－4·13，269－6，270－4，271－7，272－2·12，273－2·4·6·11·14·16，274－2·4·6·10，275－2·3，278－9，436－10
――勘造　440－11，441－3
――見上　275－2·3
――見上之国　274－6
合大口　165－8，170－6
豪富（之輩）　294－10，547－2，551－14
拷（拷問）　629－12，688－2～4·6，689－13
拷訊　521－3，522－4，601－16，636－10
郷　342－13，343－2·3，399－14
郷飲酒　652－4
―――礼　284－15，583－4
郷戸課丁帳　415－4
――帳　417－11·14
郷之老者　284－15
郷党之人　284－16
強奸　526－12
強士　422－13
強竊之法　464－15
強盗　102－15，103－14，104－6·14，107－4，108－2，109－1，110－1·16，112－1·16，271－2，352－15，464－15，467－6，468－1，472－14，475－16，476－15，477－10，478－6，497－16，499－16，526－11，627－15，628－6·13，655－16，656－10，658－12，667－16，668－5·15，679－10，681－12，683－6，692－8，693－15·16
告言　679－2，683－2
告朔　78－15，424－7
告状　683－10～12·15，684－1，692－11
告牒　635－10·11
国営田　119－6·7
国益田　314－16
国家　128－12，175－11·14，238－2，241－15，373－8，378－13，397－11，406－5，426－6，434－2，435－7，456－12，467－1，468－10，472－11，518－15，535－13，571－8，582－5，603－13，608－6，648－6
国堺　72－14·15，73－3·10
国解　14－2，508－10
国学　654－2
国忌　91－11，202－3
――月　32－7
――斎飯　712－13
国器仗帳　416－1
国騎士　44－11
国禁　280－4
国郡官司　12－11，511－16，512－3·12，513－12，516－4

——官人 344－4
国験 670－5
国庫 336－15，381－2·8，448－15
国子 714－9
国司公廨 255－2
——公廨田 282－16，287－6
——之館 511－8
——巡行食料 414－7
——巡行法 412－11
——申請 436－11
——長上考選文 82－7
国飼馬 363－1·4，365－6
国写田 300－14，301－3
国申請 509－14
国神 355－15
国図 511－6
国喪 19－15
国造田 282－4，284－3，285－3，313－6，316－10，440－6
国儲 470－9，471－3
国庁 383－11·14，385－16
国土 173－8
国賓 654－10·12
国府 351－11·14
——院 351－11·14
——例 386－5
国分寺 326－9，338－10，344－16，345－16，346－15，360－10，368－8，372－4，374－6·14，375－4·8，380－3·5·10·14，381－11，382－8·10，383－11，384－10～12·14·15，386－12，387－11，388－2·8·12·13·15
———供料 374－8
———雑稲帳 430－11
———施入田帳 326－9
———僧（→国分僧） 368－8，372－4，374－6，375－4，380－3·7·10，381－11，382－10，384－11·12·14·15
———尼 384－11·12
———料 285－7·10
国分僧（国分寺僧） 370－11，371－3，374－14·15，375－1·5，382－11，384－13
——僧寺 386－11
——二寺 183－2，344－2·4，349－4，358－16，360－9，363－3，377－9·15，379－7，381－2·6，383－2·4，385－2·3，386－15，391－8，477－8·13
——二寺資財帳 415－12
——二寺造物帳 430－11
——尼寺 183－3·6，386－11
国柄 93－12
国宝 146－4
国法 321－4
国民 211－6
国用 246－15，255－8，256－4，269－11，274－11，304－10，471－13，511－13，675－1
国吏 301－3，356－8，492－13，493－12

国料　449－5
国例　301－1･6，305－11，306－9，317－15，321－5，385－13･15，386－3
黒葛（くろかずら）　190－15
――莒　310－4
黒子　399－14
黒酒　57－9，121－15，134－1･7，138－4，146－16，147－15，150－1
黒黍　210－1
黒橡袍　566－15，567－1･4
黒神　208－9
黒石脂　704－13
黒白酒料米　121－15
黒米　309－9･11，310－1･4･7･14･16，311－1･8，481－13･14
穀　103－16，284－12，297－3，300－10，302－14，304－8，329－9，438－7～9，466－4，470－9，471－4，487－13，489－5，510－14，511－1，704－11，706－2
穀穎　325－16
穀果　705－5
穀稼　535－10
斛米　251－9
酷吏　444－6
獄官　526－15，537－14，691－9･10･12･15･16
獄舎　665－5･6
獄囚　639－8，665－4～6
獄直　529－11，531－1
獄門　529－12
獄吏　537－15
兀子（ごっし）　39－11，53－14，81－7･11，149－1
今上（きんじょう，天皇）　164－13，219－15，220－5，244－11･14～16，245－1･3
墾開　495－9･11
墾田　282－6･11･12･14･15，283－1･7･10･12･16，285－16，325－8･9，332－7･8，484－5
――籍　283－7，285－16
婚田　285－14，441－9
紺布衣　213－2，217－4
――幕　707－2
紺幔　176－12
閾（しきみ）　37－8，38－2
餛飩　135－4
髡鉗　646－3･5

さ　行

さ

左衛門陣（座）　31－15，37－2・13，39－13，41－5・10・12・14，42－16，43－4，44－7，169－16，171－8，532－6
左掖（腋）（門）　100－11・13，102－7，122－3，204－13・14，205－3
左降　3－6
左近衛陣（座）　37－13，38－1・5，40－1，41－4・5・10・11・15，52－1，53－2，63－13，64－11，68－10，131－16，133－8，134－14，136－10，148－16，151－5・6，180－11，222－5・11，225－8，238－14
左仗座　226－11，227－4
左青瑣門　9－15
左政　527－4
――舎　528－1・6
左遷　2－13
左庁　527－5
左兵衛陣　150－9，202－7
左府小忌将曹　135－1
左右衛門陣　131－16
――近衛陣　532－6
――獄囚衣服料　665－6
――獄囚冬時衣服臨時食料　665－5
――馬寮記文　40－12
――馬寮田　282－3，284－2，285－2，440－5
左介波（さにわ）　166－16
佐職　12－13，494－13，585－15，717－9
佐奈伎　123－10
沙弥　173－15・16，375－8，383－5，384－4・6，536－9，596－15・16，597－1・8，712－9・11～14
沙門　712－5・7
――僧　537－7
砂　199－13
砂糖　704－4
差文　139－9，172－15，173－1・4，188－3・12，203－1，205－14・16，222－10・11
差課　443－1・9，450－16
詐欺　465－14～16，508－14
詐巫　609－2～5，610－5
鏁鎰　520－9
座主　8－16，9－7・15，10－7・11・12
座摩巫　124－4
才藝　18－1・3，720－11
才士　4－9，720－2
斉　488－12，518－

15，569－8，648－1
斎会　175－2, 394－3, 560－10～12，606－14
斎戒　707－12
斎宮道　71－8
斎日　88－8･13，129－1，173－4，527－7･10
斎内親王　552－5
斎部版位　74－8
斎服殿　540－3
災異　605－14
災蝗　508－2･14
宰相座　135－2
宰吏　278－10，377－9
菜　704－12
菜盤　133－15
妻　199－14
妻妾　424－4
――女　424－2
――名帳　441－9
彩帛　206－5
彩幡　176－11
采女田（うねめでん）　282－2･4，283－1，284－1･3，285－1･3，313－4，316－10，317－6，440－6
最（㝡）（考課の最）　19－3，20－10～16, 83－12･14, 84－1, 85－1，119－5
最屋　81－1･6･7･11，135－6
最手（相撲）　9－5
最勝会　92－12･14，401－8
――王経料　385－6
歳役　443－10･12，444－1･4･5
――日粮　444－1
歳星（木星）　535－1，644－3
細貫筵　309－4･13･14
細美之布　548－12，549－4
―――摺衣袴　545－12
細布　309－6，567－13
細民　305－12
細腰皷　210－5
細練葛　561－2
縗衣　650－6
祭　527－3･8･9，551－13･16, 552－2, 589－7，595－11･12，610－2
祭器　341－10
祭祀　525－13，552－1，589－11･16
祭具　219－8
祭月　527－3･7･9･10
祭日　593－10
祭所　125－5･6，129－1
祭服　140－16，141－1，211－9，341－10
祭物　217－11
祭文　217－11
在外官司　507－14
――官人　286－11
在京官人　660－8
――司　253－13，405－2･3
――諸司　22－13, 25－15, 224－14，230－1，572－13
――諸使　670－6
――倉　297－1

在所田 627－3
在路飢病帳 430－12
材木 351－10
罪人 527－2, 573－13, 630－10, 631－14･15, 632－5～8, 636－11, 665－6, 679－1･3, 681－7～9･11, 695－9, 719－10, 720－8
——原減法 681－8
——身自首法 679－7
——身首之法 679－7
——自首之法 679－8
——全原減降之法 681－8
罪法 464－12, 690－10, 691－4
罪名 643－1･5
財貨 618－14
財物 162－1, 391－9, 398－5, 399－10, 441－9, 446－3･9, 463－5, 464－2･6･10, 465－15･16, 474－5, 476－1, 508－15, 614－13･14, 669－6, 681－12, 683－6, 695－1
財宝国 166－12
作花 30－5
作田 457－12･14･15
——人 328－2
作仏 173－10
作物 444－7
——并用度等帳 358－12
削花 180－1
——瓶 176－10
索 211－11, 214－4
索餅 69－14, 135－4, 136－16
朔 88－8･13, 105－11, 106－3･5
朔日 78－15, 109－8, 110－8
——宴会 127－11
朔節 247－3
朔旦 105－16, 108－10･14, 110－14
——冬至 79－3, 98－7, 101－8･9･11･16, 102－10, 103－1･4～6･10, 104－2･4･10･12, 105－2･10･14･16, 106－5･7～9, 107－2･8･11･16, 109－15, 110－5, 111－5･7･14, 112－5･7･14
——冬至会 78－13, 101－5
簀（子） 9－12, 42－2, 64－2, 75－5, 165－6, 166－5
簀子敷 9－12, 10－5, 38－8, 41－15, 43－12, 51－16, 53－9, 61－12, 67－15, 68－4, 79－13, 100－13, 122－3, 150－6･13, 167－5
酢 375－7, 384－5, 542－1
鑿 506－14
刷巾匣 133－16
冊府 5－4
薩捶 198－5
刹土 173－10
札 222－7
敎害 247－7, 526－12, 527－5, 604－5
殺（敎）人 628－6･8･10, 655－13･14, 672－2･11,

685－2･3，689－11，690－10，692－8
殺生　378－12，386－1･2･4，394－3，708－5
殺法　614－3
雑役　530－3，620－11
雑器　342－2，463－3
――餝　599－8
雑伎　6－4
雑給料　201－9
雑魚腊　310－10
雑戸　453－9
雑公文　101－2･3，415－1･2
雑交易　158－10，267－2
―――物　437－5･16
雑穀　121－10，274－14，308－6，311－15･16，516－13
雑舎　93－9，386－15，391－11
雑色人帳　417－11
雑税　279－1
雑染　550－3
雑畜　593－6，613－9
雑雑稲帳　441－8
雑田　281－1･4，299－15，306－8，312－14
雑稲　285－6･10･11，467－10，469－16，489－8
雑任　119－10，279－9，301－12，302－3，305－6，507－9，563－8･14，660－1
――帳　419－6
雑物　100－7，176－2，255－6･11，256－6･7，259－4，261－7･8･10，266－3，267－8，268－2･16，270－1･2･4，271－1･2，273－1･11･13，274－9，275－2･4･5･11･12，279－3，344－15，345－15，346－14，387－13，388－1，398－15，410－13，413－13，427－9，464－4，486－1，502－10･12･14，511－13，619－4
雑簿　419－8
雑俸料　3－9
雑袍　522－13，533－2，539－2･4，545－8，591－15
雑薬　701－14
雑用　406－1，433－15，434－13，435－5，438－5，465－9，664－16
雑徭　119－3･10，286－7，289－15，354－11，443－1－9，444－4･6～9，445－6･7･15･16，446－2･7･8，447－6･7，448－16，450－2，451－6･7，452－14～16，453－1･11，454－8，455－14，484－6
三果　704－4
三科祭　116－8
三階　371－1･16，372－9，374－13
三界　196－6
三関国　507－7･8･11
三帰之門　718－13
三宮　230－7，276－3

三業　174－12，393－13
三月三日節　59－15，60－1
三后　571－9，572－6
三公　234－3·5·6·15·16，235－1·2·9·11·13～15，236－12～15，237－1·3·8～11，238－10～13，239－6～8·10～14，240－15·16，242－4，243－11，709－8
三行　715－2
三劫　173－7·10
三事　96－8
三十三天　46－4
三章　12－2，616－13
三象　107－10
三辛　704－4
三審　628－8
――之法　690－13·16
三正　99－14
三世　173－7·10
――一身　282－11
三旌　5－5
三節豊楽　59－9
三千大千　196－13
――大千世界　7－1·2
――法界　605－10
三壯　59－1
三蔵　535－6，705－14
三宅田　120－9，122－2
三地　7－14，8－4
――菩薩　7－1·3
三典　632－15，684－16
三等　208－5
――親　533－5·7
三徳　715－1
三不去　627－7
三分法　306－1·12
三宝　95－6，173－10－15，197－3，198－5，385－2，535－7，536－3，605－12，606－3
――穀　174－5，175－3，394－4
――布施　384－2
――布施稲帳　430－10
三流　242－16
三論立義　95－15
山陰亭　716－11
山車　606－6
山守地　118－8·10·14
山葺花（やまぶき）　165－9
山川藪沢之利　511－12
山沢　511－13
山野　207－11，616－16，620－1·3
山陵　188－2，189－8，190－1，191－9～15，192－1～5，193－6·10·11·13·14，195－6·15，200－12，202－10，205－2·5，247－7，648－9
――幣　200－12
山林　11－7
参議以上座　75－6，204－3
――座　131－7
参対法　627－12
珊瑚　208－15，210－1
散位　577－7·10，602－2·3
散花　178－11·12，

374－16，382－12，384－3，401－5
——机　176－10
——僧　178－11
散楽　6－4，139－4，650－6，654－1
散禁　556－14，692－7
散斎　527－2・8，589－11
——日　31－16，527－8
散事　481－2
散簸（さんは）　166－14・16
散用　463－7・8
杉櫃　184－6
盞　136－13，149－4・11～13，169－13
算（筭）術　298－6，711－5
蚕蠒之縷　272－11
蚕桑之労　295－5，452－4
産業　270－15，347－12，452－16，615－5
産波　166－14
酸漿　90－16
鑚　334－9・13・16
鑚鑿　334－15
鑚刄　334－7・12
懺悔　175－5，394－7
——之会　174－10，175－14
残菊宴　58－3，66－9・15，68－11・13・15
残疾　423－7，453－11，643－2，655－7，658－16，659－5・8・9
——帳　417－12・14
斬（罪・刑）　88－10，607－6，625－10，645－11・12・14・16，647－2・5・7，649－5，655－9・13

し

子蔭　154－3，673－13・14
氏　105－3
氏女　451－2・4
氏神　609－10
氏宗　194－4
氏中　398－13
氏長者　92－10，93－6
氏長上卿　93－5
氏人　91－11，93－5，117－16，210－12，402－3
支子　541－16，542－1・3・4・8，546－14，558－14
支度　246－15，255－8，256－4，346－12，350－7・11・16，351－1，358－5・10，360－3・12
——帳　351－7，392－12
止足　4－1
——之分　2－16
四位孫　418－2
四夷　208－11
四恩　196－6・10，198－4
四科　534－5，718－10
四海　15－12，110－3・8，111－14，606－9，626－1
四季　188－7

四ヶ祭　129－6
四月十五日引駒　81－14
四至　293－6
四證図　285－12
四神　198－11
四世王　423－15
四大天王像　94－11
四地菩薩　7－4
四仲　188－7
四度使帳　430－11
——公文　391－2，404－4・5・9，407－5，411－11，415－3・5～8，424－11・16，436－5・8・10，438－12・14・16，441－2
——図籍　283－6，285－13
四等之宮　259－7，533－9・11
四部衆　94－8
四方浄土　94－9
四孟　188－7
四烈　544－15，545－1
史座　74－13・14，75－7，101－14
史生座　74－16，75－7，125－13・14，203－12，206－15
死（罪・刑）　23－2，88－7・8・10・12・13・16，89－3・8，107－10・14，108－8，353－3，455－13，465－6，467－3・6，468－1・3・5，469－8，472－2・11・14，475－14，476－4，488－9，494－2，497－2・14・15，499－2・14・15，503－8・9，604－3・4，623－5，624－10・13・16，625－1，630－5・11・16，631－3・6，635－10～12，644－12，645－11，647－4・7・8・10，649－1，654－7・8，655－8・10・12～14，658－14，660－6・15，669－9・14，671－4・16，672－5・15，679－10・12，681－1・2・5・6，682－2・5，683－5，687－13，688－2，693－4・16，694－1～5・10・12・14・15，695－10・12・14・15
死闕　507－13
死囚　88－8，693－13・15
死喪之穢　143－1
死損　277－1
死丁　419－3，421－16，422－2
死反玉　122－9
死皮　618－9
死亡帳　417－12・14・16
仕官　584－14，585－4
仕丁資養帳　427－2
使王　171－9
——膝着座　74－15
使公卿　207－6
使座　165－10・15・16，166－2，167－12，168－3，203－11
使政　528－1
使料　165－9，166－4，254－14，265－10
使糧　411－11

市　3－16，488－1，566－2·3，619－10

市易　335－9

市估案　285－14，441－10

市獄　663－5

市人　558－3

市廛　543－1

市門　566－2

葈苧（しちょ）　334－9·13·16

指画　568－14

指南　524－2

獅子形　176－9·10

思道所　137－13

——像　137－12

枝帳　415－7

柿　202－5，204－6

梓弓　601－13

柴草雑物　463－6

施供　96－11，371－4，396－6

施香　392－1

施物　383－2

脂　209－6

脂燭　64－16，65－11，148－4

私役　563－3

私学　654－2

私牛　364－4·7，613－10，615－3·12，617－2

私曲　682－3·8

私坐　22－8

——之法　682－8

私罪　18－14·15，21－4·6·10，22－15，23－2·6·7，242－15，497－10，499－10，623－2·5·8·9，633－13，658－3·4，664－7，669－11

私財物　464－5

私事　566－5，590－15

——訴訟　564－10

私鑄銭　102－15，103－14，104－6·14，107－4，108－2，109－1，110－1·16，112－1·16，352－15，475－16，477－10，478－6，497－16，499－16，667－16

私宅　220－6，278－5

私畜　12－6·7，364－7，615－13

——産　613－15，614－16

私田　282－12·14·15，283－10·14～16，284－5，296－9，325－9，332－6·7

私度　680－4

私奴婢　464－8，562－4，578－14，625－4

私稲　120－3

私道場　392－15

私馬　11－15，12－1，364－4·6·7，613－10，615－3·14，616－10·12，617－2

私物　345－4，346－4，347－3，349－12，350－13，359－8，363－16，464－1·7·11，474－9，614－16，615－2，619－5，630－16

私牧　11－15，616－10

私門　459－4

祠　70－12
祠祀　463－7・8
——之職　125－1
矢　91－9
糸　71－16，117－12，152－16，153－3・6・8，157－12～15，158－1・2・4～7・10，190－15，383－4，384－2，484－8，486－2，539－10・11，553－3・4，650－6・9～12・14，651－1
糸竹　147－10，650－12
糸綸　604－8
紙（帋）　63－3・15，64－3・6，67－13，176－14，227－9，426－6，437－6，706－14
紙燭　150－16
紙筆　61－13
紫極　60－4・7
紫菜　384－5
紫宸殿　8－14，9－9，14－12，61－11，62－5，63－12，65－9，76－1，79－9，81－6，100－11，101－11，105－1，108－6，147－2・12，148－16，200－5～7
紫草　550－3
紫泥之草　5－12
緇衣　550－2，561－1・5
——羔裘　550－2，561－1
師子王　7－9
師僧　603－7
詩　60－12，61－3，63－11，64－13，65－13・14，66－12，68－5，69－8，715－6
詩題　68－7
詩論　709－13
試楽　167－5
試業　371－15，372－1
——之階　371－13，372－9
試験　700－9・13
試度　373－2
諡（おくりな）　20－4
資財　386－15，387－14，388－1・5・15，389－3，392－2・5，398－10，399－6，403－6，464－5，477－8・13・16，505－11，506－2・12，625－8・11，684－9・14
——帳　391－1・3
資物　392－7
資俸　670－2，671－7
資用雑物　539－1・3
資粮　454－11
賜飲　106－15，107－14
賜宴　107－7，129－3
賜嘉名　118－2・4
賜級　108－5
賜爵　107－7
賜酒　135－5・11，136－13，137－3・10，138－3，141－10，168－16
——幣　63－11
賜職田　288－16，289－8
賜饌　63－5
賜葬　128－6

賜田　282－4·14，283－16，284－3，285－3，290－1，291－1，304－3，314－7，316－10，332－7，440－6，484－5
賜被　59－13
賜物　8－14，59－12·13，98－10，103－16，104－8·16，105－4，107－6，108－4·5，109－3，110－3，111－3，112－3，113－2，448－1
賜禄　8－13·15，9－3·15·16，63－11，65－4，97－9，98－7，102－12，105－5，107－15，108－6，166－9，168－11，177－8，178－4，661－2
斯文　4－9
雌狗　169－9
豉（みそ）　309－4
飼戸田　282－3，284－2，285－2，440－5
飼牧　127－16
飼秣　13－10，186－2
匙　433－4
鮨年魚　310－10
自（首）覚挙　679－1·3，682－3～5·7，683－1
自作　485－10·11
自首之法　680－1，695－4
自尽之人　88－6
自佃　485－9
兒鮭　310－4
次第僧交名　176－1，177－9，178－5
次丁　424－6，443－12，444－4·6·9，447－5·7
侍　423－10·13，424－7，602－13
侍医　701－3
侍衛　524－16，525－13
侍講　714－11
侍座　149－10
侍従座　131－7·8，204－4
――座新　101－14
――所　37－13，39－13
侍所　178－5·7，179－16
侍臣　50－2，52－15，53－10·12，58－2，90－11，91－5，98－7·8·11，102－11，106－15，129－8·15，165－12，166－2·3·6，167－13·15，177－1·2·6·12，178－8，179－2·13，180－1·10，219－9，553－14，557－6，558－11，561－8，587－10·11，612－10，713－12·13
――座　165－7，166－2，169－8，176－7
――能射者　91－4
――料　133－4
侍人　450－7
侍丁　453－10
寺　267－11，368－9·10·15，373－2～4·7·8，374－5·7·8，375－2·9·15，376－14，379－9，380－1·13，382－14，383－2·11·14，384－10·15·16，385－3，

392－6·10～12·16，393－10，394－11，395－1·4·9·12，396－9·16，397－1·10·11·15·16，398－8·9·11·15，399－1·4·7，400－1·3，401－5·7～9·12·14，402－2，403－6·10，404－1·2，521－7，556－15，602－12·13，675－13～16
寺院　392－16
寺家　93－9，392－3·12，393－2·5，395－4，398－4·12，399－4·5·8·9
寺田　282－2·16，284－1，285－1，291－1，385－2，397－16，398－15·16，440－4
寺塔　386－12
寺物　597－1
寺法　393－1
時案　200－8
時估　282－8
時服　45－2，142－8，155－6，156－9
辞状　159－4
辞牒　685－1，690－7，692－11～13，700－9
餌取　593－5，612－6，613－8
蠒　117－9·12，335－2
蠒枳磨枳（しきまき）　281－6
式御曹司　230－16
式日　36－13，37－1·13，38－5，42－15，44－12，50－5，51－14，52－3
式数　386－9·16，387－2，594－7·9
式部史生座　125－14
――丞録座　125－13
式例　312－4，317－16，503－6
七界　702－14
七言　68－8
七寺（七大寺）　69－16
七々日　226－6
七戎　15－12
七重塔　378－5，477－13
七丈幄　201－4，203－10，206－4
七世王　423－16，457－4
七星　707－10·11
七政　112－13
七禅師　376－2
七僧布施　383－14
――法服　383－11
七大寺　371－4
七地　7－16，8－7
――菩薩　7－7
七道　25－16，371－5
――諸国　184－4，255－5，256－1·13，268－3，286－1，513－10
七難　606－3，607－1
七物　707－11
七分法　306－6，317－8·12
七宝蓮之縁　196－6
七曜　100－5·8
七率法田　306－10
失錯　526－1
失出入法　625－2·3，630

－13
瑟（おおごと）　650－10・14
漆　39－11，53－14，201－8，505－16，513－1・2・4・5・6・7・10～12，514－2・5，515－7・8，586－3
漆櫃　201－8
漆高案　201－8
漆床子　586－3
漆中取案　707－1
櫛　124－4
膝突　218－9，225－4・5，226－10，227－5，231－6・7
疾疫　68－12・13，70－9，378－4，387－2
疾病　609－8・11，698－3・4，701－11
疾法　658－16
質物　625－12
執政　580－13，581－4～7・9～12・14
執幣　72－2，201－11，203－3・5
日蔭（影）蘰　129－15，131－13，141－15，152－4
日華（花）門　10－3・4，38－7・9・13・16，39－4・6・7，43－16，44－11，52－5・8・12・16，53－2・11，61－3，67－10，81－10，100－14，101－12，102－5・7・8，148－16，149－15，151－14・16，152－1，231－4・7・8，232－2
日記　79－4，134－4，138－12，172－3，204－9・11，231－8，551－11，592－2，602－5，603－10，604－7，638－9，687－8・10
日次御贄傜丁　450－10
日収　274－5・7・9・11・13，321－7，426－4・10
日上　31－14，44－12・14・16
日蝕　220－2
日神　70－6，189－12
実相　197－15
実録　661－5，662－15
——帳　182－3・4・8，386－15，474－14，492－7
舎座　124－8・11，125－14，126－7
舎利　197－15
写御暦手　100－5
写頒暦手　100－6
写薬　707－4
奢僣　597－9
社　339－6，562－1，602－12・13
社稷　3－3，93－12，95－2，197－4，233－13，245－4，535－13，606－2
社帳　338－11
社預　339－7
赦　104－7，109－1，110－1，111－1，112－1・16，255－1，265－16，266－2，353－2，388－8，443－6・7，465－6，467－3・5，467－6，468－1・3，469－8，472－12・14・15，473－2・7，474－2・6～9・14・16，475－1・2・4・5・9・14・16，476－1・4・8・15，

477－13，478－6，497－16，499－16，500－5，515－15，522－5，629－16，631－1，646－1·2·7，668－2，672－16，673－1·2，679－2，680－15，681－7，683－2，695－12·14·15，696－1
赦降例　474－8
赦書　227－9，255－2，443－7，473－2〜4·8·12，476－7，681－11
赦判　439－9
赦免　157－7，302－16，473－14，474－9·15，476－3，477－12，478－7，680－13
赦令　337－6
謝座　24－3·4，30－2·3·15·16，62－14·15，63－2·14·15，64－1，147－12，149－4，582－12·15·16
謝酒　62－15，63－2·14·15，64－1，147－12·14，149－4，582－16
車　164－12，199－6，464－5，539－1·3，543－14，553－3〜6·8·9·11〜13·16，554－1〜5·10·11·13〜16，555－6·8·12·13，556－4·6·12·15，557－6，562－6，563－3·13·14，564－3·5，572－6，573－2·4·5，575－2·6，582－1，587－1，589－9·10·13·15·16，590－1，593－11，594－4·6，596－9〜11，614－13·14
車屋形　558－3
車前子　707－10，708－図
車馬従者　562－6，563－3，564－5
——将従　563－13
——僕従　563－14
射宮　60－10
射手　90－10，91－4
射場　53－3，90－6，166－1，167－11
——初　77－12，90－2·3，91－1
——殿　39－8，40－16，52－13，53－12
射人　91－9
射席　90－5
射田　282－2，283－1，284－1，285－1，440－4
射分銭　90－11，91－5
射礼　59－9，67－2·4，578－9
虵　208－8
蛇比礼　122－9
尺奠　9－7，10－11〜13
——祭　9－9
尺土　295－5，452－5
借授　154－2
借叙　153－14
借佃　282－14
借物　477－3，630－16
借用官稲　477－4
杓　123－11
爵級　471－5
爵賞　103－15，109－3

笏　28－3～5·7·9，38－6·16，39－3，40－12·14，41－1·15，52－14·15，54－10，58－2，67－15，68－1·2·4，76－2，80－12·13，102－2，132－5·10，149－12·13，150－5，151－9·11·15，152－2，167－10，169－13，170－4·7，178－16，179－2，202－8·9，203－4，204－15，205－4，206－12，218－16，366－11，521－5·6，560－2·4·5，568－9～14，569－3·6·12·16，582－15
笏制　569－3
釈迦丈六像　93－13
――牟尼仏尊金像　378－2
釈教　380－15
釈奠　8－11·15，9－2·14，10－1，31－8，333－2，337－8，341－6·8
錫杖　176－15，177－5，178－14，179－12·15
――文　178－1
錫紵　567－12·13
雀鼠風雨之恤　343－16
手繈　125－3
手作　547－5·6·8，562－8·14·15，563－10
――衣　547－5，562－8
――袴　547－5，562－8
――布　551－8，562－15
手実　300－14·16，301－1·2，331－2
手書　627－6
手草　125－3
主計官人　321－7
――寮勘申状　438－16
主司　463－10·15，488－7·8，692－8·9
主守人　336－13·15，351－14，353－8
主上　41－9，80－12，246－1
主税寮勘申状　439－1
―――男女官　176－4
朱雀　196－2
――門　217－3，220－13，221－図
朱（侏）儒　423－7，659－12
朱幡　554－3·12
首従（之）法　365－3，693－1
――例　693－16
首露　679－1·3
守（官位相当制）　105－7～9，130－7，175－15，236－10，237－16，248－1，290－14，292－8，376－3，387－5，397－6，422－5，426－11·13，438－1，459－6·16，460－1·4，467－13，470－3，471－7，475－7，480－10，498－5，500－7，504－6，543－7，604－9，667－9，970－13
守衛　448－15
守戸　190－2～4·10·12
守宰人　337－3
守掌　464－1·2
守直　530－4
守廬　418－3

酒　31－5，58－13，59－11，63－10，64－10，128－2，137－2，167－12，168－6·7，169－8·13，180－1·9，217－8，414－6，571－12,704－11,709－16，713－10·12，715－5

酒家　46－1

酒肴　127－8，129－13，136－11，166－7，169－5，177－3·7，178－3，179－4，284－16

酒觴　65－16

酒食　124－15，131－12，706－10

酒饌　90－9，91－3，165－5·16，166－6·8，167－12·16

酒殿　177－3

酒稲　57－10

酒幣　59－12

酒醪料　180－12

狩漁　386－1

茱萸（ぐみ）　58－5·6·8·9，60－13·14，65－8

種薑（しょうが）　308－15

種穀　297－5

種子　117－11，281－6

種佃　398－16

儒家　4－4

儒学　20－8

儒士　9－4，161－2，711－6

儒者　64－15,161－3·5，324－16

儒童菩薩　534－16

咒厭　606－3

咒願　384－3,396－8，605－8，606－12，608－3

——文　198－8

咒禁　698－6·7，701－5

——解忤持禁之法　701－5

——法　701－5

呪咀　601－6·8·10·16，602－1·4·6·7，603－5·7·11，604－11·14，605－4，607－11，650－3

呪文　219－8

授位　291－6,401－4，575－4，576－2，578－12，579－3·5·10·11·16，580－5·6，582－7

授衣　701－7

授戒　395－3·11

授業　373－2·8

——練道之人　264－13

授時　99－7

授田　290－16，293－7，484－16，489－16

——授口帳　440－11，441－3

樹神　45－12·14

受委之吏　509－1

受戒　47－14,373－2，395－1·9

受業　4－5

——之人　259－4

——練道者　461－15

受禅　47－16，179－9

受田　293－4，485－6

受領　2－5，353－6，465－5

——功課　386－9
——之官　474－15
——吏　164－6，181－11，182－1･4･7･14
竪義　92－10，396－7
綬（くみひも）　172－6･8
州郡官長　516－6
州吏　269－12
周（王朝）　88－10, 99－11･12，112－9，122－13，234－16, 235－1～3･15, 237－3･9，238－10･11，239－9･10･12･13, 456－7, 457－1, 583－2･3, 607－8, 640－12, 645－1･14，648－1，654－12，719－8
周官　235－14･15, 236－14
周人　122－13
修学　371－6
修行　383－8･9，394－1，401－4，536－3，606－16
修法　371－11，372－7，374－7･14･15，375－1
修理駅家料　285－8
——官舎　333－3
——溝池官舎料　323－9，324－8
——国分寺稲　386－9
——国分二寺料稲　430－11
——神社　333－2，337－8～10，339－4･5
——料　345－10，346－4，387－12
——料稲　387－2
宗持戒　47－13
崇道天皇春秋読経料　385－7
囚　88－9，624－1，625－4，667－11，681－1･2，685－3，693－6･7･10，694－3･5
囚禁　528－14，683－12－14，691－16，692－1･4･6，693－8
——之輩　527－14
囚罪　624－6
囚人　671－1
囚徒　89－1, 444－12, 526－14，618－14，631－4
囚服　624－3
囚流人　445－4
摺衣　132－12，134－3, 544－13～16, 545－1～6･12･16, 546－2･4～6, 593－5，612－6
褶　124－3･6
摺袴　544－13，545－4･7･12
摺上袴　172－5
摺染　544－12，545－14
摺袍　140－15
収贖　624－7･8，656－12, 658－11･12, 667－13･14，668－6･11･12･14，669－1･6･12, 681－9, 689－1, 694－2
——加杖之法　624－7
収租之法　485－1，490－2
収納　283－10，297－1，299－14，331－8，342－14，343－6，467－10，469－16
——帳　321－15，322－

2
収文　267－2・3・5・12, 427－9・10
収養　511－15・16, 611－7・15・16
愁状　638－12, 639－5, 685－6・8
愁文　239－6, 685－4
痩牛　186－2
袖　541－13, 547－14・15, 548－11・13, 549－5・8, 550－12～14, 551－1・2
秋季帳　97－2
――破除　454－14
秋収　495－4, 516－9
秋分　88－7・10・12・14, 647－4
――節　89－2, 631－5
秀才　716－11・13
繡裲襠　564－6・13
習俗　518－15, 527－12
習礼　172－5
舟檝　605－12
舟船　600－10, 649－13
衆證　522－4
衆星　640－5
衆生　6－15, 7－7, 45－8・10, 173－12・13, 183－11, 198－4・7, 537－5, 702－3・5・7, 703－9, 704－6・9
衆僧　95－6, 174－5, 175－3, 178－10～13, 179－2・3, 384－9, 392－3, 393－1・2・4, 394－4, 398－4・5・13, 399－2
聚落　45－11
賙（救）急田　282－3, 284－2, 285－2, 440－5
集会　524－16
――所之作法　587－11
雓（鋤）　537－2
鍬　598－4・7・10
鍬钁　598－4
充文　156－4
十悪　648－1・2
十医師　698－9
十合升　298－14
十舎　718－3
十地　7－1, 8－2・9
――菩薩　7－1・10
十二月十一日月次祭　73－1・8
十二合升　298－14
十方諸仏　173－8
廿四気　88－8・13
廿八宿　697－3
従（従者）　517－6・7・10・12
従減例減之法　573－12
従者　71－8, 72－2, 539－1・2～4, 548－2, 552－13・14・16, 558－3, 562－15, 563－11, 593－1・8・10・11, 594－6・8・14・16, 595－2, 604－14, 605－3, 636－8
従女　553－3, 563－10
従僧　596－14～16, 597－5～7
汁　66－1・2
渋　335－4

戎衣　539－6
戎具　333－1・5・7・8，334－1，335－11・13，336－12，346－12，349－4，350－1，358－16，359－13
戎杖　333－10
柔鉄　335－4
糅　102－6
重服　31－8，140－9・15，527－7，567－4・13
重陽　59－8，60－9，66－13，67－2，69－12
――節　60－12
宿衛　278－4・10，521－7，572－10，658－3
――官　16－10，572－8
宿所　591－16
宿直　16－10，97－6，139－2，532－6・7，572－11・12・15，665－2
――官　572－12
――官人　532－6，572－12
宿祢　71－2・5・9，118－3～5・9，139－8・9，145－11，146－9，236－9，237－15，271－4，272－15，273－9，274－15，292－8・16，302－10，303－5・16，306－14，307－13，312－10，321－10，339－9，376－6，377－2・13，378－15，387－8，395－16，396－12，397－8，422－8，425－15，426－13，428－10，431－1・2，437－2・12・14，438－3，440－15，471－9，475－11，476－12，494－8，496－7，498－13，504－8，510－3，514－13，525－8
宿禱　6－9
宿徳僧　6－13
柷敔　650－10・11・15
祝詞　210－12
縮線綾表御袴　165－7
粥　148－12
塾　714－13
熟田　297－16，494－14
出家得度田　282－5，284－4，285－4，440－7
出居　135－14，177－12，179－4
――座　42－3・4，79－12，81－9，90－6，91－8，102－4，176－7・12，177－3，178－7
――座料　101－14
出挙　13－8，283－8・9・11・12，285－6・10，299－5，300－8，345－10，358－9，385－4，386－11，391－5・9，431－7，435－13，436－13，465－11・14，467－10，469－10・16，472－5，474－4，489－8
――雑用　299－5，300－8，431－7
――帳　415－4・6，418－1，430－12，431－4，436－4・13・15，441－7
――稲　719－15
――物　279－5，301－8
――本頴　720－7

出身 373－4
出入人罪 630－9·10
出納等座 74－12
——所司 275－4·6
——諸司 267－5
——喪料 481－13
——病料 481－13
出符 286－15
恤民 277－11
術数 3－13
春華（花）門 40－5·15，41－11，54－2
春季破除 454－14
春宮御封 277－10
春興殿 38－10，52－6，65－5，67－10，79－2，101－14，102－5～7，134－12，200－8，203－7，204－14，205－3
春月 89－4，631－7
春時祭田 284－15
春日祭 116－10·13
春秋禄 660－1
隼人 45－4·5
駿河舞 168－15
旬儀 100－11
旬事 79－1
准蔭 10－15
准折 12－10
巡観 516－8
——催勧之法 495－15
巡検 513－13，514－12，611－6·8～11，612－1，634－15，661－13，662－12，663－4
巡幸 649－10
巡行郡県 127－14
巡察 573－13
——事条 17－13
巡省 492－15，493－14，514－5
循良之寄（宰） 272－11
循吏 19－9
殉（死） 518－8·15
楯（盾） 210－14，211－2·11，214－2·4，217－4，218－16，219－9，220－11
純素金銀 599－3
順世之身 6－14
醇酒 58－11
庶子 576－12·13，674－10
庶士 590－14
庶女 594－2
庶人 4－10，546－7·8，560－2，562－2，563－2·3·12，565－12，657－15，698－1·11·12
——服制 563－2·12
庶民 456－5，608－14
薯蕷 177－7
暑（署）預 178－3，179－4
書記 710－3
書工 711－4
書算 579－1，711－2
書写 173－7
書杖 151－6·10
書籍 581－12，716－13·16
書跡 711－2
杵（きね） 94－8，123－11，537－2
杵臼之役 295－5，452－4

所司　127－7，132－5，133－14，140－3，148－3・5，155－6，160－7・14，161－6，183－2・4・6・8，186－6，195－6，201－3，206－14，207－10，208－4，253－4～9・11・15，254－1・5・12，259－13，260－14，262－3・11・16，263－2・5・8・13，265－1・8，268－16，272－5，273－3・6・15，274－1・6，275－5，308－10，318－5，327－6，330－6，336－9，345－13，349－6，350－16，359－2，360－6，364－10，381－5，394－14，395－13，404－8・12，405－2，406－9，407－1・7・15，417－4，427－9，428－5・8・15，429－6，430－2，436－6・14，437－15，438－2，450－8，455－12～14，456－5，458－7，463－2・4，464－4，470－14，480－2，505－4，519－1・2，522－6，579－15，590－8，608－5・15，612－10・13，613－3，619－2，625－2～4，630－13，631－13・15，649－12・15，655－10，689－4，690－6
――勘出　318－5，359－2，360－6，406－9，421－2，464－4
――装束　147－3
所当地子　284－7
――調物　504－5
所部　590－11
黍　704－12・16
黍稷　328－15
黍米　58－10
初後夜　177－11
初地　7－11，8－3
――菩薩　7－1
諸院宮家　515－1
諸衛官人　97－6
――擬舎人奏　223－5
――射田　282－2，284－2，285－1，440－5
――陣　588－15
――大粮　434－12
――番奏　79－10，102－8
諸王　2－4，44－13，72－1，519－2，537－1，557－2・15，558－5・9，576－3，577－12・13，578－4，589－2，599－2・7
諸家封戸　417－16，427－3
――封租　501－4
――封物　413－15，427－5
諸郡鋪設帳　416－1
諸公卿封戸　428－7
諸侯　194－3，510－4，539－12，540－14，568－10・11・15・16，569－4，601－3
――王　181－15
――万王　111－8
諸国貢献物　282－9
――申請　510－1
――地子　155－6
諸司　4－3・5，82－6～8，97－4・6，99－6，101－3，102－6，105－4，121

－10，124－7·10，125－8，128－16，129－2，131－12，132－2·8·16，133－6，135－2，148－8·14·15，149－14，155－4，156－9，182－11，267－2·5·10，273－12，274－13，275－3，279－9，299－13·15，302－3，305－6，353－10，418－2，419－6，427－9·11，438－14，454－1，463－2，496－3，515－1，526－4，527－16，547－1～3·5·10，548－12，551－14·15，554－5·13，555－6，556－2·3·9，562－8·10，563－8·13·14，565－9·13·14，572－10·13～15，573－13·14，574－1·10，579－4，586－15，588－5·10，589－9·11，591－1，594－13，595－6，635－6，659－16，661－11，662－2，663－14，664－4·9，688－16

——職分田　286－4·6，287－1，289－14

——帯剱　165－4，167－3

——大粮　159－14

——長官　102－12

——冬衣服文　170－15

——入奏名籍　574－10

——返上帳　419－6

諸儒（家）　239－9·10·13

諸臣　2－14，537－1，557－2·15，558－6·9，567－7·12，576－3～6，577－15，578－4，579－13，599－2·7

諸蕃　335－9

諸陵寮座　206－16

鉏　506－14

叙位　69－2，79－6，92－10，104－1，105－5，108－6，142－2，146－14，290－6

——儀　133－9

叙爵　103－15，104－8，107－6，108－3，109－2，110－3，111－2，112－2，113－2

叙任　22－9

叙符　290－16

叙法　698－2

助丁　451－7

女王　557－12，558－5，589－1

女楽　62－11，63－5

女官　74－10，80－3，91－10，98－7，101－12，133－13，150－16，199－15，218－5，219－6，574－4

——座　74－10，200－4

女御　593－16

女口分田　295－2

女功　444－14

女従（者）　562－6，594－4

女叙　142－9

女人装束　562－14，563－11

女丁　121－12·13，451－6～8·10·13

除帳　295－11·14·15，418－4，503－6·16，504－1·2·4

除名　23－4·7，246－16，247－1，290－1·2，364－13，454－8，464－15，465－16，467－7，469－12，476－2，497－10·13·15，499－10·13·15，508－15，584－15，604－1·2·4·6，623－9，635－11，648－14，656－5·6·10·14，657－16，658－4·8·9，672－5，681－7，695－13
除免　89－10，247－1，657－15·16，658－7
——官当之例　656－12
——官当法　656－10，672－11
——当贖法　657－7
——倍贓　680－8
——倍贓加役流之例　673－7，679－11
除目　3－6，533－5
絮（わた）　335－2
小（八歳以下）　422－12
小安殿　73－15·16，74－2·3，75－4·8
小院　305－3
小筵　74－8，90－4·5，165－9，176－5·7
小柑子　202－4
小忌　129－8，131－14，134－14·16，135－8，136－15，137－2·5·7·8，138－3·9·10·13，140－15，141－16，147－9·12·14，148－5，149－10，151－2·3·13·16，170－5
——衣　129－5·15
——王卿　131－16，141－9·15，148－4·5
——貫首　138－13
——公卿　137－6，138－12
——近衛将　141－15
——座　135－1·8·9，141－10，150－16
——参議　132－12，134－2，136－15，138－10
——侍従　132－13
——装束　545－9
——親王　131－13，132－4，133－14，147－3·7·13，148－6·13，149－8·11，152－4
——親王座　131－6
——人　149－2
——大夫　134－5
——台盤　150－16
——殿　171－3
——納言　134－16
——内豎　134－7，135－7
小机　74－7
小儀　70－3
小経　706－11
小斎参議　151－3
——親王　152－1
——大夫　151－4
小子　418－6
小舎人喪料　481－14
———等座　74－12
———病料　481－14
小豆　117－10，311－7，328－15，384－4，704－16
小雪　98－4

小町筵　309－14
小儺公　217－16
小麦　311－7，329－2・7・9，330－4・13，516－1，704－16，708－1
小板敷　587－10
少（十六歳以下）　422－10・13
少課之烟　501－10
少工　457－9
少国　459－15
少識　368－10，372－4，374－12・13
少主　2－11
少女（四～十六歳）　509－11，612－2
少男　509－11，612－2，668－13
少智　372－9
少丁　444－6・9
――戸　501－15
少納言辨座　75－6
少房　593－3，599－9・13～15
升法　298－13
商布　220－4，308－6・16，309－2・6・8・12～14，318－7・9・12，319－1・3～6，321－5，437－6，481－4・13・14
召使　27－4，30－1，31－3，37－14，38－4，39－14，40－3，41－8，191－4，201－14，202－6，206－7・8，207－1・5
――座　37－5，39－13，41－7，74－14・16，131－8，203－12，206－15
唱歌　80－5，141－11
唱平　80－8
賞賜　103－2・15
賞罰之道　12－15
庄　277－14，464－5
庄子　629－1
庄長　277－15
床　24－14
床子　9－11～13・15，10－5，27－4・8，29－14・15，30－9・12，39－11，40－6，48－15，49－16，50－2，54－3，64－9，101－14，102－7，141－5，147－10，150－9・10・14～16，151－2・7・12，586－3・5
床畳　25－9
抄帳　159－14，253－4，254－2，262－11，263－9，267－3・4，321－16，424－16
衡重　177－3，180－9
障子　14－12，64－16，65－11，176－4・5・8
消息　10－12，162－3，180－11，227－2，551－6，635－14，695－9・10
昌泰二年帳　316－4
――六年帳　316－7
昭訓門　49－15，62－2・12，74－15
昭慶門　74－1・12・16
昇（升）殿　9－7，14－16，42－4，44－12，58－2，132－3，137－9・10，147－10・12，150－6，151－10・16，

169－14･15，176－16，535－2，539－2･4，554－5･13，555－9，566－15，585－5･10，591－11，593－1･8，595－3，596－3
松　218－13，707－9
松脂　707－16
松明　217－9
松蘿　707－9
相隠之律　695－11
相将　196－3
相嘗会　127－10
――祭　127－9
相折　22－7･8，438－5
――勘文　503－11
相捕之法　681－3
相撲　6－8，9－5
椒房　543－5
橡（とち）　558－15，559－6，560－14，562－3･4･7，565－4，567－5，579－6
橡衣　562－3
橡衫布袴　201－10
橡袍　567－2･4
橡墨衣　562－3･4･7，565－12
祥瑞　207－9･14，208－7，441－9
焼香　401－5
稱　707－1
稱辞　72－3･7
稱平　134－7，135－7，136－12
稱唯（いしょう）　10－3～6，15－2･3，23－10･16，24－13･14，25－2～8･10･11･13･14，26－7･14･15，27－7･10･11･13･15，28－7･8，30－7･8，38－13～15，40－10･11，42－7･8，44－15，52－8～11，53－4，54－8･9，62－14･16，63－1･2･4･10･15･16，75－9～12，76－3～5，79－12･13･15･16，80－2･9･10，81－11，90－10，91－5，124－10･12，126－3～5･7･8･10･11･14～16，127－1，132－4･9，135－14，137－3，146－15，148－8，149－3･6･7･11，150－3･4･6･7･10･12･13，151－11･12，152－1，154－8･9，155－1･2，201－14･15，206－7･8，207－2･5，225－5，231－4･6･7･9～13，232－3･5･6，519－3，687－9･10
稱量之物　463－13
稱礼　172－4
笙　80－4，650－9･11･14，652－2～4
簫　650－11･14，651－2
粧物所　74－8
裳　520－16，539－6･9･12
承告之法　682－2
承明門　44－3，62－1･6･16，63－5･16，65－5，67－11，74－12，76－1，137－4，147－4･16，148－1･11，149－2･5～8，150－2･8･10･11，178－6，204－7･8･10･

12·13，205－5，216－8·11·12，217－1·10，218－12·14，588－15
春 434－11
春功 121－14
春女 537－2
春稲 123－13
春米 121－11·12，270－3，274－14，296－14，302－14，307－1·7，321－13·15，322－2，434－10，444－10，445－16，451－10·11，503－2
——運京 296－14，444－10
詔 2－15，4－10，5－3·4·10，19－10，20－4，47－15，48－1，59－6·8，60－3·10，66－6·10·15·16，70－16，91－8，103－8，104－2·10，105－1·16，106－1·7·16，107－15，108－12，109－13，110－12，111－12，112－12，118－1·2，145－11，146－3·4·6·9·11，174－8，175－12，188－1，197－4，217－14·16，218－1·15，223－7，224－5·9·10·15，227－9～15，228－2，229－3·4·13，230－2，232－9·10，234－12·16，236－1·3，239－1·2，240－2·8，241－4·5·9，242－5·13·14，245－15·16，246－1，276－3，285－14，327－5，328－14，354－4·14，364－2，415－2，441－9，500－9，533－1·16，535－9，582－5，583－11·14，591－13·14，615－4，634－10·11，649－15，682－8
詔旨 2－14，63－9，105－1，146－15，165－1，223－8～12，241－15，327－5，447－1
詔書 16－5，79－6，223－3·4·7，224－2·4·5·9·14·15，225－2·3·7·11～13·15，226－2·8～10·12～14，227－5·9·12·14～16，228－1～3·6·16，229－12·16，230－1·3·9·10·12，232－14·16，238－3，240－8，241－7·8·12，242－1·11·12·14，243－1，245－14～16，246－3，249－13，276－1，277－5，299－8，352－15，386－10，449－16，475－15，476－14，477－4·9，478－5·7，497－15，499－15，526－1，634－5，667－15
詔奏 16－5
詔勅 117－16，228－6
——文案 415－2
詔命 233－10，235－5，634－6，649－15
證人 636－5·9·14·15，688－4·6
證帳 441－12
證年 285－16
觴（さかずき） 127－1，169－11

醬　90－13, 375－7, 384－5
象笏　568－16，569－1
鉦　150－9，333－10
鐘　176－16，177－1·11, 196－5·6·8, 650－9·10·14，652－4·5
鐘皷　141－7，150－11，534－11，650－6，697－7
鐘石　5－10
鐘乳丸　714－10
鐘銘　196－1
鍪（鍬）　157－12·13·16, 158－3·5·6，310－12，311－1·2，318－7，319－16, 320－3·5, 321－5, 506－14, 706－14·15
頌塤　653－2·図
頌簫　651－3
頌篪　653－4
上位座　585－16
上筵　42－2
上下弦　88－8·13
上下戸　505－9
上下動座之法　586－4
上官　492－3
上卿　10－3～6，11－1, 14－15·16, 15－1～3·6, 27－4～6·10·13～15，28－1·6·11·12·16，29－2·3·5·8·13·15, 30－1·2·4·5·7·9·12，39－2·4·8·11·14·16, 40－1·4～9·11～13, 41－3·6·12·15，42－8·10·16，43－1·12～14，48－16，52－3·4·8·14·16，53－8·9·12·14，54－1～5·7·8·10·11, 65－7，75－15，76－6，90－10，91－4，93－5，102－8，156－6～8，166－1，167－11，173－1，202－4，204－3·6·7, 205－13，206－1, 218－10，225－3·5·6·8, 226－3·5～9·12～16，227－1·6～8，230－9·11，231－1～3，247－8，533－2, 552－9，578－6·8
――官符　231－1
――座　202－5
――省符　292－3
上元之歳　106－10
上戸　419－1，505－16，513－1
上古　560－6
上皇　2－16
上国　287－3, 358－9, 430－14，431－5，454－12, 457－10, 459－16, 484－13, 489－14，507－7·10，509－9·14，510－7，512－2
上紙　310－14
上日　16－5，18－8·11，22－3，28－5，83－8·9·11·13·15·16, 84－3·5·6·8·10·11·13·14·16，85－2·4～11·13·15, 86－1·3·5·7·9·11，97－6，254－1，263－8, 338－15, 405－8·9·11·12，407－12·15·16，408－3·5，409－15，414－6，432－7，520－5，527－6

上手医　700－1
上酒　82－1
上書　208－4, 248－15, 249－2·3·7, 581－8
上抄　519－7
上章　243－10
上々戸　505－9, 506－1, 513－1
上人位　375－13
上瑞　207－10·15·16, 208－4, 209－9
上西門　221－図
上聖　245－4
上宣　242－11
上僭之疑　547－8
上奏　273－5·6·16, 274－2·4, 664－6·8, 720－12
上代　137－5
上達部　37－1, 53－5, 80－3·7, 179－13, 202－7·13, 205－4·10·11·16, 567－6
―――座　80－4, 206－1
上中下国降敍之法　509－16, 510－2
上中戸　505－9
上帝　215－3, 234－2, 235－10
上田　284－6·11, 305－2, 306－1·4～7·10·11, 317－10～13
上東門　221－図
上等戸　457－11
上馬　617－9·11～14, 618－1～7
上番　333－7, 354－
11
上表　79－4, 103－3, 104－10, 106－9, 234－14, 236－2, 238－4·9, 242－2·11, 249－9, 325－4
上服　197－13, 561－4
上祓　73－5
上野勅旨御馬　51－3
上﨟　41－7, 64－15, 132－6, 178－10, 204－14, 225－16
乗車　553－4·8·9·11·12·16, 554－1·2·5·10·11·13, 555－2·5·6·8, 556－4, 573－2, 575－6, 589－10·13·16
乗田　282－5, 283－1, 284－4, 285－4, 288－13, 291－9, 297－8, 306－1·3, 316－15, 317－4·8·10, 322－5·7·10·13·14, 440－7
――地子　317－4
乗馬行事　190－8
乗輿　75－9·13, 76－1, 131－15, 132－10·11, 141－15, 201－11, 600－10, 601－11, 603－12·14, 604－5, 649－10·11·14, 656－16
剰田勘文　312－4
仗　218－16, 588－14
仗座　38－6
仗槍　69－4
常行三昧　196－4
常赦　28－5, 102－15,

103－14，104－6·14，107－4，108－2，109－1，110－1，111－1，112－1·16，140－7，352－16，475－16，477－10，478－6，497－14～16，499－14～16，623－7，648－14，667－16，680－6·7，681－6，695－13

——判　156－16，325－16，327－14，340－4·10，341－10，351－14，361－6，367－9，382－4，388－4，402－15，403－13，439－7·15，450－7，507－2，510－14，515－15

常寧殿　58－1，117－5，226－15

常服　66－4

常幣　188－4

常律　497－15，499－15，687－14，689－1·6

城　288－12，548－11，648－11

城外　520－16，530－3·4·11·12·15，531－1·3，590－2·3

城隍　444－11

城市　699－4

城奴　643－10，646－5

城堡　444－13

城邑　45－10·11

浄行僧　48－9

浄土　196－13，379－1，537－5

杖（刑罰）　12－8，21－7，22－13·15·16，23－1，88－13·14，193－11·14，194－8·9，227－10～12，245－14·16，249－2，252－6，258－4，260－2，261－14，268－6，269－13，271－11，338－4，356－4·9，357－5，364－11·15，407－13，455－16，456－1，463－9，464－7·8，466－7，474－4，488－6·8·9，493－16，494－1，496－16，497－1·7，498－16，499－1·7，512－13，519－4，522－5，526－1，556－13，571－12，573－11，600－1·8·9，608－7，610－11·15，611－1·2，613－13，614－4，615－5·16，616－1，623－2～4·11，624－1·8·10·11·13·14·16，625－1·5，627－11，628－4，630－5，633－15，643－10，644－1·9～11·13，646－6，647－11，649－6·9，656－6，658－7·8，659－15，660－6·15，669－5·14·16，671－5·8，672－15，675－11·14，676－1，681－3·9·10，682－5·6，684－11·13·15，687－14，688－3·8，692－4·9·12，693－1·10·11·15，694－1·2·4·6，695－2·13，709－6

杖（つえ）　151－7·9，215－2，217－5，582－14，583－1，713－16

杖槍　588－12·13

杖刀　701－5

畳（たたみ） 37－3·8，74－10·11，129－9，132－7·9，134－6·8，138－12，165－7·9，166－7，167－7，171－3，176－3，199－15，200－4·8·9，203－4，231－3，611－12
色 159－14，285－11
嘱請法 455－14
食（じき） 322－14，451－8
食筵 309－14
食産 119－5
食所 31－12
食鷹 217－8·11
食馬 3－10，382－8
食封 152－10，153－10，276－7，277－2·7
食法 412－10，414－6，612－1
食米 697－12
食邑 20－3
食料 100－7，719－6·11
食粮 458－4
燭 197－9，206－12，688－11，718－3
殖木帳 415－12
殖薬様 210－6·7
稷（きび） 704－16
蜀椒 713－1
織紝 514－10
織物 561－11
続明 46－13
蜀（国名） 717－12
職 425－3，479－7
職位 286－16
職員 288－1
職国 426－5·11
職事 18－3，20－14，23－2，24－9，25－5·6·14，82－9·11，87－5·9，454－2，479－2·4，480－14，481－2·3，522－5，533－10，577－8·9，582－11，673－11，674－1～3
——官 87－10，247－12，478－15，663－2，671－12，674－2
——考文 25－5
——人 674－4
職写 295－13，301－1
——戸田 282－3，284－2，285－2，440－5
——帳 295－12
職掌 574－8，577－7，583－1，665－7，697－4
職田 22－11，281－1，282－4，284－3，285－3，286－11，287－5·6·16，288－10·11·14·16，289－2·8～12·16，291－6，304－3，316－10，317－1，440－6，484－5
職納畢移文 437－16
職分田 286－7·9·12·14，289－14
職吏 514－12，515－2，611－4，661－9·12·14，664－2
職禄 463－14
触穢 10－12，171－8

贖　101－1，242－16，356－10，497－10・12，499－10・12，564－16，565－4，591－4，621－5・8，623－11，624－7，643－2，646－3・15・16，647－1・6・9・10，655－7，656－3～6・9～12・14，657－3～5・8・11・12・15・16，658－1・6・7・10・12・16，659－14・15，660－7・8・16，664－15，667－1・15，668－1・6，669－1～3・6・8～10・12・13，670－3・12，671－8・10・15，672－4・5・7・12・14，673－2・5～7・12，674－15，681－9，687－14，693－11・14，694－1・2・4・5
贖刑　646－1・3・12
贖銅　18－15，21－4，22－15・16，23・1・3，243－1，260－10，500－3，565－4・5，591－4～6，623－2～4・6，630－14，633－15，643－1・5・7，644－9・15，645－4・11，646－1・7・16，647－2・3・5～11，659－1，660－2・5・10・11・13，661－1・9・14・16，663－10，665－8・14～16，666－1～6，667－1・4～6，670－8・10・15・16，671－1～4・9
――之法　647－5・7・8，664－2
――銭　665－1
――代銭　670－15
――代物　664－14，665－5
――料　665－7
贖物　165－12・13，167－8・9，170－11，210－11，356－10，465－4，662－9・11・13，665－3，670－2・5，671－7，674－14
贖法　564－13，573－11，591－6，614－11，657－16，658－8・9，663－2，668－1・8，681－9，693－10・15，694－4
臣　61－15・16，62－1・9・10，147－8～10，576－5～7，600－15，601－1・2，629－10，641－5，652－4，718－1・9・10・14，719－7，720－7
臣下　90－5，589－11，629－11，648－6
臣家　589－2
臣民　211－7
晋律　646－3
身分　547－6
辰星　644－3
辰日節会　145－1・7，147－11
信濃布障子　74－3・11
侲子　217－5，219－7
侲人　211－12，213－1・2，217－4
審神　166－16
――者　166－13
宸位　4－11
宸宮　4－11
震儀　38－1・5，41－14，42－14，131－14，148－16，152－2，167－13，

168－3，205－11，606－6
寝殿　536－1
進止　139－12，168－12
進爵　104－16
進退　268－13，272－3，277－12
振恤　324－13
搸牛　184－1
――乳　184－2
津　444－8·16，529－12，531－9·11
深紅衣服　542－6
深紫衣　558－6·9
深緋衣　549－16，558－6
――之色　550－4～6
――綾　550－3
深縹衣　558－7，559－10·12
深履　560－4·6·10
深緑衣　558－6，559－10·12
心願　380－13～15，384－15·16
心神　717－9，718－13
心喪　141－13，170－1
晋（王朝）　20－1·6，194－2，198－1，240－1·2，244－1，518－15，646－3
秦（王朝）　193－12，194－2，355－13·14，534－8，641－1，713－5
申官之帳　493－9
申請（諸国）　255－12，256－16，266－10，275－6，276－2，386－16，388－5·15，389－4，425－7·9，436－11，439－9，445－1，459－3，503－8，509－14，510－1，519－11，527－4，546－10，552－5，563－16，690－7
申文　10－15·16，27－11·15，30－13，138－8，141－2，376－13，498－15，500－1，639－6
申返　159－12·14·15，161－3·5
蓁（榛）摺袍（衣）　123－16，125－15
榛摺帛袍　125－8
辛堰　231－8，232－3
神　190－6，355－1，363－9，527－12，607－11
神衣　540－3·4
神宴　168－11，170－1
神火　336－2，355－15
神歌　139－4
神嘉殿　131－5·6·9·15·16，133－10·13
神駕　93－15
神楽　125－1
神机　125－15
神亀　208－9
神祇　70－10，421－6，589－11·12·15·16
――官考文　24－11
神宮　378－2
神供　545－12
神郡　296－13

神剱　606－8
神験　609－3，610－5
神戸　337－9·10·13，338－2，340－8·16，341－4，421－1·2·4·5·7
——帳　417－12
——調庸帳　427－1
——百姓　337－9·13，338－2，340－8·16，341－4，421－2
神今食　129－8·15，130－6，132－13，133－16，134－1，139－1，173－4
———祭　133－4，171－10
神座　125－12，131－10，132－5，133－4
神財　128－10
神事　70－16，133－10，135－1，142－4，143－1，169－16，170－1，179－9·11，274－11，527－3·8～10，541－15，546－4，552－1，560－10，589－7·9，595－2，596－2，684－6
神寺庄　356－13，357－3
——封租　501－5
神璽　649－11
——之鏡剱　649－11
神社　267－11，337－8～10·15，338－1·10·11，339－4·5·12，340－6·8，344－16，345－16，346－15，349－4，358－16，360－9·10，478－4·8
——帳　333－2，337－8，338－9·16，415－12
神主　166－12，418－3，428－3
神女　142－7，145－9
神嘗祭　71－11·13·15，72－1·3·4·6·7·13，73－1·8·15，75－2·14
神食　134－1
——薦　133－15
神人　215－3
神税　340－1·4
——帳　430－11
神席　132－6
神仙門　90－6
神膳　132－8
神代　189－11
神田　282－2·16，283－4，284－1，285－1，291－1，440－4
神殿　131－5
神農　699－1·5
神馬　208－10，363－11，572－16
神幡　46－13
神筆　47－10
神風　70－11
神封租帳　430－10
神物　131－10
神宝　125－15，478－8，649－10
神明　169－3，487－3·4
——詫宣　166－13
神霊祭　59－4
真言宗　371－10，373－11·12·14，374－1，396－7

———僧 371－9，374－1
真珠 46－7
——宝 46－8
真人 203－12，280－8，357－2，382－15，427－15，437－13，547－11，552－3，574－11
真辟葛 125－3
賑給（しんごう） 483－5，491－12，492－12，494－6，506－13，508－2･5･7～9･13･14･16，509－8～10･13･15，510－9･11，511－1，685－6
——稲 510－11
——法 509－8･10･13，510－11
——料稲 509－10･13
賑貸 500－16
簪（かんざし） 244－10
縝 550－2
縝単 561－1
針 698－5，701－4，703－10
針灸 700－1，701－8･9
新委 270－4
新院 342－14
新開 325－8
新嘗 57－3･9，127－12，130－2，131－4
——会 79－6，121－15，128－9，130－6･16，134－10，135－3･10･11，136－2･10･15，137－8，139－6，140－1･3･4･11･14，141－13，142－3･13･14，146－15，148－12，543－9，545－8，588－12～14
——会装束 141－14
——供物 127－13
——祭 71－15，77－8，87－15，116－1･6，117－7，125－5，127－11，128－14，129－5～7･15，131－3，133－8･12，134－8･14
新制 38－4，142－4，159－15，186－9，261－8，270－8，275－8･15，328－7，348－13，349－15，359－11，387－3，404－11，407－6，425－12，434－13，495－10，517－2，544－9，546－9，552－1，553－6，554－2，555－6，562－9，664－9
新羅（国名） 355－6，396－4
親王 2－14，10－2，37－1･3･11～13，38－5･7，39－11･13，40－13，41－6･7，42－3，43－11･15･16，44－1･5･6･8･12･13，59－12，61－14，62－7，63－2･7･16，64－8･15，65－4･12･15，66－1･2･6，69－8･16，81－1･6･8･9･12～14，82－3･4，88－3，101－13，102－11･13，107－14，131－6･11･16，132－4～7･9･14･16，134－6･8･12･13，137－10，138－5，139－11，141－3･4，146－10，147－4･6･7，149－1･9，150－13，151－4･9･15，152－1，163－9，

169－11·13～15，170－14，171－13，178－16，179－3·5，206－1，216－7～9·14，217－2，218－8，219－5·13，277－13，291－8，378－15，464－10，479－4，519－2·3，522－3·5，523－16，535－15，551－7·9·11，553－9，555－6，558－5·6·8，559－4，562－6，571－9，572－4，573－7，575－7·8·12，576－1·3·4，577－12·15，578－4，585－14，586－2～4·8～11·15，587－4·5·7·16，588－1～3·5～8·10·11·13·14，589－8·12，590－3·4·8·12，591－1·4·10，593－11，612－12，613－2，631－12，654－2，662－3，664－5，689－2
――座　37－3，42－3，66－1·2，101－13，134－8
――冬衣服文　170－14
親属　304－2·4，689－14·16
親族　159－4
人王　640－5·7
人給白散　210－6·7
――幣　202－8，204－15，205－4
――料　98－1
人君　568－5
人功　445－11
――調度　445－12
人皇　699－3
人主　589－11，649－10
人臣　197－2，634－6，649－14·15
――之職　5－12
人長　165－8，166－9·14，168－8
――装束　165－8
人品秩　204－16
人夫　444－12·16，445－1·2
人封　276－14，277－9
人民　68－10，255－12，256－16，271－1，357－4，500－13·15，568－5·7，609－13，611－4，683－13，692－6，699－1
仁王　606－13
――会　560－12
仁義　628－14，649－16
仁寿殿　14－16，36－12，165－11·16，168－2·3·16，176－4·8
刄　334－9·13·16，335－1
陣　52－13，98－4·7·9，222－4，225－5·14
陣衛　63－14
陣官人　231－4
陣座　37－2·14，41－5·14，42－13，52－2·16，54－1，79－4，81－16，91－9，131－13·14，141－2，149－1，156－3，225－9·12，226－13·15，227－7，231－2·6
陣頭　240－16，533－

2
陣立 71－8
陣料 134－10
尋常版位 61－13·14，62·5·7，147－5·6
——平懐之法 630－15

す

図 282－12，283－7·11，285－15，286－1，699－7
図絵 537－11·16，606－3
図書 207－9·15
——御仏 176－9
垂纓 170－7, 557－4·5
垂界 204－13
推決 423－12
推筞（策） 109－5
推問 633－8, 664－6, 680－13，683－6
水旱 276－8～10，355－15, 357－11, 383－8, 387－1, 392－11, 394－12, 432－5，444－8，467－1, 468－10, 472－11, 483－7·10·11, 484－4·8·10, 486－4·7·9, 487－1·4·9·15, 491－14，493－8·9，504－13, 506－4·9，508－2·14，608－7
——炎蝗 483－10
——虫霜 276－9·10，483－7·11，484－4·8·10，491－14，493－8
——不損之田 322－13
——風雨虫蝗 487－4
水器 506－14
水車 333－4，353－14，361－8·10
水田 96－9, 117－11, 328－14·16, 361－9, 378－9
水門 356－15
吹（笛） 333－10
吹花酒 58－13
緌 170－7
隋（王朝） 536－8, 628－2, 644－13，654－12
随近官司 410－14，619－10，628－3
——官司坊里 627－14
——郡司 684－4
——国郡 692－10
——人々 684－5
随身 231－7·8，381－7，460－14，507－8，517－8, 529－16, 530－1·4·11·12·15
——験 612－13，613－3
瑞 207－8·14·15, 208－2·3
瑞雲 47－8
瑞応 208－4
瑞星 103－5
瑞鳥 106－12
瑞物色目 207－10
瑞宝 122－8
蒭（まぐさ） 330－3·4，522－14
数外座 81－7

枢機　20－4
寸絹　267－3
寸法　560－6

せ

絁（あしぎぬ）　71－16，102－13，123－10，152－10・11・16，153－3・6・8，158－10，173－16，190－15，217－8，309－1・2，383－4・14・15，384－2・3，463－6，466－4，478－15・16，479－1～3・5，484－8，486－3，553－3，562－4・12・16，563－8・13・15・16，583－15，691－11，707－1
井塞　354－8
正位　673－11
正員　259－3
正役　354－11，422－14，443－11・12，444－7，447－5
正教　95－6
正月安居　381－11
——最勝王経悔過供養料　374－9
——朔　105－3
——七日節　189－2・6
正色　275－5・6
正税　14－2，121－14，154－6・14，174－5，175－3，182－4・8，246－7・11，255－3，270－3，276－15，277－4・6・10，278－5・7・9，279－9・12，282－13，283－8・9，285－6・7・10，293－2，294－7・9，300－10，301－5・12，302－3，304－9・16，312－14，316－12・13，317－2・5，321－12，322－14，324－1，325－3，327－14，343－6・7，344－12，350－7，358－9，360－3・12，374－9，383－3・12・15・16，384－7・10，385－7・9，386－5・10・16，387－3，394－4，404－6，406－5，413－13，419－9・14，432－15，434－1・12，435－7・13，465－9，467－1，468－10，472－5・8・11，479－12・15・16，480－1・7・14・15，481－7，503－6・7・10，510－15，511－1，512－2・4・5
——穀　300－10，511－1
——倉附帳　433－2
——帳　405－15・16，407－3，419－10，433－5・13・14，435－4
——稲　161－14
——返却帳　433－7
——用残　435－13
——率　303－2
正倉　201－7，343－5・6・11・14，344－8・16，345－16，346－15，349－10，359－6，360－10
——院　201－5，206－4，343－1
——帳　415－5
正贓　465－4，476－8，477－12，647－7，670－2，679－4・5，681－13，696－

1
正中男　355－11
正丁　276－12，418－5·6，421－3，422－1·15，423－2，443－10·12，444－4·6·7·9，447－5·7，451－9，456－2·4，505－13
正冬朔会　566－7
正文　247－5，427－11，682－10
正法　374－6，640－7
世間　534－16
世習（者）　698－1·11·12
世俗　531－6，535－6
世尊　173－7，702－3
成川（かわなり）　291－3
成選　22－9
姓　23－15，118－5·6，132－4
青簡　534－16
青紙　66－7
青摺　164－11，545－8
——衣　124－8，546－6
——日蔭蘰　131－13，133－14，141－16
——布袂　124－1，125－8
——布衣　71－6
——布衫　132－16
——布袍　141－15，152－4，170－5·6
——袍　123－16，124－2·4
青橡御服　170－4
青瑣門　178－6
青苔　197－13
青馬　220－3，365－6
青苗　330－13，489－1，516－1
——簿　331－2
——簿帳　330－16，331－12
青龍　196－2
——車　536－9
制式　277－2
制勅　534－3
制服　562－2，563－2·12
省員　579－2，582－7，585－2
省営田　119－6·7·13·16，121－9·14·15
———稲　121－14·15
省掌座　125－14
省符（民部）　417－15，429－5
省例（大蔵）　206－3
清涼殿　50－4，65－9，81－12，174－1～3
性識慧了者　701－8
政座　529－3
星宿　607－1
聖（ひじり）　537－1·6，539－9·11
聖王　487－11·12，535－13，641－3
聖教　535－4
聖主　245－6·7，626－15，629－14
聖上　174－2
聖神　659－7
聖人　99－10，106－16，109－5，110－6，122－15，487－7·10，537－4，

539－11，629－8，641－7，643－11，708－3，710－6，711－12
——之法　577－3
聖代　544－1，551－11
聖朝　537－10
生玉　122－9
生徒　259－4，711－7，715－15，716－1，719－1・16
精好　259－9・13，261－15，262－3，268－4・13・16，269－6，271－7，272－2・5・12，273－2・4・14・16，275－3
請印　10－15・16，27－13，133－10，231－14，375－16，508－10
請假　21－15
請書　176－2，177－9，178－2・5
請僧　377－9
請文　159－16，161－1・6・7，377－8・10，437－12，465－5
請用　384－7
誓願　173－13，537－3
誓槽（うけふね）　125－3
斉衡二年帳　316－5
鯖　311－8
税　283－5
税帳　129－5，159－11・16，254－13，265－9，266－16，292－2，306－3・7，311－14，317－10・14，318－6，321－8，405－12，408－6・16，409－15，410－2・8，415－6・8，416－10・16，417－1・6，419－9・12，420－1・7，424－10・13，425－1・4，426－7，430－8・9・12，431－1・3・7・8・10・15，432－3・16，433－3・4・9，434－9・13，435－2・12・16，436－4・12・13・15，437－5・9・13・15，438－1・2・5，439－1・11，469－14
——公文　410－8，417－6，419－12，425－1
——枝文　430－9
——返抄　426－7，431－10，433－9
税簿　441－11
筮占　711－9
西掖門　132－5
西夾門　138－12
西国　537－7
西廂床子座　102－5
石灰　437－6・7
石清水臨時祭日　589－8，594－8・13
赤羽　111－10
赤疫　211－14
赤縣　104－8，107－15，111－3
赤子　422－12
赤漆倚子　74－8
——床子　53－14
——長床子　39－11
赤幘　213－1
赤紐　152－4，165－8，170－5・6，546－6

赤土 437－6
赤白橡袍 559－6
赤眉 19－13
籍 282－12，283－7･11，286－1，650－4，657－1，658－8，674－6
籍書 426－6
籍帳 296－3
蜥蜴 704－14
責課法 616－8･11
折櫃 97－16，218－13
折薦 74－4，200－3
——茵 706－12
——畳 90－7，176－12
——長畳 90－5･6
折中 368－13，513－8，625－14，626－1･2･4･5，630－14･15
——之法 509－14，623－1
折敷 28－16，30－5，44－8，67－13，546－14
摂録 232－11
屑米 58－11
竊盗 102－15，103－14，104－6･14，107－4，108－2，109－1，110－1･16，112－1･16，252－5，258－3，260－2，268－6，271－11，352－15，464－15，467－6，468－1，472－14，475－16，476－15，477－10･11，478－6，497－16，499－16，526－11，627－15，628－6･13，632－11，655－16，658－12，667－16，679－10･11，681－12，683－6，692－10
節 58－5，59－8，138－3，171－12，557－2，559－9，580－11
節歌 128－4
節会 38－7，57－5，58－3，66－3，69－4，81－13，97－6･11，101－15，132－14，220－10･11，274－8，551－8，557－11･12，571－1，578－1･4，582－16
——之禄 274－8
節婦田 282－3，284－2，285－2，440－5
節禄法 61－5
褻服 548－10，549－4，550－2･5，560－16
説経 371－6，537－3
絶蔭 423－16
絶戸 296－4･6
——田 296－1･8～10
千花錦繡之帳 197－14
占験 712－7
占氏 698－1
先王格言 4－11
先華之朝章 5－1
先考 196－15，197－6
仙華門 127－7，129－12，165－11･12，167－8，219－10
仙人 58－15
宣 13－3，26－6，27－15，28－6，31－5･10･11，32－4，36－8･9，40－7･8･11，44－4，49－9･10，50－11･12，51－9･11，52－

6・10，53－9，54－4・5・8，59－15，60－1，63－2・10・11，73－5・11，89－4，93－2，100－12，120－3，121－5，126－3・4・7，130－7，147－13，154－2・8，158－15・16，159－7，160－1・9・15，161－8，174－16，175－6・15，182－4・14，183－7，186－4・8・9，193－1，195－1・6，201－14・15，205－16，206－8，207－2・3，224－13・15・16，225－1・15，229－5・6，245－13，246－3，251－9，252－8・16，253－6，254－4，255－11・12・15，256－7・9・11，257－9・11，258－6，259－5・12，260－4・15・16，261－1・2・12，262－2・7・13，264－13・16，266－2・8・10・12，267－10・13，268－8・14，269－2・4・12，270－5，271－2・14，272－4・12・14，273－1・7・13，274－3・12・14，275－4・14，277－5，278－1・9，279－8・13，280－7，286－2，288－2・14，292－6・7・15，293－12，294－3，295－9・15，296－11，297－3・14，299－11，300－1・2・11，301－3・11，302－9，303－3・4・13・15，304－12，305－13，306－9・13，307－12，308－4・10，311－14，312－2・8・9，316－16，317－7・15，318－2・6，321－8・9，328－13，329－8・10・16，330－8，331－6・7・15，336－8，337－10・16，338－3・16，339－1・6・8，342－7・12，343－2・6・8，344－12・16，345－9，346－6，347－5・8，348－2・9・14，349－8，350－3，356－5・9，357－2・6・12・15，358－2・8・13，359－4・15，360－13，361－9，366－6・16，367－1，368－6・11，369－14，370－5・6，371－7・10，372－3・4・7・14，373－9・12，374－8，375－4，376－4・5・16，377－1・9・10，380－7・14，381－4・5・9，382－15，383－7，386－4，387－5・7，391－5，392－4・9，393－8，394－1・8・13，395－3・12・13・15，396－4・9，397－6・7・15，398－9・16，399－5・15，404－13，405－1・3・9・13，406－6・12，407－4・9，408－3・6・11，409－1・7，410－4・10，411－4・9・12，412・8，413－5・12，420－3・8・11・14，421－8，422－5・7，425－6・13・14，426－12，427－11，428－9，429－1・8・11，430－3・5，431－1，433－9・11，434－3・13・14，435－8，436－2・10・16，437－1，438－2，440－14，441－5，446－11，447－1，448－5・11，449－2・8・12・13，450－1・2，452－8，454－4，455－10，457

－16，458－7・15，459－6，461－11・13，462－10，463－2，466－12，467－1・14，468－15，469－10，470－4・14・16，471－2・7・8・12，475－7・9，479－11，480－1・3・10，481－6・8，489－12，490－2・3，492－4・7・14，493－13，494－4・7・16，495－7・10・14・16，496－2・14，497－4，498－13，499－4，501－11・14，502－12・13，503－11，504－6・7，505－5，507－15，509－3・6・10・13，511－7，512－1・11・14，513－16，514－5・10・11・16，516－3，520－7・8・12，526－13・14，527－15，528－14，529－1，531－8，532－6，542－3，543－8，544－3・7・14，545－3・5・12・16，546－2・16，547－3・7・10・14，548－2・13，549－5・9・10，551－2・3・15，552－1・2・16，553－7，555－15，556－8，559－9・14，562－15，563－11・16，580－10，593－10，594－5，595－5・6・14，596－1・11・12，597－12，598－6・15，602－3，604－11・14，605－4・5，608－14，610－10，611－3・11・16，612－1・12，613－3・6，615－9，616－5，620－3・6・10・14，621－3，631－6，632－1・6，660－3・10，661－4，662－7・11・14，663－7・12・15，664－1・11，665－8・9，666－8，667－7・8，687－10，690－5，691－6・7

宣華門　218－16

宣旨　6－4，16－2，32－4，36－13，129－7，137－10，139－6，140－11・12，160－7・14，161－5・6，170－12，182－1，183－8・10，260－9・11，261－2，274－14，280－6，292－4・5・13，303－9・12，312－1，330－15，376－13，404－6・7，428－7，431－2，435－14，437－15，440－12・13，441－3・4，449－7，501－16，514－15，517－2，518－7，526－8，527－6，528－3・6，529－16，530－1・3，532－10・12，533－2・5・9，544－14・15，545－3・6・14・16，546－4，548－5，550－12・14，551－9，553－8・11，554－2・11，555－13・16，565－4，580－10・12，598－7，602－6・7・9・10・12・13・15，603－2・5・9，604－7，608－3，620－6・10，621－1・2，627－12，662－11～13，664－16，665－5・6，688－16，689－16，690－3，691－3

――職　533－5

――文　274－3

宣詔　106－7

宣仁門　80－12，231－6

宣制　148－8，151－

15
宣風坊　716－10
宣命　4－13，63－8，65－1·2，71－12，105－6，108－6，128－7，138－3，146－15，148－8，151－6·10·11，155－4，164－15，166－1，167－11，171－9，218－15，225－12，232－14，241－6，243－12
——版（位）　61－14·16，62－1·7·9，147－5，151－14
——文　63－8，66－7，75－15，148－6·7，151－6·7
宣陽門　54－2，217－1
専城之宰　493－3
専当　24－10，25－4·5，26－1，252－9，258－7，260－5·9·13，268－9，271－15，279－3，301－6，303－11，328－14，329－9，330－1，343－7，357－13，383－9，405－1，409－4·5
——郡司　260－13，439－15，465－5，512～3
——国司　260－9·13，409－4·5，512－3
——人　450－12
——調綱郡司　278－7
苫（とま）　199－14
茜（あかね）　542－3·4，550－3～6
薦（こも）　71－16，74－14·16，123－11，168－14，190－15，202－9，203－16，204－15·16，206－10·16，665－4
薦張（車）　555－14
選挙　372－8
選番　26－1
選別記　26－1
選文　18－9
遷宮　79－9
遷替　255－9，256－4，278－8，302－15，312－7，335－14，337－14，338－5，345－12，346－5·8，353－5，356－1·7，358－12，365－13，366－16，399－7，404－10，406－7，407－5，411－13，412－4，434－3，435－9，460－9·10·13，461－12，474－16
——官人　460－9·10·13
——送丁　443－4，459－8
——料　462－5·12·13
遷代　401－11，459－9，460－5，461－4·6·9·10，462－7
——官人　345－8
——之吏　471－4
遷謫　4－5
遷任　82－11，83－4·6，86－4·6·8·10·12·13，460－2，661－2
阡陌　281－7
撰式　527－10
泉壊之蹤　5－13
洗人　127－4
浅杉染袴　560－1
浅紫衣　558－6·9
浅緋衣　558－6
——綾　550－3

浅縹衣　558－7
浅履　141－15，170－5・6，207－7
煎塩　311－8
染袴　559－5，560－1
染色　558－16
琁圍　106－4
筌　235－4
箋　629－2
箭　123－10，217－5，218－9・12，220－10
籤符　375－14
船　464－5，614－13・14
船瀬功徳田　282－3，284－3，285－2，440－6
践祚　649－11
賎　418－5，579－15，599－14，684－9・15，695－16
賎隷之輩　549－15，684－13
銓擬　18－4
銭　40－3，41－13，90－11，91－5，162－2，247－3，292－5，398－16，430－1，489－1，512－13，543－2，665－12，670－7・8，680－13
銭刀布帛之貨　487－12
饌　82－2，166－4，167－14
饌座　42－16
饘粥　375－7，384－4
鮮物　133－15
鸇（はやぶさ）　593－5，612－6・7・10・12
全輪　323－14
善（考課）　19－5～7，20－13～16，83－12・14，84－1，85－1
善縁　640－9
善慧　8－2
善最　18－8，22－7，25－5
善女人　173－7・9
――天　45－7・10，46－9，702－2
善政　489－3
善男子　7－1～5・7～11，8－3，45－13，173～7・9，183－11
善吏　329－12
前駈　572－7・16，596－1・9・10
――後殿　122－11
前人入罪之法　687－12・13，689－12
前殿　59－13，106－15
前版　75－9・10
前輿長　71－6
然蘇　183－16
然燈　46－13
膳夫　95－6
禅師　46－16
繕写公文　519－6
蚺蛇　704－14

そ

曾青　704－13
爼　131－9
蘇　177－3，183－

13〜15, 184－3·5·8, 186－1〜3·5
蘇乳　704－4
蘇芳　511－8·9·13, 558－8·11·12·14·16, 559－2, 560－14·15, 567－14·15, 579－6·7
――下襲　558－11
楚（国名）　244－9, 518－14, 643－8, 644－6·8·14
楚割鮭　310－4
楚朴　644－8
祖神社封戸　341－5
祖墓　513－9
租　119－4, 276－9·12, 281－9, 282－7·11·15, 283－3·4, 284－6·12, 294－8, 296－15, 297－8·10·11·14, 299－4·5·15, 300－8, 302－14, 331－2, 434－11, 443－11·12, 447－5, 483－1·6, 484－4〜7·9〜11, 485－9〜13·16, 488－7, 500－16, 504－14, 505－13, 506－4·6
租交名帳　440－2
租穀　159－14, 326－1, 438－9, 498－14·15, 500－1·2·5
租舂料　433－3, 434－9
租税　251－2, 266－7·8, 270－11·12, 278－4·7·9·15, 279－3, 280－2, 283－4·11, 294－8·11, 299－15, 301－6, 302－5·8, 327－5, 342－14, 349－6, 359－2, 433－1, 453－2, 469－14, 478－7
――交名帳　427－1
――調庸専当　279－3, 301－6
――未納　299－15, 327－5, 349－6, 359－2, 478－7
租損益帳　433－2
租地子帳　430－12, 431－4
租帳　254－12, 265－8, 303－8·10·13·14, 306－8, 317－14, 415－6, 427－1·5〜7, 436－4·13·15, 439－16, 440－1·3·8〜10·12·13·16, 441－2·3·5, 484－1·4, 490－7, 493－10
――枝文　440－1
租田　318－3·4
租稲　276－13, 281－8, 282－6, 296－16, 297－16
租米　398－16
租法　297－15
租目録帳　433－2
租料　323－6
素衣　550－2, 561－1·5
――麑裘　550－2, 561－1·5
素簡　5－10
素績裳　211－9
素服　20－3, 567－13
訴訟　398－4, 564－10·14, 627－9, 689－16
訴状　670－12, 687－8
訴人　17－7, 670－10,

687－8～10
麁悪（調庸等）　251－1･2，252－4･6，255－8，258－2･4･16，259－10，260－2，261－16，262－2，267－6，268－6･12･13･15･16，269－6･9･10･13，270－2，271－8･12，272－2～4･6･13
麁筥　123－10･13
鼠　208－12
倉　305－3，331－8，334－10，342－5･7･13･14，343－7･8･11･14，352－11，387－14，462－15，463－5，487－14，500－16
倉院　342－11，343－2
倉屋　278－5
倉庫　342－6～8，343－16，444－11，445－6，463－5
倉舎　342－12
倉薦　217－9
倉蔵　334－10，463－2
倉付帳　430－10･13
倉廩　274－11，467－2，468－11，469－3，640－10
倉粮　247－3
僧　173－15，368－8，370－11，371－3･9･11，372－4･13，373－3･7･13，374－1･6･14･15，375－1･2，376－14，377－5･8，378－9･11，380－3･5･7･10･11･14･15，381－11，382－8･10･11，383－11･14，384－3･9･13～16，385－12～15，386－4･11，391－9，395－4･12，396－3･8，400－1･13，401－16，402－3，456－3･6，478－7，488－5，527－2，535－15･16，536－9，537－3･7，541－3，556－12～15，563－14，564－9･10･14，571－1，572－1，597－16，598－10，604－4，607－6，635－10･11，643－4，669－6，675－3･11･15･16，712－8
僧位　712－10
僧座　176－6･15，178－10･16
僧寺　378－9･10，380－5･11
僧所　178－15
僧尼　378－11，381－2･4～7，383－2･4，384－11･12，391－9，392－15，398－4，527－7，541－3，556－12～15，563－14，564－9･10･14，571－1，572－1，598－10，604－4，635－10･11，643－4，669－6，675－3･11･15･16
――帳　415－12
――布施供養料　377－8
僧房　176－16，177－11，542－16
僧侶　396－5，553－5，595－5
壮子　422－13
送葬之家　480－3

――夫　445－13
遭喪　579－2, 582－7, 585－2
――帳　417－12
宋（王朝）　14－13, 568－3, 654－12
宗義　96－5
宗廟　3－3，197－4，209－6，211－8
草（薬草カ）　364－9･14，620－4
草案　225－3, 226－2, 230－9
草鞋　562－3, 563－2･3･12･13
草塾　79－16，80－1，149－6
――座　80－1･2
草薬　701－13
草隷　6－16
荘厳　173－11
藻壁門　220－13，221－図
葬料　480－9
挿頭（花）　24－5，31－9，134－3，165－8，166－3，167－13，168－12･13，169－7･16
掃墨（はいずみ）　555－15
喪家　480－13，481－6，521－5･7
喪解　507－9
喪病料　443－8，481－12
惣返抄　256－2･9，424－16
争臣　510－4
早稲　302－4
曹　227－11，674－6
曹局　720－5
曹司　25－2，91－7，149－1，335－10，625－3･4，679－4
――院　565－14，566－3
――座　586－1，587－6
――庁　23－9，25－9，585－16，586－14
桑　208－14，276－9，330－13，484－7，485－16，486－1～3，488－7，513－1･2･4･7･10～12，514－2･5･9･10･15･16, 515－7･8，516－1，560－14，706－2，707－9･11，708－図
桑漆帳　415－5･12，417－5，513－4･12
桑樹　514－9･15･16
棗（なつめ）　516－1，704－12，705－12
棗豆　58－11
棗木　330－13
椶櫚文青摺袍　165－8
槍杖　70－3
槽　126－13
皂衣　211－12
皂袷袍　217－3
皂製　213－1
皂単裳　217－3
皂縵頭巾　562－2, 563－2･12，564－9
皂羅頭巾　564－8
瘡病　698－5

装潢　519－7
装餝　200－3
装束　9－9，27－3·4，29－1·15，37－2·7·9，39－10，41－16，51－15，61－12，70－2，91－2，100－7，101－11·12，148－13·15，165－4，167－3·5·7，170－4，171－12，177－10，203－8·9，218－4·7，219－4，220－7，370－10，548－1，552－13·16，562－15，563－11，593－2，598－2，599－3·6
——馬鞍　552－8
——分別之法　557－6
——料　123－15
奏　224－5，246－7·11，247－1·5·8·10·13，249－15·16，343－15，368－14，397－12，398－6，461－3，463－3，489－11，513－16，520－12，522－5，536－3，610－8，621－3，637－6，658－12，685－4，688－4，689－2·3，690－5，691－6
奏案　441－9
奏歌　141－7·11，148－3
奏賀　171－11·13，172－2·5
奏楽　63－6，64－10·14，81－16，82－2
奏御宅田稲数　117－8
奏裁　22－4，655－8
奏事　248－15，249－2·3·6·7
奏書　485－8
奏諸司冬衣服文　170－16
奏状　48－5，93－2，130－8，138－1，154－1，160－5·12，161－2，183－3，238－2，270－12，273－12，278－16，289－8，291－15，292－11，295－3，304－8，349－5，356－15，357－2，359－1，365－10，373－1，375－13，397－1·11，428－2，452－2，474－3，475－7，513－11，549－3，550－10，554－11，555－13，556－3，563－9，611－7，637－3，655－9，663－11，664－5，688－14·15，719－5
奏進　16－2，250－1
奏宣　16－3，20－10，83－12
奏瑞　171－13
奏弾　631－13，664－6，689－3
奏舞　125－8
奏文　16－5，89－13·14，121－16，207－16，216－10，290－6
奏聞　14－3，22－4，71－12，180－15，207－16，225－3·13，226－9·15，227－16，230－9，231－2，247－4·12，249－8·9·11·12，275－5·7，295－4，325－4，344－2，350－12，368－7，369－3，370－10，372－3，374－11，379－15，398－11，

451－1，452－3，474－9，483－8，484－11，485－7･8，486－1，488－7，491－15，508－3･5･7･14，511－14，518－9，522－2，541－3，552－5，598－7･10，611－1，613－7，620－4･7，621－8，634－9，661－11，662－3，664－6，689－2，697－4，698－3，701－11
奏暦　100－10
竈　128－2
箏　80－6，650－10
箱　553－14
総鞦　598－7
総判　154－9
総目　154－5
粽　90－15
糙　323－11，431－7
糟交　203－14
走馬　6－8･10，164－10，165－5，167－5，365－7，599－2･3･6
——装束　599－3･6
——負方輪物　97－11
——輪物　97－10
霜雹　488－6，493－16，496－16，498－16
造館　511－4
造供神物料度　128－16
造蠱　599－12･13
造寺用　386－11
——料稲　386－13
造式　207－16
——所起請　458－6，459－3，480－7，501－8
造酒司座　131－8
——司料米　119－13
——殿　57－10
造籍　578－16
造船　649－13
——瀬料田　282－4，284－3，285－3，440－6
造曹所　27－5，28－11，29－3
造地子帳　312－4
造帳　431－14
造塔之寺　378－7
——料　477－14
造道橋料　720－9
造目　82－7，101－3
造暦　99－7･8･15，100－2･5，697－3･6
蔵人所衆　554－5･13
———出納小舎人喪病料　478－13
———料　101－14，181－4
———例進雑物　270－2
象　45－16，46－1･2，521－10，568－11，569－1
贈位　4－15，5･3･4･9･10，673－11
贈官　5－9･10･12
贓　11－14，162－1，261－11，271－2，364－12･13，455－13，463－5～8･12～15，464－8･13，465－10～12･14，466－7，467－6，468－5･13，469－12，476－2･8，477－11･12，488－8･9，494－1，497－1･2･6，498－2，499－1･2･6，

500－3，508－15，604－1，613－10･11，614－4･13･16，616－9，619－4･5･13，630－10･15，632－12･13，643－2，647－7，655－7，658－15，660－7･16，679－5･10～12，680－15，681－13～15，691－15，692－12～14，695－13･16，696－7

贓私 466－12

贓状 624－3

贓贖物 665－5

――未納 660－7･16

贓畜 619－2

贓布 638－7

贓物 247－2，353－2，467－2･5，468－3･7･12，469－4･7，472－11･14～16，476－3，630－16，667－12

贓賄 23－4･6･7，464－2，509－1，623－7～9

束帯 688－10

束法 299－1

則闕 15－12･13

即位 2－14，19－10，47－16，466－8

息津鏡 122－8

息利 13－8

足玉 122－9

俗衣 564－10

俗官 595－6

――法 370－10

俗形 564－11

俗儒 646－9

俗人 564－14，675－13

属官 18－2･9

粟 19－14，77－8，81－3，87－15･16，117－9･11，119－16，121－9･11，360－6，463－5，465－5，489－1･2，505－9，516－3，620－4，704－16

粟穀 465－5

粟炊雑 81－3

粟畠 620－4

賊 628－9～16，629－1･2，685－3，692－8

賊地 628－3

賊盗 628－1･8，685－2，689－11，690－11，701－5

賊法 628－2

率川祭 115－7，116－13

率土 59－8

率分 266－9･11，274－10，303－1，326－1，425－1

率法 266－2，303－2，422－3･4

尊像 93－15，94－5･12，174－9，379－10，386－13

尊長 571－11，583－4，600－4･12，601－7･9，648－3，649－4･5，656－8･9･11･12，672－6，673－12～14，674－5，676－2･4･6･7･11～13，688－4，694－8･13～16

――養老之道 284－15

損（免） 483－11，484－4～7･9･12～16，485－2～7･

9～13·16, 486－1～3, 488－8·9, 489－16, 490－1·3·4·7·11, 491－5, 492－1·8·12, 493－7·9, 494－2, 497－2, 499－2, 501－16, 502－10·12·14, 503－6, 504－3·4·14, 505－2, 506－4·6, 508－7, 516－5
損益 306－3, 407－16, 414－2, 424－11, 454－2
――帳 420－1, 427－4·7, 430－14, 431－4·5·9·10, 433－1·2
損戸 328－4, 418－14, 419－1, 427－11, 483－8, 484－12, 489－13·14, 491－4, 501－11·13·15, 502－1·2·5·8·14, 504－10·12·15, 505－3, 506－8
――交易 483－3, 502－8
――帳 501－13
――法 502－8
損田 276－6, 326－3, 418－14, 419－1, 483－12, 484－12, 485－2, 489－8·10, 490－3, 491－4·7～13, 492－7, 493－2·3·9, 496－2, 501－9, 504－10, 505－2
――戸 276－7
――使帳 501－9
――七分以上帳 427－1
――坪付帳 483－1·6
――目録帳 504－14
損不堪 68－11
―――佃田 326－9, 483－1·6
孫王 71－4, 203－11, 558－5·8, 559－4, 557－13
――座 203－11
村 217－14
村邑 343－3, 446－15
村里 343－11
――幹了者 322－15

た 行

た

他郷人　508－7
他里受田　485－6
多男父　418－5
―――帳　417－12
多丁戸　501－10·15
太襁　72－4·8
太子　118－13，236－3
太上天皇　145－11，146－3
太神宮幣　75－5·11
太政官座　125－12·13
―――処分　557－7，588－5
―――牒　396－2
―――騰(謄)勅符　330－5，345－16，468－10，612－8
―――符　3－7，36－3，59－15·16，82－10，153－16，159－3·10，174－11，175－4·5·7，184－4，186－4，191－8，195－4·10，251－3·5，252－3·15·16，255－5·7，256－1·3·13·15，258－1，259－16，261－7，262－5·7，264－8·10·12，266－6，267－7，268－3，269－16，270－10·13，271－6，273－10，275－1·10，286－11，287－7，290－8，291－13，299－6·8·14，302－11，303－7·11，305－9·16，306－2·16，307－15，312－12，317－1，330－6，331－1·13，337－9·13，338－1，339－3，343－6，344－6，345－7·15，346－14，348－1·8·9，349－3，350－12，356－5·14，357－8，358－1·8，360－11，365－9，366－13，368－5·6，369－10，370－1，372－2·6，373－5，374－4·15，375－10，376－8，377－6，379－7，381－3，382－11，386－7，391－4·11·12，394－7，395－7，396－14，399－15，404－10，405－8·16，406－16，407－2，408－8·15，410－1，413－11，420－6·11，421－10，424－12·15，426－3，429－5·14·16，433－8，434－8·16，435－14，437－4，446－7，448－7·15，449－10·15·16，453－12，457－13，458－6·11，459－2，460－9，461－2～5·8，463－2，465－7，466－16，468－9·15，470－6·10·11，472－4·10，474－1，477－12，480－6，481－5，489－11，493－6，494－10·12，496－15，498－15，501－6·8，502－

11，503－3·14，504－11，511－5，512－8·12，513－6，514－2，546－12，547－14，548－6，550－7，551－12·14，553－13，554－1，555－10，559－13，563－6，594－12，595－10，597－2，605－2，608－13，610－7，612－7，613－1·2，615－8，631－4，660－14，661－10，662－2·10，663－7·9·11·12，664－13，665－13，670－9，688－13～15
太弟（皇太弟）　151－4
太刀　123－10
——契　76－1
太陽　707－11，717－10
陀羅尼　7－13，46－6
打絃　179－6
打掃（払）　132－6·9
——筥　132－5
糯　119－16，121－9
糯米　98－1，121－10·11，309－11，310－1·7
——飯　705－12
鈦枷　691－16
対捍　278－3·5，279－12，413－4·9
対策　2－2，591－13·14
対試　700－7
隊伍　289－8
怠状　50－6
胎蔵　373－1
帯　172－6～8
帯剣（劔）　176－16，521－7·9
——者　52－14，62－11·12，132－5·8，165－3，167－3，188－14，201－11，202－8，203－4
——人　204－16
帯国諸司官人　159－3
帯仗　521－8
待賢門　205－14，220－13，221－図
大安殿　102－11，583－14
大雨　340－16
大王　45－15·16，46－1
大黄　601－4，713－1～3
大歌　108－6，117－5，137－10·15·16，138－4～8·10·11，139－15，148－5，151－1
——座　129－11，134－10，147－10，148－3
——人　127－7·8，129－12·13，148－1·3，150－9
——人座　148－11
——人名簿　97－3
大会（維摩会）　92－15
大褂　179－3
大寒　220－13
大間書　172－15·16
大忌　131－14，132－1，135－9，139－4，141－9
——幄座　131－13

——王卿　132－11, 141－16
——官人　135－1
——公卿　134－14
——座　135－5, 139－12
——参議　132－10
——侍臣　169－5
——親王　131－13·15, 136－15, 137－6, 147－13
——標　136－15
大儀　666－12
——十条　700－7
大凝菜　375－7, 384－5
大逆　625－10·11, 648－10, 679－8, 682－2, 694－8
大御神　45－4
大橋　444－15
大饗　688－10
——座　580－6
大経　706－11
大極後殿　72－1
——殿　72－2, 73－15·16, 74－2, 76－2, 172－2, 179－8·10
——殿院　71－13
大歆政　118－2
大圭　569－6·7
大原野祭　117－2
大鉤　506－14
大国　287－3·13, 358－9, 430－13, 431－5, 451－6, 454－12, 457－9·10, 459－14·15, 484－13, 489－13, 502－1, 507－7·10, 509－9·13·16, 510－2·7, 512－2
大穀　3－3
大斎親王　151－4
大宰厨戸　418－3
大戴礼　99－10
大祭祀　246－15
大祀　88－8·13, 246－15
大師　6－13·15
大自在王菩薩　47－12
大寺　384－13, 385－3, 393－7·8·10, 401－11·16
大路　506－10·11
大（社）　128－14, 649－10
大舎人座　203－12
大赦　497－15, 499－15, 599－14, 681－6
大車　553－14
大射　588－12
大衆　401－16
大女　509－10, 612－1
大升　297－16
大床子　10－2, 14－13, 42－1, 43－11, 53－8, 74－6, 129－9, 147－3
大乗　95－3·4, 198－4, 394－10·11
大仗　588－15
大嘗　130－2, 131－4, 132－13
——会　57－12, 138－10, 142－3·4, 541－14
——祭　131－4, 132－16

大場之儀　543－13·14
――路　54－2
大臣座　74－15, 79－13·16, 125－12, 135－7
大神　45－5, 70－12
――祭　170－13, 173－1, 188－2·6, 200－13
大炊寮飯料米　719－16
大瑞　207－9·15·16, 208－4, 209－3
大税　282－9
大蔵省座　206－16
大男　509－10, 612－1
大智　368－10, 372－4, 374－12·13
大腸　183－14
大長筵　37－8
大帳　294－7, 408－14·16, 409－14, 415－6·8·9, 416－10·14～16, 417－1·4～6·10·14, 418－7·9·11·15, 419－6～10·12·14, 420－1·5·7, 421－12·13·16, 422－1·2·4, 424－10·11·13, 425－4, 426－4·9·10, 427－3, 428－1·2·4, 433－9, 437－16, 438－16, 455－2·6, 501－8
――公文　417－5, 419－12
――後死帳　417－16, 427－2
――返抄　424－11, 426－4, 433－9
大通万広之法　174－1
大庭座　54－2
――装束　53－13, 54－2
大殿　70－10
大簦　557－13
大奴佐　58－2
大刀　335－1
大豆　58－10, 117－10, 311－7, 328－15, 384－4, 704－12·16, 705－13
大唐之音声　30－4
――舞　30－5
大儺公　217－16
――賦　215－2
大内（裏）　75－8, 126－2, 174－15, 393－16, 543－16, 552－8
大白（星）　644－3
大麦　329－2·7·9, 330－4·13, 516－1, 704－16
大八洲　145－12, 146－3
大般若経　179－7
大盤　79－2
大微宮　528－5
大不敬　413－9, 649－10, 650－1
大夫見参　151－5
――座　134－12, 203－11, 204－4
――座料　101－14
大風　340－16, 351－11, 478－9, 500－12
――雨　31－13
大祓　187－7, 210－12, 216－15, 220－1·5, 240－9, 540－2
大幣　165－1, 649－

10
——帛　72－4･7
大辟　88－6，89－4，143－2，352－15，475－14･15，476－7･15，477－9，478－5，497－16，499－16，631－7，645－15，646－2
——之刑　88－10
大菩薩　45－3，47－12･13
大簿帳　416－15･16，417－3
大法輪　96－5
大房　593－3，599－9･13～15
大命　145－12，146－5･6･11～13･15
大粮　300－9，434－12
——米　638－8
——料　300－10
大礼　566－8
大練葛　561－2
大籠　118－5
大和尚位　373－1
乃貢　186－6，255－15，257－2･4，268－13，269－5，272－3，503－8，504－3
台鉉　5－11
台座　523－16，524－6･7
台盤　65－16，66－1･2，69－2，81－4，102－5･6
宅　280－2，302－5，325－8，464－5，471－13，513－7，602－11･14，603－4，645－6
宅舎　181－15
槖籥（たくやく）　3－15
託宣　45－5，47－13
鐸　125－3，150－9，650－10
達智門　217－3，220－13，221－図
奪位　635－16
——禄　51－10，189－6
奪夏冬衣服　189－4
奪季禄　189－4
奪公廨　251－7･10，252－10，254－9，258－8，260－6，265－5･12，268－10，269－13，271－15，405－3･8･12，407－12･14，408－1･5･6，492－5･13，493－11，508－12，509－4
奪俸　253－5，262－12，463－1･15
——料　436－8
奪料　251－6･8，253－14，261－6，263－5･15，413－14，414－1
——物　263－16
奪禄　470－16，623－8･9，633－9･13，661－11･16，662－1･3･5，663－15･16，664－10
脱漏（公文）　277－15，436－15，437－14
丹菉　66－11
丹砂　59－1
丹青　94－9，606－15
炭　231－3

淡路之海人　118－11
堪射之人　91－8
探韻　64－5〜8，67－11，68－4・5
探字　68－3
探題　92－11
擔夫　121－4，201－10
単　100－6
単（ひとえ）　561－3
単衣　124－2・5
単袴　124－3・5
単功　351－1
単裳　557－10
単丁　624－8
単服　561－1
啖人国（国名）　518－14
膽（牛・馬の）　364－5
毯代　42－1，51－16，129－9，147－3，165－6・14，167－5・10
端五　59－7
端午　66－16
端畳　176－6
端門　528－5
短冊　23－11，24－1，26－1，28－9
――筥　23－9，27－15，28－10
短策　26－6・9・10
――筥　26－8・14
短尺　98－8
短燈　134－6
檀越　96－5，388－2・14，392－1〜3・5，393－1〜4，397－12，14〜16，398－4〜6・8〜10・12・15・16，399－2・4・5・10，401－5，402－3，403－5・7・10・13，404－1
弾琴　150－15，167－1
――之者　166－16
弾罪　270－7
弾正弾事　532－12・13，533－9
弾奏　518－9，519－1，525－16
弾例　519－4，528－12，541－13，550－11，575－8，631－1
断決　89－1
断獄　533－16
断罪　443－6，465－6，519－16，521－2，522－6，623－1，630－6・7・12・14，631－14，632－1，641－1，660－1，669－11，682－4，683－13，692－6
――之司　22－13
――文　89－9・16，670－15
断奏　89－5
断文　89－8
談天門　220－13，221－図

ち

地黄　707－10，708－1・図
――煎　177－3
地下　53－5，179－4
地獄　7－8，176－8

地子　13－9，95－15，96－11・13，155－6，284－7・8・11，291－12・15・16，292－2・6・10・11，293－2，294－11，296－1・6，297－8・16，303－10・12，304－11，305－10・11，306－4・10・11，307－1・2・11，308－5・9～11，312－4・5，316－11～13・15・16，317－2・4・11，318－5・7，321－12，322－1・11，325－16，326－1，327－4・7・9・12，328－6・7，332－4，465－9・10・12，503－1・6・10・16，709－3・5
――穎　327－14
――交易　318－7
――交易直勘文　312－5
――帳　305－13，306－2，316－13・16，317－9・16，318－1，321－6，415－3，440－2
――田　283－1，317－4，318－3・4，504－4
――稲　291－14，307－1・2，308－5，312－14，317－5，318－5，327－9，328－1・3，503－4，504－5
地摺袴　165－8
―――蒲萄染　170－5
地震　226－11，500－12
地租　296－16
地利　180－12，294－10，296－4，388－16，403－10・14，404－2，495－1・12，516－4・7
池　354－3
池堰　338－10，344－16，345－16，346－15，356－7，357－11，358－3，360－9・10・16，495－2，516－8
池渠　342－5
池溝　354－4
――堰堤　357－9，358－16
――帳　338－13，415－5，416－1，417－5，430－12，433－2
――料　285－8・11
池隄　445－6
治田　282－1・11・12，332－8，516－5，719－15
治部省座　206－16，207－3
――奏　207－16
――例　207－15，208－2
置物御机　90－4
――所　201－11
雉　209－13
笞　12－6・8・14，19－3，193－11，194－8～10，227－9・11・14～16，228－1・2，248－15・16，249－1・2，252－7，258－5・14，260－3，268－7，271－13，364－11・14・15，407－13，423－12，455－14，463－9・10・15，464－3・6・14，474－3，497－6，499－6，519－4，521－8，525－14，564－12・16，565－3～5，571－12，572－

13，573－11・14，574－3・6・7，591－2・4～6，600－13・14，608－8，613－12，614－8・12・13・16，615－14・16，616－1，617－4，620－6・9・11，623－11，624－10・11・13・14・16，636－13，643－7・8・10，644－1・6・12・13，646－3・5・7・16，647－11，649－6・8・9，660－6・15，662－4・5，666－14，667－1・4～6，669－14，671－5・7，672－15，676－1，682－5，683－4，692－11，709－6
篪　650－6・11，653－5・図
絺　560－16，561－1・3
螭魅　211－15
致仕　96－15，460－16，579－2，581－16，582－1・2・5・7・9・12～14，583－1・11・12・16，584－3・4・7・9～11，585－1・2・6，714－7
馳駅　378－1，483－10，484－5，485－6・7・16，486－1，507－10～12・16
馳射　6－7
畜産　364－11・14，464－5・6・13，613－9～11・15・16，614－5・7～12・14・16，615－1・15，617－2・5・6
畜主　621－4・6
竹　558－3，568－11・12，650－6・9・11・12・14，651－2，652－1，707－11，708－1・図，716－12
竹形燈台　176－13
竹町　11－7
竹馬　196－14
竹帛　59－6
竹文青摺袍　165－8
竹葉　125－3
秩　399－7
秩限　395－4，401－11，461－6
秩満　396－10，399－4，401－9，411－3，420－12，461－5，475－1・6，477－5
――帳　181－2・4・9
嫡妻　557－13
――（女）子　557－12，558－8，559－4
嫡子　423－14，576－11～13，674－10
嫡室　93－14
着剣（劔）之者　132－10，178－16
着鈦　520－13，533－10，632－12・14，668－4・5・9，689－1
着到　263－5
謫官　4－12
中（男，20歳以下）　422－10
中院　129－15，131－13・14，133－5・13，138－15
――装束　131－5
中黄門　211－12
中下戸　505－10，506－11

中科 90－12，91－6
中儀 127－11，588－12
中宮封 276－15，277－10
——年料 119－16
中経 706－11
中戸 505－16，513－1
——座 220－8
中国（国の等級） 287－3·4·13，358－9，430－14，431－5，454－12，457－10，459－14·16，484－13，489－14，507－7·10，509－9·14，510－7，512－2
中国 540－16，629－3，645－6
中才 720－2
中紙 309－1
中取（机） 131－10
中床子 147－3
中上（第） 2－2，82－16，84－2
中臣 71－2·5·9·12，72－1·4·8，75－10·12·13，76－3·5·6，124－13，649－11
——祝詞 128－16
——版位 74－7
中瑞 208－4，209－15
中星暦 100－9
中男 276－12，418－5～7，422－1·15，423－2·11，443－11，444－4·6·7，505－13，509－10，668－12
——作物 273－11，276－3，328－1·3·7，503－1·4·10
——作物帳 427－1
——残帳 417－12
——帳 417－11·14
中々戸 119－3，506－1·10～12，513－1
中田 284－7·11，305－2，306－6·7·12，317－13
中馬 617－9·11～14，618－1～7
中民 543－2
中務丞座 131－8
——省解文 172－15，173－1
——省丞録座 203－12
——省輔座 131－7
中門 138－12·13
中流（罪） 624－11·12，645－4，647－6
中和門 131－10·15，132－10
鋳銭（私鋳銭） 691－14，695－9
厨 317－5，321－13
厨家雑用 307－9
——座 131－8
——用途 316－15
厨用 316－15
抽系 117－12
注文 127－12，630－4
忠臣 629－13
紐 124－6
虫蝗 488－6·7，493

－16，496－16，498－16
虫霜　504－13，506－4
虫損　322－15
昼御座　176－3
儲君　46－12
儲備　321－12
猪　48－1
猪宍　59－4
筯（箸）　81－3，137－1
箸　81－5，133－15
紵　691－11
紵絮　335－2
紵布　563－13
兆人簡　133－13
寵光　5－6
寵章　5－10
庁院（国郡）　565－14，566－3
庁座　124－11，585－16，586－1·2·8，587－4·5·13，588－1，590－8·12
庁事　125－12，519－10，520－16，521－1
——鋪設　17－7
庁上座　124－8
庁政（検非違使庁）　527－3·10
庁例　521－3
弔喪　521－5·6
帳　14－1，176－10·11，292－2，306－4·7～9，331－13，406－3·6·11，407－4，418－8·9，421－14，427－5，428－5·6·13·16，429－4·6·9，430－2·4·12，431－3·14·16，432－7·10·15，433－1·3·16，434－3·5·14，435－6·9·11·12·14，436－1·14·16，440－3，449－12，455－3·6，462－15，463－1，483－12，495－9，505－4，514－3，619－12
帳外之棄物　340－4
——之神社　340－4
帳籍　422－11
帳台　176－3·5·8
帳内　453－8
徴使　292－12
徴塡限　432－5
——率分　303－1，326－1
徴銅　600－2，669－9·11
徴納　302－6·12·15·16，303－2，326－1，327－9·10·15，328－2，450－12，662－15，664－15，665－14，667－7，671－1
徴率　266－5·7·8
——之例　266－6
——分法　266－5
——法　432－5
徴例　266－9
塚　196－15
朝恩　607－7
朝家　417－8，425－3，492－14，493－13，505－3，719－8
朝賀　171－12，223－10
朝会　20－5，525－13，583－12
朝覲　559－9
朝儀　436－3
朝議　220－1

朝憲　608－10
朝貢　355－6
朝座　1－2·11, 57－8, 82－5, 98－14, 560－1, 588－3
朝参　524－16, 576－2·11, 577－9, 579－10·13, 581－16, 583－11, 584－10, 585－1, 589－1, 608－3
——行立次第　589－1
朝使勘定　502－14
————帳　502－13
朝集　311－14, 409－15, 410－2, 416－14, 417－4〜6·9, 428－15
——公文　415－7·11, 417－5·7·8, 419－12, 424－14
——之政　410－8
——帳　356－7, 358－4·12, 415－6·8, 424－11, 438－16, 513－7
——返抄　428－14
朝（食）所　24－2, 28－12, 30－14
朝章　509－1, 515－2, 544－8, 556－6, 594－9, 632－14, 675－2
朝政　2－15, 234－15, 240－1·3, 580－15·16, 581－2
朝庭　6－9, 525－4, 583－3
朝廷　146－3, 165－2, 183－3, 197－3, 220－3, 223－10, 456－7, 525－12, 534－2, 542－13, 562－2, 563－2·12, 607－4
——儀式　557－7
朝堂　24－11, 325－4, 387－4, 571－12, 573－7, 586－3·9·11·15, 587－7·16, 588－5·10
朝拝　172－16, 557－2
——習礼　171－11, 172－1
朝服　167－11, 210－15, 211－8·9, 557－1, 558－6·9, 559－12·13·16, 560－16, 561－6, 562－2, 564－8·14, 567－7, 576－6·7, 579－13·14
——法　564－8
腸漬鮑　311－10
牒　22－12, 92－12, 159－16, 174－7, 175－11, 227－10, 278－4, 368－6, 370－9, 371－1, 372－2·6, 373－1, 375－5·15, 376－10, 382－11, 385－16, 396－2·10·11, 401－16, 402－4, 453－14, 632－7, 633－4·11, 635－6〜8, 679－4, 682－1·9·10, 683－4
牒送　370－9
⿰衤鳥中袴　549－6
聴衆　92－10·13·14, 93－1·2, 95－14
——僧　93－5·6, 384－3
——尼　384－3
聴審之官　687－10
聴訴之官　526－11
調　186－6, 201－7,

252－4·8·15·16，253－5·10，255－2·8，256－2·3·7·8·14，257－7，258－2·6，259－9·10·15，200－4，261－15·16，262－6·7·12，263－1·13，264－10，265－16，266－7·8·15·16，267－1·2·7·16，268－2·4·8·12·15，269－4·6，270－2·6·11·12，271－7·8·14，272－2·4，273－3·4·11·15·16，274－5·9，275－3，276－6·7·9·10，277－10·13～15，278－4·7·9·15，279－1，280－2，294－8·9·11·12，296－15，311－14，322－1，323－7·12·16，324－1·2，325－1，328－1·3·7·8，331－4·5，405－1，409－5·15，418－5·15·16，419－6·9·14，421－14·16，423－16，427－9·12，428－1·3·6·8·14，428－15，429－5，436－12，438－16，443－11·12，444－7·10，445－16，447－5·9，448－14，449－1，453－13，454－14，456－4，458－4·12，483－1·6·7，484－5·6·7·10，485－12·14·16，486－1～3，488－7，491－15，500－16，501－12，503－1·4·10·16，504－14，505－2，506－4·6，511－11

調役　453－1

調楽人　168－11

調綱　261－10

――郡司　261－6，268－13，272－3

調糸　484－8

調銭　292－4，300－15·16，430－1

調帳　415－6·8，416－3·13，417－4·9，418－11，419－9·10，420－1·2，422－2，424－10·11·16，425－4，426－15·16，427－1·3·7，428－12·13，429－6·15，430－1·2，438－16

――枝文　426－16

調丁　418－7，421－12，422－3，455－3·5·6

調度　199－13

調布　95－15，153－15，157－12·13，158－1·2·7，190－16，217－4，309－4·5·7·15，310－6，318－7·14·15，319－2·7·10，321－5，383－15

調物　188－2，251－5，253－13，254－7·8·11，255－14，257－2，263－4，264－3·5，265－1·3·5·7·12，268－13，272－3，275－7，300－14，301－1·2，405－2，504－2·4·5

調返抄　322－1

調庸運脚　444－10

――貢物　270－2

――雑物　255－6·11，256－6，261－7·8·10，268－16，270－1·4，272－5，273－1·13，275－2·5·11·12，424－16，427－5·7，502－10·12·14

——之家　444－10
——准穎　323－16
——専当　405－1
——専当国司　409－5
——惣返抄　438－16
——未進　251－1～3，255－1·10·13，256－5，257－1，261－8，264－1·9，266－5，276－1，349－6，359－2，477－11
——未徴　256－14
——用度帳　429－3
——料　323－7
貂裘　557－16，558－1
長韻　64－4
長筵　37－3·11，44－7，90－3，129－10，176－6
長押上座　41－15
長楽宮　20－5
——門　48－14，50－2，62－15，149－5·14·15，200－6·9，203－7，204－3·8～14，205－5·11，218－8·11
長講会　96－1·2·4·7·11·13，197－6
———料　96－10
長者　45－6·7·9·10·12·14·15，46－3·5·7～10，451－5，609－13，659－12，702－3～5，710－15
長床子　39－11
長上（官）　21－14，22－2·3，23－8，24－15，82－8，453－8·9·15，454－3·7，479－3，557－4，574－1·6，585－1
——考文　23－8，82－8
——選　24－10
長畳　75－6，706－12
長人　216－6
長薦　75－6
長帳　365－1·3·4，367－7·9·14
銚　169－11
鳥　368－10，611－4，682－16
鳥獣　207－11，539－8
鳥曹司　149－1
鳥尾扇　557－13
輙沐　518－13
勅　6－1，8－14，13－3，15－2，20－8，21－5，22－16，23－1，36－8，38－9·11，39－2，43－6·13，44－11·12，46－1，47－7·9·10，48－6·11，49－9，50－11，51－9，54－7，64－1·5·14·15，65－7·10·14，66－6，67－8，68－5·13，72－12，73－11，75－9·12，76－3，79－11，80－9，89－3·4·16，92－5·12，93－2，100－12，103－1，105－2·5·7，106－4，122－1，130－7，134－10·11，135－6·14，137－3，138－1，140－8，141－10，146－10·12·13，148－2·8·9，151－4，152－8，154－2，158－14·15，159－7，160－9·15，

161－8，168－5・6，169－6・
9・14，174－4・15・16，177－
7，178－2・4・6，182－1・4・
7・14，183－7，186－5・9，
193－1，195－1・6，197・－
4，205－9，207－13，208－
5，216－4，219－5，220－
3，223－7，225－3，227－
9～13・15，228－2・6・11・16，
229－1～4・8～10・13，230
－2・9・11，233－7～9・14，
238－9・14，241－6，242－
13・14・16，243－9，245－15，
247－4，251－9・12，252－
8・16，253－6，255－11・12，
256－7・9，257－9，258－6，
259－5・12，260－4・9・15，
261－2・12，262－2・7・13，
264－13，266－2・8・12，268
－8・15，269－4，270－5，
271－2・14，272－4・12，273
－1・13，274－12，275－5・
14，276－6，278－1，279－
8，280－7，285－14，286－
2，288－2・3・6・14，292－6・
15，293－12，294－3・6・13，
295－9，297－10，299－11，
300－11，301－3・11，303－
4，304－12，305－13，306
－9・13，307－12，316－16，
317－7・15，318－2・6，321
－8，325－4，329－8・10・16，
330－8，336－8，337－10・
16，338－3・16，339－6，
342－7・12，343－2・6・8・11・
15，344－12・16，345－9，
346－6，348－14，349－8，
350－3，355－15，356－6・
9，357－2・13，358－2・8，
359－4・15，360－13，365－
12，366－7・16，368－6・11，
371－7・10，372－3・4・7，
373－9・12，374－8，375－
2・4，376－4，377－9・16，
379－8・11，380－3・4・7・14，
381－4，382－16，383－7，
386－4，387－6，391－5，
392－4・9，393－16，394－
1・14，395－4・12，396－4，
397－6・12，398－6・9・16，
399－15，404－13，405－1・
4・13，406－6，407－4・9，
408－6・11，410－4・10，411
－4・9・12，413－6・9・12，
420－3・11・14，422－5・14，
423－1，424－9，425－6・13，
428－9，431－1，434－3・13，
435－9，436－2・16，441－
9，445－9，446－2・11，447
－9，448－11，449－2，450
－1，452－8，454－4，455
－10，456－3・7，457－1・16，
458－7・15，459－6，461－
11・13，462－10，466－12，
467－1・14，468－15，469－
10，470－4・14，471－1・7・
12，475－7，479－11，480
－1・10，481－6・9，483－7・
11，485－2，489－12，490
－2・3，491－14，492－4・14，
493－13，494－4・16，495－
7・14，496－2・14，497－4，
498－13，499－4，502－12，
503－11，504－2・6，505－

5，509－3，511－8，512－1，513－16，514－5・16，516－3，520－12，528－14，529－1，531－7・8，532－6，533－1，541－7，542－3・10，543－4・5・8・14，544－3・7・14，545－3・5・14，546－2・16，547－3・7・14，548－2・13，549－5・9，551－2・15，552－1・16，553－7・11，554－2・5・11・12・16，555－15，556－8，558－1，559－9・14，562－15，563－11・16，566－2・7，574－10・15，580－10，581－1，590－8，594－5，595－5・14，596－1・11，597－12，598－15，602－3，604－11・14，605－4，608－9・14，610－10，611－11・16，612－12，613－3・6，615－9，616－5，620－10・14，621－3・7，623－3・4，625－10，631－6・7，633－14・15，634－10・11，635－16，655－13，658－3・12，660－1・3，662－7，663－7・12・15，664－1・11，666－8，667－7，672－16，674－12，682－8，690－5，691－6，712－7・13，713－14，719－12・14，720－10
勅歌人　150－9
勅許　63－13，64－1，148－2，150－8
勅計　98－7
勅語　79－13・15，80－9，89－14，118－16，348－3・11，398－1，413－7
勅旨　11－2，14－12，49－6，118－13，223－7，227－13，228－6・11，229－8・16，238－4，364－3，366－14，463－2，566－8
――御馬　14－12，43－10，44－5
――田　282－2，284－1，285－1，440－4
――牧　14－15，36－4・8・14，43－10，44－5，49－8・9，50－4・7・10・11，51－3，53－7
勅書　2－11，223－3，228－16，229－9・12，230－2・3・5・7～13，243－10，249－13，331－1，386－12，446－8，448－16，548－2
――案　229－9
勅題　64－4
勅断　22－15・16，623－2・3，629－6・7，633－14，669－12
勅定　173－1・5，194－4
勅答　39－8，100－13，122－3，219－5，230－11，233－11，240－5，242－2・5・11・13，243－12
勅符　223－3，230－16，231－1・3・11～15
――承知之官符　231－1
勅文　228－6
勅命　246－1，396－5，542－12，634－5
勅問　543－16

直（じき）　158－10，162－3·4·7，285－9，297－8，318－8～16，319－1～16，320－1～16，321－1～3·5，446－3·9，464－7·8·11，505－12，613－11，617－11，618－9～11，638－6，665－4，670－1·2·16，671－6
直衣（のうし）　58－1，591－11·15
直相（なおらい）　146－15
直奏　290－6
直稲　157－12，308－6，321－5
直布　613－10·11，617－2·3
直符　217－11
直物　162－5，437－7·16
直袍　549－6
陳幣幄　201－4
沉香　511－13
椿清酒　59－4
珍宝　7－3，173－9
賃租　297－8，299－14
鎮護国家　174－8，175－12，183－4
鎮魂之儀　123－5
――祭　116－3，122－5·7·11，123－6·7，125－5·7·11，127－3，129－1
鎮星　644－3
鎮殿　122－11
鎮兵　321－12，418－3
――粮　321－12
鴆毒　599－16
朕　2－14，4－11，5－5·7·11，59－6·7，60－3，92－5，103－1·9·12，104－1·3·5·9·11，105－1·2，107－1～3·7·15·16，108－1·5·14·15，109－4·14，110－4·13·15，111－3·13·15，112－4·13·14，113－3，118－2·4，128－11，130－5，232－10·11，233－10·12·13，236－1，239－2·4·5，240－8·11，241－2·3·10·13·16，242－5～7，243－12·16，297－10，354－14，377－4·5·16，378－5·8，422－15，446－5，447－13·15，456－11·12·15，457－3·5，489－7，500－14，535－9·11，581－7
陳（国名）　647－16

つ

追栄　5－11
追遠之典　5－6
追喚徴納　531－2
追禁推拷之法　689－5
追儺　187－7，210－13，211－6，216－14·16，218－2·4·6·11·16，219－11，220－5～7·9～11
――舎人　217－1
追補　445－5，517－4·5，522－12，529－5，530－8，532－7，627－14，634－13

椎　609－14
鎚　506－14
通役　354－11
通貴　643－1·5，655－5，657－11
通三宝布施　403－3
————料　387－3·15，388－15，389－4，402－12
———料　388－5，402－8，477－16
通天犀　209－8

て

丁　119－9，322－13·14，422－10，455－7·8，457－11，462－8，485－13，501－10·13·15，502－3～15，503－6，504－4，506－11·12
丁匠　512－8
丁壮　297－3
丁男　456－5
丁老者法　422－11
鄭（国名）　518－14，581－4，715－6
貞観十三年帳　316－6
亭歴子　713－1
定価法　321－7
定額　397－15
——寺　183－2·6，344－4，363－3，377－15，385－3，388－2·12·14·15，391－1·3·4·8·11，392－2·10，397－14，402－3·15，403－4
——道場　392－4
定考（こうじょう）　15－8，24－10，26－4，30－13，31－1·4·5·7·13·15，32－1·4·5·10，85－11，308－6，311－16，586－5
——禄　24－7
定沙弥　173－16
定座沙弥　383－5，384－3·5
定使　200－14
定損之法　485－2，490－3
定田　490－9
定文　311－12
庭火　169－6
庭中座　165－14，167－10·11
庭燎　166－8，167－15
帝　6－4，9－6，81－16，82－2，106－15，239－4，543－16，557－6，646－4
帝王　105－15，193－6，195－5，567－14，649－13
帝皇　193－14，629－10
帝釈天　537－11·14·16
帝道　5－5，655－3
弟子　4－5，174－9，175－13，178－8·15，196－13·14，198－7，376－2·12，377－14，597－3·9，602－16，603－6，605－9·11·12·14·15，606－1·13，607－9，675－12·13，676－1
——経　536－7

邸　464－5，614－13・14
堤堰　354－6
堤塘　354－6・9・12
堤防　21－7，333－4，350－11，353－14，354－9・10，355－16，356－13・15，357－1・3，444－6・7，445－1・2，492－12，494－6，554－4
提奨無業僧　376－14
逓立奏　102－10
遞送　14－2
斑　568－9，569－6・7・9
斑玉　569－9・10
程限　412－12，491－5，493－2
狄禄　321－12
的（まと）　90－8，91－2・8
的申矢取座　90－7
的附　90－11，91－5
——座　90－6
笛　80－4，124－12，126－10・11，150－15，650－11・14，651－2，652－1
笛吹　150－15
翟（やまどり）　208－9
躑躅　558－15，562－6
鉄　157－13～16，158－1～7，335－9
鉄冶　335－9
鐵　310－11，311－1・2，318－7，319－15，320－4・6，321－5，471－15，478－16，479－1・4，480－13，511－11，646－13・14
鐵臼　706－14，707－1
鐵杵　707－1
鐵匕　707－1
天　46－5・7，190－1，486－5，487－1・9，488－3，495－12・13，508－4，537－4・11～14・16，605－14，607－2・10，645－12・13，648－7・9
天安田　117－14
天意　67－15
天下　2－14，3－1，5－13，6－6，9－5，47－16，70－6，92－13，103－16，104－5・13，105－3・4，107－3・6，108－4・15，109－3・16，110－3，111－3，112－3，113－2，145－12，146－4・5，174－8，175－12，195－1，196－13，198－4，216－3，234－2，238－13，240－11・12，242－3，244－5，277－5，299－9，328－12，329－3・9，354－4，355－13，363－6・8，371－2，372－10，378－2・5・6，393－10，394－1，422－14，423－3，446－11，447－15，449－16，484－12，486－15，488－5，489－13，512－10，516－13，523－3，534－1・15，535－9，537－2，539－6，540－13・14，541－5，542－10，561－11，568－9，569－3・4，581－6，583－3，606－

9，609－4，610－8･10，626－1･8，640－12･14，641－2，649－10，652－4，683－13，692－6，699－1，710－12，712－7，713－5，714－11
——大平 208－9
天気 52－6･12，93－7，141－2，169－12
天儀 131－15，132－10
天睨 109－11
天狭田 117－11･13･14，281－5
天皇 2－14，6－9，9－4，10－2，14－16，31－8，38－1･5，39－8･9，40－1，41－12，42－12･14，43－11，50－4，52－3，53－2･8･9･14，64－7･8，65－4，68－5，70－10･13，71－1，72－1･7，76－1，79－11，80－8･13･14，93－11，97－8，100－11，102－1･3･9･11･13，105－1，107－7，108－6，117－16，118－2･5･6，127－14･15，128－1･2･6～8･13，131－13･16，132－11，133－10･16，141－15，145－8･16，146－3･9･11･13･15，147－12，148－15，165－1･2，166－13，167－9，170－4，171－12，174－3，179－10･16，180－1，188－4，190－5･8，202－5･12･14，203－10，204－8･12，205－4，207－4，219－4，220－8，223－11，226－15，227－1，241－15，355－1，541－14，567－12，574－15，583－14，591－14，713－12～14
——陛下 103－4
天裁 325－6
天子 46－7，82－3，103－6，193－12，194－2，211－1･4･6･7，235－7･14，236－15，237－1･8，244－15，510－4，534－14，539－12，568－9～12･15･16，569－3･5･6，654－11，712－13
天之大律 646－7･11
天自在光王 45－7，46－8･10，702－3
天神 122－8，649－11
——会 1－3･12，5－15
——地祇 198－5
天台宗 93－3，373－11･12･14，374－1，396－7
———僧 374－1
天地 487－3，488－1，537－2，571－3～5，644－2，645－9
——之譴 486－16
天長給法（口分田） 452－3
天長田 117－12，281－5
天帝 534－9
天道 487－11，500－10，711－6
——革命 3－13
天斑駒 281－6，540－3

天文　680－5·7，697－3·6·7
——遁甲　99－4
——地理書　99－3
天平田　117－14
天満天神　4－10，6－14
天命　93－14
天邑君　117－11
——并田　117－14
天熊人　117－10
典憲　560－12
典言　625－15
典籍　717－11
典薬　697－1·2
——寮田　282－3，284－2，285－2，440－5
典礼　650－4
店　464－5，614－13·14
展詩　69－7
塡償　402－12
塡納　252－4，258－2，259－10，262－1，267－1，279－4，301－7，303－3，318－5，353－2，402－9，406－3·8，431－8·13·15·16，432－2·3·6·8～10，434－1·4·5，435－7·10·11，436－2，467－3·5·13，468－3·8·12，469－4·7，470－3，472－11·14·16，473－1，476－3·16，500－5
碾　464－5，614－13·14
碾磑　355－7
癲狂　659－7
転任　84－4·7·9·12·15，85－14·16，86－2
転輪聖王　7－9
点　62－11
点防　454－8
佃　297－8，305－10，322－4·8，398－15，485－9，516－7
佃功　323－5
佃食　288－13
佃人　283－4，485－9
佃料　288－7，451－11
伝（記）　9－5，534－11，537－8，629－2
伝宣　13－3，118－16，122－1，132－4·9，182－4·7·14，183－7，216－12·13，219－5，269－4，273－1·12，292－14，302－8，330－15，427－11，428－9，431－1，440－14，441－5，449－8，496－2·14，498－13，509－13，514－16，526－13，532－6·11～13，533－1，543－8，544－7，558－1，580－10，594－5，604－14，611－3，632－6，666－8
伝燈　401－4
——大法師位　174－7，175－11，382－11，394－11
——入位　400－14
——法師位　369－11，370－2
伝馬　13－6，14－1，364－10·11，412－1·5，430－12，617－11，618－13·16，619－3

伝符　16－3
伝領　684－13
殿　18－14･15，20－16，21－1･4～7，21－8～10，22－14～16，23－1～4，629－7･8，633－14･15，669－11～13
殿下　4－4･8, 68－16，69－1，536－10
殿座　75－9，81－14，140－11
殿上　8－13，53－10，130－4，165－4，167－3，177－3･13，178－10･15，238－16，517－3･5，519－3，526－6，577－4，587－10･13，620－3
――王卿　90－8，91－2，166－2･4･8，167－5･12，177－8，178－4
――公卿　91－9，166－2
――弓遅始　91－8
――侍琴　169－6
――侍臣　51－3，53－11，117－5, 129－13, 141－15，166－8，167－16，177－8，178－4，555－16，567－4
――侍臣座　90－6，591－11
――小板敷　587－10
――人　52－15, 53－11，156－7，165－4，167－3，178－7，591－9
――人座　74－11，200－8
――蔵人（所）　156－6，576－9
――大夫　140－7
――男女房料餅　97－16，98－7
――童　91－8
――舞姫　88－3･4
――辨官　156－6，567－4
――料　101－14
田園　398－5･10，457－13
――之利　392－10
――地子　392－12
田使　496－10，498－9
田主　283－4
田図　285－12･16，441－9
田籍　285－12･15･16，294－10，331－7，441－9
田租　103－2，127－14，277－5･10，279－10，282－8～10，296－14，297－10･13，299－7･9･13･16，300－5，301－5･13，302－12～14, 322－16, 323－11，325－11･16, 331－3, 434－10, 465－9･10･12, 484－5･6･12，489－13，498－1，500－1･2
――勘判　281－1
――穀　500－1･2，720－8
――舂米之国　434－10
――帳　415－4
――未納　281－2，302－12，303－2
田宅　354－16，625－11
田稲　278－5
田品　284－7･11，317－12，318－1
田賦　283－4

田畝　398－4・10・12，612－13
田野　617－4
田猟　270－14

と

兎　208－12
徒（刑）　12－8，21－11，22－16，23－2，88－12，102－14，103－13，104－5・14，105－4，107－4，108－1・16，109－16，110－16，111－16，112－15，194－12・13，208－4・5，227－11・12，242－15・16，243－1，245－14，246－2，249－7～9，252－6・7，258－4・5・15，259－10，260－2・4・10，261－14・16，268－6・8，271－12・13，407－13，455－12・13・15，464－7・12，488－9，494－1・13，497－2・6・11，499－2・6・7・11，500－3・4，519－4，522－5，526－1，556－13，573－11，599－11，600－6～9・11・12，601－10，603－14，613－10・11，615－3，617－2，623－3・5・13，624－1・3・8～16，625－1・4～6・10，627－12，630－4，634－5，635－10，644－1・15・16，645－1・3・16，649－8，650－3，656－7～12，657－5・6，658－4・6～9，659－1，660－6・15，669－5・7・14，671－5，672－6・15，674－1・2，675－12～16，679－12，680－4，682－5・9，683－5，688－7・8，692－4・9・12・14・15，693－1・10・11，694－1・4・13・14，695－10
徒役　632－11，658－16，668－11
徒囚　681－1，691－16
徒人　418－3，453－9，645－2
徒法　625－6
都邑人　6－5
塗漆　555－15
塗手　150－9
塗釘　553－4
塗履　219－13
杜本祭　116－11
砥　706－14・15
賭弓（のりゆみ）　90－9，91－4
賭銭　171－4
土器　67－13，169－13，506－14
土牛　210－13，216－3，220－12・13・15，221－1
土産　269－6，272－10
土人　288－7，420－14，462－8
土木之功　486－12・15
土民　305－5，420－15
土毛　282－8
土龍　488－1
土浪　279－3・10，301－6・13

——之民　292－11
度縁　375－12·15·16，376－2·3，381－2·4·5·7·11·13，391－1·3，399－13·16
——式　399－13
——表　375－15
度者　372－16，375－12·15，376－1
——除帳田勘文　312－5
——逃亡除帳等田　308－9
度人　456－6
奴　453－6，579－1，593－9，644－16，645－1，695－16
奴婢　88－7·13，247－3，423－15，444－2，464－5·6·8～10，473－4，505－12，547－6，562－3·4·13，563－10，565－12，578－16，600－5，601－9·10，614－14，619－7，624－8，628－6，636－12，647－4，675－13～16，676－1，680－1，681－9，684－3·7～9·11～13·15，688－5，693－2·3，695－8
奴隷　645－1
弩　3－16，691－12·13
刀　334－3，335－1
刀劔　334－1·9·13·16，335－4，712－4
刀稍　333－10
刀子　706－14
刀祢　69－12，126－4·5，149－7
刀筆　716－15
冬衣服　87－14，90－1
———文　87－14，90－1
冬月　522－14
冬至　79－3，101－6，102－13，105－10，108－10·15，110－8·14
——賀辞　102－11
——之節　109－8
冬時服　91－10
東閤之臣　605－13
東観　112－8
東宮西門　137－11
——膳　63－5
——鎮魂　152－6
——殿上　576－16
——年料　119－16
東光寺料　285－8
東西文氏人　210－12
東細殿　133－4
東作之勤　495－6
東晋（王朝）　568－3
東福門　74－14·15
東鮑　309－5·6
東遊　546－4
兜率　198－7
唐　6－4，30－4，103－11，105－15，112－9，213－2，235－2，257－8，314－11，361－10，404－12，407－8，444－6，687－4，488－4，514－4，535－2，536－4，537－7，541－15，548－2，550－16，603－13·15，634－6，648－2，710－8，714－2
唐櫃　80－11

唐堯九載之水　487－4
唐人　710－8
——田　314－11
当時估（価）　158－9
当時着座之法　576－15
当色　72－2，138－3，150－15，541－15，578－14
——衣　30－5，565－5
当宗祭　116－14
当土沽（価）　154－14，451－9
——僧　375－4，380－7・12
当麻祭　116－12
党類　270－14
藤原朝違　92－1
塔　94－9，378－6
塔形　176－9
嶋分寺　385－6・9
———仏聖供料稲　385－9
陶器　133－5
陶鉢　217－9
湯殿　75－15
湯薬　600－11
湯料薬　713－2
幢幡　197－13
逃罪　681－5
逃散　366－6
逃人　512－11
逃走　295－11・12，580－4，681－2・4
逃亡　324－1，340－1，418－4・5，464－11，504－1，628－8・10，636－8，681－5・6，685－2・3，689－12，690－11，709－6
——除帳口分田　282－5，284－4，285－4，440－7
逃亡帳　417－12
沓　190－9
燈燭　606－16
燈台　129－11，176－14
燈分帳　430－10
——稲　391－4・8，398－16
——料稲　391－5，402－15
燈油　385－3，706－10
燈爐　477－13
燈楼　176－13
騰（謄）勅符　260－13，346－15，349－9，359－5
桃　215－2・3，216－1，704－12，705－3・13
桃弓　216－13，217－2，218－2・11・13，219－6・7，220－9
桃弧　211－13・14
桃枝　216－13
桃杖　217－2，218－2・11，220－9
桃茢　211－12
桶　506－14
登省　2－1
稲　11－9・10，12－14，13－13，87－15・16，117－8・10・11，119－7・9・10・12・13・15・16，120－1・3～5・9・11，121－5・9・11・16，122－2，278－6，288－7，294－11，297－4・8，302－1・5・6，321－15，322－16，

326－6，332－1，343－7，352－11，356－10，360－6，361－1·12，365－12·15，383－16，385－3·6·9，386－9·13，387－2，402－8·12·15，412－10，450－15，451－12，463－5，472－5，477－3，489－8，503－4，505－14，509－11，510－11，618－9·11，680－9，704－12，719－12·13
稲機　297－6，302－4
稲穀　281－11，343－16
稲米　58－10
稲粱　329－16
盗　252－5，258－3－13，260－1，268－5，271－11，279－1·2·16，336－13，353－1，364－12·13，464－6～8·11～13，465－15，466－1·7，467－7，469－5·8，476－1～3，497－12·13，499－12·13，508－15，613－10～12，623－13，627－15，628－10～13，629－1～5，636－13，655－14～16，656－8·10，657－5，658－12·13，667－13，668－6·11，672－2·6·11，679－5，680－2·4·9，681－15，683－5·6，685－3，693－10·11·16，694－2，695－9
盗詐　336－13，353－8，469－8，476－1·8·16，477－12，681－12·14，696－1
盗罪　656－10，680－2·4
盗詔書罪　228－3
盗人　340－1，533－9，637－11，689－1
盗賊　445－5，627－13～16，628－12，641－5，692－16
盗徒　543－3
盗犯　156－16，336－15，337－3，341－10，351－14，388－4·13，403－3，476－3，477－15，632－11，668－8
盗法　465－15，508－15，628－2，676－1
等親　533－11·12，643－4，675－3·4·13～16
簦　30－12
踏歌　67－2·4，69－12，588－14
踏舞　112－9
謟詐　275－4，353－3，468－16，469－8，623－8
鬪殺　655－14
鬪乱　526－12，595－1，597－11
動用穎　438－10
――穀　438－9
堂　94－4
堂宇　94－16，398－9
堂舎　387－1·11·13·14，388－8·12·15，389－4，392－5·10，477－8·13
堂上座　126－3·6
堂塔　93－9，382－13，386－15，391－11，398－4，

399－6
堂童子　176－3･15，177－1･5～7･12，178－1･10･12･15，179－1
導師　173－16，174－4，176－1･16，177－5･9･11･15，178－1･2･5･6･9～16，179－2･15，180－1
道藝　719－9
道場　175－2，196－4，198－5，392－16，394－3
道反玉　122－9
道路　444－8･16
童　52－13･14，91－9
童子　53－3，220－13，375－8，376－12･13，382－8，563－14，596－14～16，597－1･3･5～9，603－6･8
童僕　595－13
童蒙　4－11
銅　356－10，511－11，564－16，646－13～15，647－1，658－4･9，665－12，668－8，669－8～10･16，670－7･8･16，673－1
銅盞　166－3･4
銅瓀　671－8
徳義　19－5，719－7
徳教　640－14
徳行　18－4，540－7
得業　371－4
得戸　418－14，501－7･10･11，502－1･5，504－10
得替　22－1，275－3，348－13･16，349－16，359－12，396－10，460－2･10･14，677－7
――解　460－2
得度　375－4，380－6･12，382－10･14，395－1･9，399－16，418－3，635－11
特赦　585－5
犢　598－16
犢皮韀　598－14
篤疾　418－5，423－7･9･10･12･15，599－11，625－8，636－10･12，643－2，655－7，658－11，659－5･7･9，692－1･2，694－15
篤廃　417－14
独窠錦　598－12
毒草　699－1
毒虫　701－5
毒薬　599－16
読経　55－2，69－15，712－11･13
――帳　415－12
読詩　65－1･12･13，69－2･8･16
読書　710－4･5，718－4
読誦　378－4
読状　574－9
突重　179－4，202－5
屯倉　118－7
屯田　118－7～10･12･13･15，119－4，445－7
遁甲方術　99－3

な　行

な

奈良薬師　698－11
儺　210－14·15, 211－1·3～8·10～14, 214－4, 216－3·7·9·15, 217－6, 219－13·14, 222－3·6
儺祭　217－2
――料　217－7
儺人　216－11·13, 217－1, 219－4·13
内安殿　71－1
内位　291－2, 480－14, 572－1, 577－14, 579－3, 674－7·12
内印　649－11, 656－15
内宴　69－4, 80－8
内外位　21－14, 152－14, 153－10, 674－7·12
――官　17－13, 181－9, 425－3, 474－14
――官人　299－16, 470－11, 564－12, 573－3·10
――主典　661－11, 662－3, 663－14
――諸司　99－16, 100－3·15, 181－3, 352－14, 353－3, 468－14, 470－15, 559－13·16, 560－2, 635－3·4·7
――百官　572－10
――百司　16－9, 248－16
――文武官　103－15, 104－7·16, 107－5, 108－3, 109－2, 110－2, 111－2, 112－2, 113－1, 520－5, 583－11
――命婦名帳　589－3
内官　18－2, 405－4
内記座　74－13·16
内教　536－3
内国　12－9, 122－2
内試　393－9
内侍座　74－10, 75－6, 176－7
――宣　201－11
内舎人座　131－8, 204－4
内親王　291－8, 558－5, 559－4, 589－1, 594－1·2
内奏　273－5, 274－1
内蔵　462－16
――年料　463－2
内典　174－12, 393－13, 715－14
内分番　22－3
内乱　648－4
内裏　1－5, 8－12, 9－7, 40－16, 62－7·13, 130－16, 145－11, 164－13, 174－4·7·9, 175－12·13, 180－11, 201－8, 202－15, 203－16, 225－10, 527－8·9, 613－7, 712－14

——儀　588－15
——料　175－14，181－6
内論議　9－9･14，10－11
捺印　375－14
南円堂　94－5･10･12，95－10
南苑　102－13
南家（藤原）　91－12
南宮　112－8
南極　111－10
南至　106－12，110－10
南廂座　102－4
南大門　93－9
南殿　9－14，10－2，14－16，37－9，38－1･5，40－1･5，41－9･12･14，43－11，44－10，49－1，51－15，52－1･3，53－2･8，54－13，61－12，63－14，65－8，68－5，79－4，81－12，82－1，90－5，91－9，97－8，100－15，102－3，129－16，132－11，135－10，136－10，137－8，140－9，148－13･15，203－3，210－9，218－5，219－4，220－8･10，226－13
南畝之荒　495－6

に

二月四日祈年祭　73－1･8
二合（年給）　127－11，130－14
——之宣旨　130－12
二十五之尊名　174－13，393－14
二十四君　217－12
二色綾毯代　74－5
二世　565－2
——女王　594－1
二地　7－13，8－4
——菩薩　7－2
二品親王家　591－1
尼　377－8，378－10･11，380－8，381－2･4～7，383－2･4･5，384－1･3･11･12･16，386－11，391－9，392－15，398－4，401－12，488－5，527－7，541－3，556－12～15，563－14，564－9･10･14，571－1，572－1，597－16，598－10，604－4，607－6，635－10･11，643－4，669－6，675－3･11･15.，675－16
尼寺　378－9･10，401－12
入位　401－4
入寇賊　628－3
入宰之簡　244－3
入色　249－15･16
入人罪故失　630－11
入道　375－3，380－6，635－9･12･14
入部　303－10
入滅　6－15
乳　183－15，186－1･2
乳牛　366－2～4
——院　366－4

乳戸 698－8

乳母 71－5，611－8

如意 9－12·15，10－5，176－14·15

如来 7－10，46－11·14，197－15·16，198－5，537－14，606－5

任官 15－14, 286－8, 290－6，575－4

任限 374－7

任国 577－7

任終（年） 255－6·13，256－10·14·16, 257－4·7, 276－2，436－1，439－2·5

任所 4－10，436－8

任秩 399－6

任中 255－11，256－6·9·15，261－7，265－14, 269－12, 435－12, 436－4·15，437－13，661－2

——調庸返抄 256－9

——調庸雑物 261－7

——未進 257－15，265－14，437－13

任年 265－14

任符 286－8，370－10，375－12，376－3，381－8

任用 401－14，474－16，498－1，579－3

——分付実録帳 302－14

荏褁 202－4

ね

涅槃 8－5

祢宜祝帳 415－12，417－12

年官 130－12

——爵 230－7

年給 130－11·14

——官 127－11

年魚 310－10

年号 225－12

年穀 383－7

年終 48－10，89－3·4

——断罪 89－12·15

——断罪奏文 88－5

——政書 89－13

——帳 366－10，415－2，441－12

年中供料 121－3·4

——行事 5－16，97－13，102－10, 230－9, 249－13, 250－1，304－5

——行事御障子等文 230－12

——例用 308－1，317－4

年分僧 373－3

年輸 266－11，438－5～10

——地子 306－10

年料 437－10

——御薬 210－6

——交易 434－12，437－7

——交易雑物 434－11

——日用 277－1

——舂米 274－14

——雑物 268－2，706－13

——別納租穀 155－7

——率分 275－5

——例交易雑物 435－13

――例交易物　436－13
年臈　384－13
念人　90－10，91－4・5
念仏　712－9

の

脳（馬脳）　364－5
嚢　46－2, 58－6・8, 65－8
能官　535－10，537－9
納官　254－10，265－6，268－14，272－4，299－4，322－16，323－10・11，484－15，489－15
――料物　256－8
納言座　131－6，132－1
納物　275－3・13
――之院　430－4
農岐之徒　601－4
農業　302－4，355－12，357－10，361－11，457－13，516－2・13
農事　21－15
農人　356－4, 357－5, 487－14
農桑　495－2
農夫　356－15
農民　305－2, 356－8, 709－14

は 行

は

巴豆 713－2
杷 201－9
把笏 521－7～9，560－2・4，562－10
——者 52－14
破損官舎堤防 492－12，494－6
衵（あこめ） 170－4・6・7
馬 36－8・11～14，37－15，38－5・6・9～12・15，39－2～8・15，40－5・7～9・11～13・15，41－4・11・12・15，42－4・7～10・12，43－1・3～6・8～10・12～16，44－3～7・10～12・14・15，48－13～16，49－1・2・4・6・10・14・15，50－2・4・5・7・11・15，51－1～3・5・7・8・14，52－2～7・10～12・15・16，53－1・3～7・9～11，54－4～10・12～16，71－16，72－10，117－9，127－16，134－9，164－12，165－5・12・13，167－9，170－6，208－11，217－6・12，247－2・4，249－15・16，270－14・15，343－15，363－1・4・6～12，364－3～5・7・9・11・16，365－2・4・6・7，366－15，367－12，368－2，399－1，409－11，412－1・4・6，445－7・14，459－9・10・13・14，460－2・5・6・9・10・13～16，461－2・4・16，462－5・7・12・13，464－7，506－10，516－1，517－4・5，522－14・16，549－15，552－8，556－2・5～7・9，562－6，563－3・13・14，564－4・5，572－2・4・5・16，573－2・7・8・10，575－2・5～8・10・11，585－11・13，589－7・10・12・14，590－2～4・6・7・11～13，591－1・10，593－6，594－4・6，595－1・15，598－3，599－2・3・6，613－9～11・13・16，614－14，615－3・4・9・12・14・16，616－2・5・8～10・12，617－2・8・9・11～14，618－1～7・11・16，620－3・6・7・9～11・13・14，621－2，626－7・9・11，654－11，680－12，691－11・14，710－3
馬鞍装束 593－2，598－2
馬弓 334－3・5
馬射 60－8・10
馬草 330－13，516－1
馬道 74－3・9
馬乳 184－2
馬脳 511－13
馬疋 36－7

馬夫　445－15
馬寮騎士　44－11
馬料　556－3·4
俳優　125－4
佩　172－6
佩剱法　172－7
坏　59－4，64－5～7，65－14，67－12·13，124－15，134－1，147－15，169－5·12
坏酌　166－8
坏酒　180－16
盃　150－2，168－16，169－11，202－5，205－6
盃献　80－7
盃酒　179－13·16
盃坏　167－16
稗　117－9·11
拝賀　571－9
拝官　496－6
拝経　178－13·14
——机　176－11·13·14
拝表　107－13，108－12，111－11，112－10
拝舞　39－8，53－2·12，54－12，136－12，151－4
拝礼　572－4，589－12，590－4
廃官　579－2，582－7，585－2
廃疾　417－14，418－5，423－5·8·15，624－7，636－10，643－2，655－7，656－8·9·11，657－5·7～9，658－10·16，659－3·6·9·10，672－6
——帳　417－11
廃帝　456－3
廃田　495－5，516－10
廃務　57－2·6·8，70－4，133－12，163－13，171－2
廃立　3－1
配所　584－14·15，585－5，624－12，658－10，682－5
配疋　534－10
配文　39－8
配流　468－5，472－2，497－10，499－10，624－8，632－6，647－8，656－6·11，657－16，672－5
倍損例判　351－7
唄　384－3
唄散花誦　178－11
陪待　612－9
陪従　129－12·16，165－3·4·7·8·13，166－1·2·5·9，167－3·6·11·12·14，168－14，169－5，170－7，552－5·8，572－6·7，575－6，589－13·15，593－12，594－2·8·13，596－1
——座　165－15·16，166－2，168－3
——装束　165－8，167－7，170－6
——料　165－9，166－4
貝　209－7
貝蛸　311－8
買耕之人　283－10

買作　302－3
売田の租　485－9
売買田　484－5
梅宮祭　115－9，116－15
白衣　605－9
白越　548－12，549－5
白下襲　134－13
白褂　166－9
白牛　199－6
白筥　706－14
白絹　547－1･3，551－13･16，553－3，563－10
——表袴袍　134－13
白袴　562－3
白虎　196－2
白砂　74－7
白散　210－6･7
白酒　57－9，121－15，134－1･6･7，138－3･4，146－16，147－15，150－1
白糟辨備所　200－2
白象　208－12
白単細長　166－9
白檀　511－13
白張　80－10
白丁　249－15･16，338－4，423－11･16，456－14，518－4，639－4，688－6，693－16，706－8
白頭嫗　601－13
白銅鏡　70－8
白馬　208－11･12
白馬之節　543－13
白襪　562－2
白表袴　165－8
白木御帳　180－7
——笏　521－7，568－8
——床子　586－3
白米　309－9･11，310－1･4･14･16，311－1･4･8･10
白綾　558－3
白蓮之種　198－6
白練衣　567－13
薄朝服　559－13
薄粥　719－16
薄鮑　311－10
帛　59－6，124－2･3･5･6，141－15，201－9，203－3，207－6，487－13，539－9～11，548－11，567－13
帛衣　202－5，567－8･12
拍手　147－15，150－2
柏　217－8･9
柏葉　58－13
柏梨　180－12
博戯　526－12，692－16
鎛　650－10
幕　131－12，139－1，202－9･14
麦　117－10･11，328－11･15，329－3･8･12，330－3･6･14，463－5，542－15，704－12，705－13
麦畠帳　415－12，417－5
曝涼　335－3，336－6･8，463－5･6

八握剱　122－9
八位蔭子　418－2
八音　650－9・14
八禾干物　133－15
八岐大虵　645－16
八議　646－3，654－8・13
八虐　102－14，103－13，104－6・14，107－4，108－2・16，110－1・16，111－16，112－16，193－10，352－15，413－9，475－16，477－10，478－6，497－16，499－16，584－15，601－11，603－12・13，604－1・3・6，643－1・5，647－13・15・16，649－1・2・4・6・13・14，650－3～5，654－4，655－5・9・10・13・14，656－10・14，657－11・12・16，667－16，672－1・2・10
八卦　542－7
八功徳水　7－6
八尺大盤　147－4
八宗　371－5
八十一例　546－5，586－8
八術　703－9
八世王　423－16
八政　447－14，628－4
八省院　16－8，49－16，62－12，71－11，73－15，74－12，75－4・16，76－7，130－6，172－2・8，520－6，560－11・12
——院之儀式　587－11
——座　586－1，587－6
——中院　130－6
——庁　586－1
八代物　124－9，126－1
八地　8－7
——菩薩　7－8
八柱円堂　94－16
八狄　15－12
八嶋使　205－2
八難　173－11
八辟　654－13
初亥日　97－16
初参入　72－2
初雪見参　98－3・11
初雪之日　98－4・9
初幣　202－11
発願　93－13，396－5
発声試生　89－11
罰觴　136－14
罰杯（盃）　28－15，82－4
襪料細布　124－3・6
反逆　584－15，625－8・9，656－4・5・11，658－10・11・13，672－5，687－14，688－8，692－16
反坐（座）　687－12・13・15・16，688－3・6・7・9・12・13・15・16，690－1・2・4・6・8・9・13～15，691－2～5，693－12
——之法　649－14，693－13
反叛等之賊　628－13
半靴　560－5・7・9
半畳　90－5
半臂　30－9，549－13，557－3，558－10・12，559－1・2

半夜　177－15
半輪　323－15，418－5，428－1・3・7
判授　401－4
判署之官　469－5・7
判訴人　687－8
判例　475－5
犯過　573－3，630－14，688－16
犯罪人　631－11，637－3・14
犯状　521－15，632－1・12，637－5，638－4・10・14，655－10，683－13，692－7
犯贓　632－14
犯盗　657－9，662－12
犯法　465－13
犯用　465－5・8，466－16，467－2・5・16，468－7・9・11・13～16，469－4・6～8，470－8・12・16，472－10・11・15，474－10，476－1・3，638－5・9
幡　333－10，606－16
畔　281－6
班挙　283－9・10・12
——正税　283－9
班給　509－15
班田　281－7，289－16，290－2，296－2，308－9，322－13，327－3，412－10，413－6，503－7
——年　289－16，290－2
班苗　704－14
班符　306－8，317－14，327－3，440－9・10・12・13・16，441－2・4
班幄　206－4
班幔　73－16，74－1・2，176－11，199－14・16，200－6～8
班断　251－7
版　11－1，24－2，26－6，62－7・11・16，63－9，65－3，75－8～10・12，76－3，79－7，81－8，100－11，121－16，126－3・4・7・8・14・15，127－1，201－14・15，219－4
版位　23－10，24－14，25－3・5・7・11，27－6～8，28－11，42－4，43－12，52－4，53－9，61－12，67－11，71－13，76－3，80－12，101－14，102－9，124－10，131－2，132－4，147－9，149－7・16，191－3・4，206－7・15，207－1～4，218－13
版路　48－15
飯　217－8
飯料　384－4・6
飯筥　90－16
煩悩　7－14・15，8－1・9
頒幣　128－16，191－2・6，202－2
——座　201－16，191－5
頒暦　99－6，100－2・

5·8·12·15，102－8
蕃客　348－2·10·16，349－1·2，559－9
蕃国　628－3，648－11
——使　223－8·9
蕃使　444－12
坂枕　132－6·9
播蒔　330－10
播種　329－12·15，330－11
板車　555－14
板築荷擔之類　547－6，562－13，563－9
板枕　171－7
番　24－10·11，289－7，447－11，448－15·16，449－1，532－6
番上　21－2·5·14·15，22－1～3，24－5·9·10·15，25－5·7·14，82－8，414－6，454－3，479－8，519－10，556－2～5·9，557－4，562－10，563－14，573－10，662－4
——工　418－2
——考　24－5
——考文　24－15，25－7，82－8，101－4
——選　24－10
番奏　79－7·10，102－8，578－9
盤　81－8，149－12·13
轓檖車　553－13

ひ

比徒之法　695－13
皮　364－5·7，618－11，650－10
皮嚢　46－1
皮履　562－2，563－2·3·8·12·14·15
非違　288－1
非業　264－9
——之輩　259－5
非執政　580－8·9·12，585－3·8
非常恩　669－15，672－16，673－2
——赦　23－5，623－7
——赦判　157－4，327－1，328－6，337－6，341－4，342－2，352－10，368－2，389－3，403－3，404－1，507－5，515－12
——断　623－1
非色衣袴　594－14，595－2
——雑物　598－7
非殿上人　53－10～12，169－10，177－2·13
————公卿　166－2，167－12
非把笏　560－2·5
非法違制之罪　526－2
彼岸　199－8，378－16
陂池　354－2
妃　593－12
妃主　46－12
婢　701－8

婢服制　549－14
卑位凢庶之人　554－3·12
卑官　658－1
卑幼五位　571－10
帔　124－3·6，217－3
轡具　44－10
肥牛　186－2
碑　47－10，197－10
羆皮　598－11
被　59－13
被管　99－16
被物　80－10, 178－3, 546－14
緋　196－15
緋鞍　593－2，598－2
緋衣　550－5
緋鑣手綱　165－6
緋袷袍　217－3
緋糸　60－14
緋鞦　522－16，544－16，545－1·3，593－2，598－2·4·6·9
緋単裳　217－3
緋帛　60－14, 124－3·6，217－4
緋幡　217－4
蜚零　704－14
飛駅　16－3, 230－16, 231－16，232－1·6
——使　231－7
飛車　699－5
飛驒工　512－7
美玉　568－12
美止利　166－14
美福門　137－11，220－13，221－図
琵琶　80－6, 650－10, 651－1
糒　121－10，182－5·8，335－11·12，465－5, 470－9，471－4
糒庫　433－4
糜　704－16
縻　208－8
疋絹　166－9，251－9
筆　63－3，100－7, 233－14, 534－9, 716－16, 717－1
筆耕　161－4
百王　644－1
百官　46－13, 103－3·10，104－2，105－1，106－7，108－6，232－12，235－13，237－7·8·10，242－7, 346－5·8·11，456－3，524－16
——人　2－14，105－3
百戯　97－9
百師子座　606－4
百姓　6－9，48－1·7, 70－9，102－15，106－16, 107－15，120－2，255－2, 257－7, 258－15·16，259－1，278－4，293－9·11，294－7·12, 295－6, 296－4·13, 297－4·10, 299－10，300－14·15, 301－5, 322－13·16, 324－10，328－6·12·13, 329－4·9, 330－4·7, 332－1，334－1，337－9·13，338－2，340－8·16，341－4, 342－8·12·13，344－8·9,

349－7，356－1·16，359－3，380－16，384－15，410－13，420－12，421－2，422－14，423－1，447－1·9，448－3·4，450－7，452－5，456－4，458－11·13，464－1，469－11，472－4·5，485－1，489－6，490－1，492－12，494－6，500－15，503－1·4·5·16，504－1，508－9，511－2·7·11·15，516－13，537－2，540－13，571－8，574－15，590－7·11，608－9，610－7，611－1，612－10，615－4·9，616－5，627－1，633－3，685－4，686－9，687－9
——牛馬帳　416－2
——口分田　293－11，296－13，322－13，328－6
百済僧　99－2
百草　699－1
百度飯（大炊寮）　719－11
百味　197－13
百龍象衆　606－4
百寮　112－7，571－7
氷魚　64－11·12，65－16
表　230－11，232－15，233－5，324－11，325－1，394－11
表案　102－1
表衣　170－4，541－13，567－6
表函　233－8
表裙　124－2·5
表袴　170－6，567－15
表奏　207－15·16，208－1
表文　79－4
漂失物　410－14
標　61－14～16，62－1·7～10，101－15，136－15，147－6～10，149－10
標幟羈絆之法　614－8·9
縹帯　201－8·9
豹　208－12·13
豹皮　598－13
苗　286－9，640－6
苗子　119－7·13，286－5·7·8·15
苗簿　331－2～5·7，484－1，493－10
屏　149－8
屏風　14－13，37－11，51－16，74－4～6·8，75－5，79－11，90－3，129－9·10，137－13
廟堂　5－4
廟像　342－2
病解　507－9
病故申文　139－7
品位田帳　291－11，440－2
品官　556－3，574－2
品之物比礼　122－9
品田　291－8·9
品部　453－9
品禄　524－9
嬪　593－4·16
殯斂　443－8，478－13，479－8，480－3·6～8，481－6

——調度　479－8，480－7
——料　480－6・8
牝馬　363－5, 616－8・10
貧下之民　324－7
貧弱之輩　446－3・9・12
貧濁之吏　446－3・9
貧弊之民　283－10
貧乏之輩　361－11
——之民　324－2
便使　22－5，516－14
檳榔毛車　553－4

ふ

不応為軽　555－2
———軽重之罪　575－2
———之首　555－4
不課　418－3・13，419－4，423－15・16，424－4・7，428－1・2・5・7，455－7・8，503－6・7
——戸　423－14
——雑色　455－4
不勘文　139－10
不義　654－2・5
不急之例用　350－7, 360－3・12
不空羂索観音像　94－11・14
不敬　649－13・14
不考　82－11，83－2・6，85－3・11，650－2・3・5・6・8，656－5・11，658－13，672－5
不作　293－10，331－6
不三得七法　490－2, 501－4, 506－6
不実不尽之罪　679－10
不熟　483－7・11，484－4・10，485－14，486－1，491－14・15, 493－8, 504－13，506－4，508－2・14
——田　483－10，484－5
不臣　684－12，694－8
不税田　283－4
不第　82－15，83－10
不堪坪付帳　440－2
——佃　440－3，493－2
——佃田　284－12，299－4，326－3，492－12，493－7，494－2・11，495－1・6，496－8，497－2，498－7，499－2，516－4
不忠之臣　540－8
不動穀　8－1，182－5，270－3，294－11，304－9・10，350－7，360－3・12，476－6・14，510－14
不動倉　300－10
——動用穎　470－9，471－4
——動用穀　470－9，471－4
——動用糒　470－9，471－4
——物　342－14
——用備穀粟　360－6
不道　603－14，649－1・4，650－3
不法稲　360－6
不輸租　287－6
———田　282－4・5・16，283－1，284－3・5，285－3，440－6

不与解由状　182－3・4・8，338－11，345－1，346－1・16，347－5，348－11～13・16，349－6・10・14・15，350－7，353－3，359－2・6・10・11，360－2・12，386－15，468－14・16，469－7，470－13・15，474－14・16，475－4・15
——解由状目録　475－1
——赦後在任吏解由状　475－4
——状之報符　350－8，360－4
——前司解由状　257－5，302－14，350－1・3，359－13・15，471－3
不理状　627－9
巫　211－12，593－3，599－9，608－9・13・14，609－3～7
巫言　609－4
巫蠱之道　606－1
父牛　366－9
父馬　13－10
夫　14－8・9，217－6，445－5・14，459－9・10・13・14，460－2・5・6・9・10・13～16，461－2・4・16，462－5・7・12・13
夫人　593－12
布　98－10，152－10・11・16，153－3・6・8，173－16，383－4・5，384－2～4・9，443－10・12，464－8・9，478－15・16，479－1～3，484－8，486－2・3，539－9～11，540－5，551－8，562－4・9，658－7，670－3，681－13，691－10・11，692－14・15，693－15，694－14
布衣　560－4
布垣代　203－9
布薩戒本田　282－2，284－1，285－1，440－4
布施　158－9，173－9・15，174－5，175－2，177－6・7，178－3，383－15，384－1，394－3
——供養　377－10，383－15，384－7・12，385－13・15，395－4
——講師　384－2
——三宝　383－4，384－9
——調布　95－15
——法服　383－12
——料物　383－12
布幕　333－6
布袍　335－1
布剌　122－8
鳬　208－9
負債　162－1，270－14，474－3・4，475－8
負人　280－4
負殿　18－15・16
負物　630－15
負累　279－6，280－5，301－9，302－15，470－13・14
俘饗　386－1
俘囚　148－7，151－5・7・10，419－6
——見参　151－5・7・10
——田　314－13
俘虜　710－2
府解　270－3

府庫　272−10，324−13，429−6
——物　383−13·16
府司勘定公文　425−1
府陣　44−8
府庁　368−9
府用度帳　425−12
府吏　411−9
富強之家　446−3·9
——之民　446−12
富豪之輩　330−5
——之門　283−9
浮磬　197−13
浮宕　277−14，420−11
浮浪　709−6
——帳　427−1
——人帳　277−15，417−11
附子　599−16，713−2
付領　302−15
斧　215−2，506−14
普賢　197−10，198−5
敷政門　9−15·16，10−8，39−4，43−2，52−16，222−6·7·10，225−14，226−16
敷奏　16−2
敷陳　16−2
稃　210−1
符　18−10，36−9，48−7，55−1，71−1，87−5·8，120−2，121−4·5，154−15，156−13，159−5，160−1，193−1，195−7·12，201−3，227−10·12，228−11，229−8，251−12，252−12，254−2，255−15，256−10·11，257−3·4·10·11，258−10，259−1·13，260−1·8，263−9，264−11，265−14，266−7·8，267−11，269−2·11，271−10，272−7·13·14，274−14，275−12，276−16，278−9，290−6·13·16，292−3·7，299−9，303−4·10·12·15，306−13，307−12，308−8，311−13，312−9，316−11·12·14·16，317−2〜4，318−3，321−9，328−3·4，339−8，342−15，343−3·9，344−10，346−4，347−4·5，350−6，357−2〜5·15，358−10，360−2·13，367−2，368−14，369−2·14，370−6，375−14，376−5，377−1·12，380−4，381−3，387−7，392−1，394−14，395−15，397−2·7，405−6·15，406−12，407−2·10，410−5，412−6，413−3，417−15，418−2·4，422−7，425−14，426−12，427−14，428−3〜5，430−5，433−9·10，434−14，436−3，437−1，438−2，448−11，449−13，454−4，457−14，458−3·9，467−8·14，470−16，471−2·8，475−10，476−6，480−2·

4・13，494－7・11，495－15・16，501－12，502－5，503－5・11，504－7，505－2・6，507－8，508－10，509－11，510－2，512－3・15，514－6，519－15，541－9，546－8～10，547－10，548－9，549－3，551－3，552－2，554－11・14，555－7，595－5・7，597－13，605－6，613－4，634－9・11，661－1，662－4～6，663－13，665－9，667－8，670－12，691－7，709－9
符益　418－4，428－4
符書　600－3，601－6・8・10，603－10，608－9
符損　418－2・4，428－3・4，455－3
符報　22－10，507－9
蜉蝣　548－11
賦　324－13
賦役　423－16
賦詩　9－2，59－13，710－1
賦税　270－16，453－1
賦入之法　486－15
賦物　418－1
賦斂之法　486－12
賻　478－14・15，480－3
賻物　443－8，478－13・15，479－7・8・10・11・14～16，480－2・4・7・8・13～16，481－3～5・8・15
——料　481－4・5
趺　542－1
蒲萄　560－14，562－4，579－6，705－3
——染下襲　165－8
部津鏡　122－8
部内　175－1，271－1，279－7・9，299－15，301－10・12，347－12，357－13，368－10・15，374－5・7・8，375－8，380－1，383－11・14，384－9・10，392－4，396－5，488－6，494－12，585－11，611－1
武官　562－10，564－6
——補任帳　181－6
武事　577－3
武夫　709－15
誣告　669－8，670－3，679－2，680－15，683－2，687－12，688－2・4・5，689－7・12・15・16，690－1・2・4・5，691－1・2・4・5・14，692－12～14，693－4・6・10～12・15，694－1・15，695－2・3・14・15
——之法　624－8，683－7・14
——之律　687－13
——人　688－13，690－1
舞　79－14，82－4，146－1・7，165－4，167－3
舞姫　117－5，127－7・8，129－10～12・14・16，139－13，141－10・11，148－13，150－16，151－1・2

舞妓 64－10，148－11
舞人 141－11，165－3・7・8・12，166－1・5・9，167－3・5・9・11・14，168－2・9，169－5・8，170－7，594－13，546－2
――座 165－15・16，167－12，168－3
――装束 165－8，167－7，170－5
――料 165－9，166－4
舞（儛）台 61－12，62－6・13，63－6・8，64－2・11・13，139－15，147－4・10，148－1・3，149－7・9・10，150－11・14・15，151－8
舞踏 53－4，102－9，151－15，169－13，575－4
舞童 6－10
舞蹈 80－12・13
缶 650－11
風水損 31－10，492－10，493－3
風俗 6－8，63－5，518－8・9・13・15，557－9，714－5
――歌 558－12・13
風損 322－15
風流 554－4
封家 266－13・15，267－5・7，277－11，299－4
――調庸 256－8
封戸 130－9，160－7，276－6・12・16，277－1・9，291－10，299－5，300－8，337－15・16，341－5，417－16，421－3，427－3，428－7，456－3・10・11，501－5，505－13・15
――租 299－5，300－8
封事 720－13
封租 159－13，277－4・5・10，300－9・10，501－4・5
封題 649－12
封丁 276－3・13，421－6
封田 290－6，291－10
封物 70－16，340－16，385－3，413－15
封閇印記 464－3
封禄 130－9，152－12
諷誦 69－16，173－7
茯令 704－13，707－9・10，708－図
副丁 458－2～5・9・12・14
副物 266－15，484－6
復人 418－3
服 70－3，134－13，536－16，539－3・11・12，540－1・7～9・11，543－5，546－15，547－2・6，548－8・13，549－2・5～7・9，550－3，551－9・14，561－10，562－13，563－9，565－9・12，566－6・8，567－12，595－13・15，597－10，599－8，600－10，601－11，

603－11，649－10，650－5·6，654－3·4，657－2·3，674－6
服解　507－13
服侍　418－5
――帳　417－14
服色　560－14，562－6·10，565－1·2·13，566－8，579－5·7·15，593－1·8
服身之法　560－7
服制　559－9，565－15
服辨　632－12，634－15
福業　45－8
福徳　45－9
複試　371－15，372－1，373－3
箙　52－5
覆鞍　599－7
覆勘　89－9，289－3，293－12，299－10·16，392－3，393－1，396－16，397－2·5，433－5
――文　339－7
覆試　700－15
覆奏　133－9
鰒　217－8
仏　45－7，46－9，173－7～12，176－4·10，574－11，702－2
仏教　92－12
仏経　174－8，175－12，388－15，392－10
仏供机　176－10
仏形像　173－8
仏寺　521－10
仏事　170－9，560－11
仏日　382－14，607－1
仏所　521－10
仏乗　535－7
仏性　175－2
仏聖供養料　383－16
仏像　174－8，175－12，176－9，386－15，387－1，388－5·12，391－11·12，477－16
仏地　8－10
仏弟子　535－4
仏天　606－2
仏道　392－9, 535－3, 708－5
――諸王天　707－5
仏母　606－13
仏菩薩　389－3
―――像　401－5
仏法　92－2, 196－14, 197－5，379－5，597－11
仏名　173－6, 174－7, 176－1, 177－9, 178－5·12, 179－7～9·11·12·15，180－4·6·7·9·11·13
――懺悔　174－3～5·11，175－4，393－12，394－6
――大乗　175－2，394－2
祓事　219－16
祓刀　210－12
物忌　31－15，49－2·4，68－14，69－16，136－10，137－2，180－4，225－10·11·13
物節　40－6，54－3

物直 465－10
墳墓 193－6, 194－16, 195－1･3, 197－7･15
粉熒（熟） 135－4
——飯 28－15
文案 16－5･7･9, 17－16, 285－13, 441－9
文会 61－4
文官 562－11, 579－15
文刹 226－13･14, 227－5･6
文曲星 535－1
文藝 240－4
文硯 156－8
文士 244－9, 709－15
文珠会帳 430－10
———料 285－8･10
文殊師利菩薩 535－1
文書 529－9
文人 59－12･13, 60－12･15, 61－1･2･6～9･16, 62－2･5･6･10･12～15, 63－2～5･8･11･13･16, 64－1･4･8･11, 65－2･3, 67－10, 68－9, 245－12
文星 534－10
文籍 522－9
文台 9－13, 61－12, 62－13, 63－4･7, 64－5～8･14, 65－5･6, 67－11, 68－6･16, 69－1･15
——筥 63－6, 68－6･16, 69－1
文道 577－2
文武 161－6
——官 106－15, 107－7, 562－10, 581－2
——之道 67－4
——職事散官 576－2･11, 579－13
——百官人 94－8
——百寮 102－12
文簿 411－9, 436－6
文法 626－6･16
分配文 219－3
文番 18－13, 21－2･5･14･15, 22－1～3, 25－14, 572－11･12, 582－3, 611－9, 669－12
分付 257－5, 334－11, 337－16, 349－6, 353－6, 359－2, 476－13, 513－15
——受領過限 353－6
分法 625－9･12
分明付領 348－1･11
分優 495－12
聞奏 687－16, 688－8

へ

平絹 567－6
——之袍 567－8
平座 69－3
平出 224－9
平人 591－14
平張 134－11
平羅 487－14
平敷 135－14
——御座 80－14
——座 101－14

平文倚子　90－4
——大床子　51－16
平鋪　80－16
——座　44－7
平野祭　116－9，125－7
兵　58－13，217－12，247－2，628－5
兵衛陣　204－10
兵戈　486－10
兵器　270－14，335－9
兵庫　336－4
兵士　72－14，73－2・9，289－5，333－6，334－5，335－5・11～14，336－1・3，354－11，418－4，444－11・13・14，445－3・5，449－1，453－10，454－9，518－3・5
兵仗　222－4，247－3，521－8，545－3
兵部卿座次　584－13
屏　63－1
屏風　148－5，176－8，199－15，200－3
幣　71－2，74－15，75－2・5・12，76－4・6，128－14，168－4・5，188－4，191－1・6，201－4，202－1・9・12・14，203－4・5・7，204－13，206－10・16，207－4，355－3
幣案　168－2，200－2，202－8・13
——調備所　200－1
幣帛　71－16，129－5
幣物　75－7，129－7，158－9，188－14，191－1・3，200－13，201－4・7・10・12・14，202－7・12，203－2・14，204－13，205－3・5，206－6・11・12・16，207－6
——宣旨　173－2
——所　202－7
幣料　200－8，201－7
陛下　107－12，108－10，110－10，233－4，534－6
秉燭　69－4，128－2・3，151－1
瓮　123－11
瓮火　177－2
瓶　65－8
瓶子　80－7，135－7
餅　59－4，98－1・2，183－15，384－4
餅食　46－2・6
餅餤　28－15
米　58－10，100－7，118－5，210－1，281－8，297－16，298－1・2・14，307－1・2・9・10，308－12～15，309－9・11，310－1～4・7・14・16，311－1～3・5・6・8・9，323－8，365－6・7，375－7・8，382－8・13，384－4・6，410－12，414－6，597－1，612－2，638－5・8，704－11・12，717－2
別供　15－3
——幣所　188－3
別庫　120－5
別貢物　201－2
——幣　188－8

——幣物　191－1，201－5
別式　12－7，193－7，565－3，666－14
別勅　23－1·3，99－1，401－13，402－2，474－8·9，579－4，623－4·6，625－8·10·11
——賜田　291－6
——賜物　479－4
別当官（諸家）　662－3
——宣　47－12，526－11，527－13，528－8，529－3·8·11·16，530－3·7·11·15，531－6
——座　131－8，150－11
別納　156－14，434－11
——穀　511－1
——租穀　155－15·16，156－3·12·13，157－10，387－3，433－3，434－9·10
別帛　124－2～5
別放（別勅放免）　23－5
鼈　707－9·16
返勘　449－7
返却帳　406－8，425－1，431－10·12·13·15，432－7·16，433－7·10，434－4，435－10，439－11
返挙　278－7·8
返抄　158－10，160－7·11·14，251－6，252－9，253－1·4·14，254－2，255－13，256－2·9·10，257－1，258－7，259－4，260－5，261－4～6·10，262－8·11，263－5·9·15，266－16，267－2·3·6～12，268－10，271－15，272－9，273－2·13，274－8，306－3，317－10，321－16，322－1，406－8，413－10～12，418－1·10，419－10，420－1，424－11·16，425－1，426－4·7·11，427－5，428－13～16，429－6·8～11，430－13，431－4·8～13·15·16，432－1～3·9，433－9，434－4·5，435－10·11，436－2·7·9·13，438－12·16，439－8·11，660－5·9·11，665－8
返進田勘文　312－5
編戸　279－9，301－12
編附　420－13
貶考　330－11，331－6，623－8·9，661－11，662－3，663－14·16
貶降　405－12，407－13·14，408－5
貶奪　663－10，664－1·3
変革　3－16
辨官口宣　207－15
——宣下　469－14
辨座　131－8
辨少納言座　74－13·16，131－6·12，204－4
辨大夫座　125－12
辨塡　403－7，435－14，437－11
抃舞　107－13，108－11

扑躍　111－10
鞭　170－6, 215－2, 644－11･13

ほ

蒲　218－2
捕禁之徒　527－13
捕蝗　488－15･16, 489－2
捕告之律　681－6
捕首法　681－2
歩弓　334－3･5
歩卒　595－11
歩板　199－14
歩兵　247－2
――隊　334－5
脯醢　217－8
穂　146－16，332－1
補官解官案　441－9
補任　21－16，170－12，371－3･5･6･13，372－7･11･16，373－5･7，374－1･7･11，395－14，402－1･4，566－2
――帳　181－3･6･8･9
補薬　707－4
輔導　2－15
鋪設　463－3
――帳　417－5
母屋　9－10, 137－12, 176－4･6･11･14，177－10
母牛　366－5
菩薩　7－8，198－5，534－16，574－11
菩提　198－10
――樹神　45－7，46－10，702－2
――心　173－12，197－3
墓　188－2･14･16，190－13･14，191－6，192－6，193－5～7･14～16，194－4･5･7，199－10，201－2･12，202－2･12
墓所　537－11･12
――使次官　205－16
墓田　674－6
牡（馬）　363－5
牡牛　366－9
牡馬　363－5
簿　11－10，13－2，155－2，444－2
簿帳　473－5･12，474－6，696－1
方広悔過　173－15
方獄　570－1
方術　99－4
方相　211－11，217－2･3，218－15･16，219－1･7･9･10，220－11
――氏　210－14，211－1･11，214－1･4，218－3
方便　7－15
鳳　207－9，208－8
鳳扆　232－10
鳳闕之庭　4－16
鳳皇　717－5
匏　217－9, 650－6･9･11･12･14，652－2･3
俸料　3－9，259－4，405－5，411－11，414－5，436－8，665－4

俸禄　300－1，308－10，661－14
宝蓋　197－13
宝髻如来　46－4･6
——仏　46－3
宝剱　606－8
宝刹　378－14
宝蔵　7－2
宝殿　93－15
宝物　217－15
宝暦　5－5，110－12
宝籙　108－13
宝⿰鬲斤　101－8，103－10
——神祭　103－6
蓬　208－15
堋　90－8，91－3
報恩供養　46－7
報符　380－13
放火　352－11，628－12
放還　156－16，255－9，256－4，325－14，327－10，336－13，337－3，340－7･10，345－13，346－10，348－3･11，349－7･14，351－6･8･14，352－3，353－9，359－3･10，361－1，367－7，381－15，387－12･14，388－4･12･14，392－8，402－9･12･15，403－5･10･13，428－13･15，437－10，438－14，439－9･11･13，474－13，476－16，477－11･14･15，515－10
放生　46－14，47－2･11･15･16，48－1･2･4･7～9･12，527－4
——会　35－5，45－3･5，47－11
——池　47－9，48－6
——帳　416－1
——田　48－7，282－2･16，284－1，285－1，440－4
放牧　621－1～3
放免　23－1･3，475－8
奉賀　171－15
奉公　161－2
奉行　3－1，224－13･16，225－1･15，228－11，229－6･8，244－12，255－15，256－11，257－11，259－13，269－2，272－14，274－14，290－13，292－7，303－4･15，306－13，307－12，312－9，321－9，339－8，357－15，367－2，369－14，370－4･6，376－5，377－1･12，387－7，395－15，397－7，406－12，407－10，422－7，425－14，426－12，430－5，434－14，437－1，438－2，449－13，454－4，467－15，471－8，475－10，494－7，503－12，504－7，505－6，520－7･8，526－9，531－6，547－10，551－3，552－2，595－7，597－13，605－5，665－9，667－8，670－12，691－7
奉侍人　609－16
奉勅官符　464－4

——宣　531－6
——宣旨　404－7，528－2，565－2·4，621－1
奉幣　57－6，70－4，71－11·13，72－1，74－7，75－14，76－6，188－8，190－14，560－11
——読経料稲　339－14
——帛　164－10
蔀　106－2，200－7
邦典　572－15
法雨　606－6
法雲　8－3
法家　276－4，332－4，525－7
——勘文　670－15
——断　629－13
——判　626－3，627－1
法花　198－4
法華（花）会　95－9·10，373－3
——供　401－9
——三昧　196－4·12，197－11
——滅罪之寺　378－10
法科　534－1
法会（法花会）　95－13
——之場　380－14
——布施供養料　385－6
法界　198－3
法学　534－2·6，537－9
法官　244－3·6，595－6
法司　533－15
法師　48－5，178－8，180－2，198－4，375－5，380－7·12，384－15，396－5，606－15
法式　89－2，266－1，432－2，475－4·7，550－5，557－4，560－5，563－16，577－4，597－3，623－1，627－5，631－5，690－6
法術　698－9，709－15
法身　8－2，197－15
法曹　453－15
法蔵　92－13
法帝　557－5
法幢　382－14
法飯　59－3
法服　158－9，383－15，384－2·7，385－15
——布施　383－15
法門　94－14
法吏　534－1·2，537－9
法律　3－2，252－11，258－9，260－7，331－6，492－5，509－4，623－13
法侶　396－10
法輪　7－11，96－5·12，535－7
法令　405－2，427－14，446－11，635－7，689－10，691－5
烽子　444－6，453－10
棚閣　335－3，336－6
皰瘡　32－3
袍　217－9，334－9·13·16，335－1·2，541－5
袍衣　541－5·7

袍襖　541－5·7
袍襽　334－15
袍袖　541－8，550－10
袍上摺　172－6
袍色　561－10
袍幡　334－7·12
袍襴　551－7
雹駕　38－10，42－5，52－6
縫衣　540－6
縫腋　207－7，220－8
縫服　138－3
蜂田薬師　698－11
蜂比礼　122－9
豊楽　59－11
——院　129－4，179－10
——節会　129－11
豊年　98－6，112－9，487－8
豊明　79－6
——宴会装束　147－2
——賜宴　148－12
——日装束　152－6
筋　553－3，554－3·12
筋斑竹御杖　583－16
亡失之罪　619－4～6
卯杖　220－2
冡宰之臣　245－6
傍札　278－5
芒消　713－1
茅土高貴之家　130－10
防障　354－9·13
坊郷牧長帳　418－4
坊舎　534－12
坊里　445－4
房内雑徭　451－7
房徭　451－14
牓示　446－15，514－11，620－3
暴悪之使　280－3
暴君　641－2
望　88－8·13
畝　210－1
冐度　680－4·5
蝱蟲水蛭　708－3
貿易　464－6·8～10·13·14，681－15
——之罪　681－16
謀殺　107－4，110－16，112－1·16，352－15，475－16，477－10，497－16，499－16，600－3，601－6·8·9，603－11·13～15，648－13，649－3·7，650－2，655－14，667－16
——人　103－13，104－6·14，108－2·16，110－1
謀大逆　648－9，656－15，695－10，696－2
謀反　603－13，625－10·11，635－9·12，648－6·8，649－13，679－8，680－6，683－2，684－11·12，692－1·2，694－8·16，695－10
謀叛　628－8，648－11，656－15，679－8，681－6，682－1·2，685－1，689－10·14，690－7·13·14，692－1，694－7·8，695－8·10，696－3

北宮　106－12，111－10
北極　110－10
北闕　5－6，605－13
卜　75－3
卜書　99－2
卜食　71－11，75－4，131－12，132－1・14，13－6
卜筮　711－12
――占医方　711－7
卜定　87－16
――文　87－15
僕従　279－9，547－6，552－14，562－12・14・15，563－10・14，564－5，593－1・8，595－11・12
僕妾　197－8
僕隷　610－8
幞頭　557－3・7
木　201－9
木櫞　90－14
木器　506－14
木綿　123－10，126－8～10・12，190－14・15，540－5
――縵　126－13
牧　36－4～6・8，37－1，38－15・16，39－5，40－12，41－4，41－8・12，49－9・14，50－7・10・11・16，51－2～5・7・14，52－11，54－10，55－1，364－16，365－2・4・12，366－5・9・10・14・16，616－8・10・14，618－11
牧宰　261－5，266－2，270－3，272－11，275－3，294－9，303－1，305－5・12，328－14，336－6，357－11，404－9，405－4，407－5，413－12，447－2
牧人　620－6，621－4・5・8
牧地　11－6，617－3
牧田　13－9，288－6・7
――稲　288－7
牧馬　445－12，618－11
墨　63－3，100－7，310－7，534－9，560－14
墨辟　646－1・7
没官　255－3，464－5，554－16，619－2・12，625－8，679－5，720－9
――田　282－5，284－4，285－4，440－7，719－10
――田帳　440－2
没公廨　252－15，253－5・7・12・13，254－5，255－2，257－14，262－6・12・14，263－3・4・13，264－2～7・9・11・13，265－1，414－5，429－12
没郡司料　263－16
没国司郡司物　264－1
―――料　263－16
本蔭　423－15・16
――出身之階　576－10・15
本衛　619－10
本穎　282－12，386－14
本官　87－9
本貫　597－16，631－

15，662−15
本館 511−8
本願 535−6
本契 162−1·5
本郷 420−13，448−10
本国 572−5，585−12，590−6·10
本敦法 600−4，601−8
本司 129−2，279−9·11，301−12·14，364−7·10，444−14，454−1，463−2，556−8，564−12，565−9，572−11，573−10·12·15·16，578−16，579−16，615−12，633−11，661−4，671−10，687−8，688−16
本職 4−12
本所 680−1
本城 45−15
本色 157−8
本属 687−8
本陣 42−15·16，532−7
本数 387−3
本倉 304−16，322−14
本草法 600−12
本地 291−1
本朝 567−3，581−2，648−11，654−8·12·13，707−3
——律 654−12
——令 567−3
本丁 503−10
本殿 39−8，42−13·14
本稲 719−15
本犯律 473−5，474−6
本様色絹 543−8，544−5·9
凢僧 597−3·8·9
梵音 197−16
梵王 7−11
梵天 173−9，537−14
梵唄 178−10·11，197−13，374−16，382−12
盆 506−14，706−14

ま　行

ま

麻　123－10，190－14·15，203－15，220－2，276－10，484－7，485－16，486－1～3，488－7，539－9·11，540－5，548－3，704－11，705－13
麻筥　203－15
麻糸　539－9
麻服　548－2，562－15，563－11
魔宮人　537－15
秣蒭　14－2
秣米　365－6
秣料　13－9
万化　645－13
万機之政　2－11
万三千仏像　174－6
―――之宝号　174－13，393－14
万乗之尊　487－3
万物　645－8
万邦　654－15
蔓菁茹物　81－3
蘰　125－3
蘰石　62－1
幔　63－1，74－12～14·16，138－16，149－8，188－13，199－16，200－1·2，201－5·6，218－8，611－12
幔柱　73－16
幔内座　188－13
曼陀羅　176－11·14
―――花　46－9
縵頭巾　564－9·14
縵木綿　126－8
鬘木綿　124－11

み

未勘帳　436－13
未結正　475－16，477－10，478－6
未醤　375－7，384－5
未進　251－5·7·9～11，252－4·8·12，253－1·3·4·9·11·12，254－2·4·5·8·16，255－1·6·8·10·11·13·14，256－4·6，257－1·2·4·9·10·13～15，258－2·6·10，259－1，260－4·8，261－6～8·11，262－8·10·11·16，263－2·3·8·11·13，264－2·4·6·7·9·11·16，265－4·14·16，266－5·9·10·13·15，267－3·8·9·12·13，268－2·8，270－1，271－13，273－4·6·16，274－2，275－11·12，276－1，278－7·8·11，279－6，292－10·13·14，296－6，300－1·2·15，301－9，311－14，322－1，327

－9，349－6，359－2，413－13·15，414－2·3，426－7·8，429－4·6～8·11·12，437－8·10·13，477－11，502－12
——官物 278－11
——色目 267－12
——調物 253－13，254－5，263－4，264－3·5，265－1
——調庸 252－15，253－13，262－6，263－4，267－16
——物 266－9
未納 157－8，299－15，302－1·6·12·14，325－16，327－5～7·14，328－2，349－6，359－2，382－4，386－14，402－8，430－14，431－6·12，432－4·5·8，476－11·12·15，478－7，489－8·9
——虚耗 275－4
未発覚 475－16，477－10，478－6
弥陀 198－7
蜜 90－15，704－4·11
妙因医薬 45－10
妙花 7－4
妙業 606－6
妙光 198－4
妙色 7－3
妙宝女 7－5
妙法大会 95－12
民俗 514－10
民部省料 426－7
——例 282－16

む

矛 125－3
桙 217－4，220－11
無（无）位 453－8，479－3·5，522－4，562－2，563－2·3·12·13，565－12·13，577－2，591－11·12，592－1，672－8·10·11，647－1·2，689－4
——一世源氏 591－11，592－11
——皇親 479－5
——孫王 555－5·8·9，565－1·2·4，575－10
無官 423－11，456－4·7，457－15，658－3
——雑人 591－1·6
——例 657－16
無垢 7－13
無赦判 161－13，325－13，327－9，336－13，340－1·7·8，351－6，361－1，367－7·14，387－12，403－5，510－11，515－10
無主 316－13
——位田 282－16，291－12·14·15，292－1·2·6·10
——采女田 312－15
——之地 663－4
——職田 293－2，316－11，317－3
——職田地子 316－11
——田 313－4·5，317

－6
無智　717－2
無量　178－14
——寿仏
無禄　405－4
无相義　95－15
——神符　607－11
无職　279－15
——之徒　261－11
无直　292－4
无田園寺　403－10，404－2
无品　588－3·8
——親王　522－5, 558－5, 662－3
无封祝部　337－16
——之社　337－14，338－7，340－16
——小社　341－4
——神社　337－15，338－1，340－8
无文冠　134－13
无明　8－3～10

め

銘　196－6·7
名衣　197－13
名謁　180－7
名家　698－11
名義門　218－16
名札　191－5，206－9
名所　229－5
名籍札　207－5
名帳　154－15，305－7，419－7·8，476－12～14
名簿　25－3, 61－1·2, 92－11，97－4，150－5，189－5，200－14，222－4，409－5，562－10
鳴琴　20－9
明王　719－7
——旧典　595－3
明櫃　123－10
明経　10－1，242－3
明地　7－14
冥福　91－16
命婦　589－5
命婦名帳　589－3
螟螽蝥賊　488－7
滅罪之業　386－3
面縑　546－14
免官　247－1, 290－1, 623－7·9，656－11，658－8·9
免死之法　472－5
免損　322－5
綿　9－16，61－6，65－1, 97－10, 102－13·16，124－2·4·5，151－8，152－10·11·16，153－3，6·8·15，157－12·13·15·16，158－1～3·7·10，173－16，177－5，178－1·15，181－11，274－7，309－3，310－13，311－5·11，318－7·13，320－1·8·11·13·15, 321－1·3·5，335－2·5·14·15，384－2～4·9，463－6，486－3，611－12
綿衣　557－12
綿篇　5－10
綿袍　335－1
綿裲当　564－8·14

も

茂才　19－16
罔両　211－10
妄脱漏増減之罪　488－9
猛獣　701－5
孟旬　79－13
牦牛　183－16
網代（車）　555－14
目録　82－7，101－3，102－9，148－6，151－6·7·10·12，154－9·15，156－4·6·9，275－7，323－11，526－16，638－3
——帳　417－11，430－10
沐浴　58－13，713－11，714－5
籾穀　282－10
門　93－9
門掖座　132－4
門屋　478－8
門人　4－5，245－11，609－13
門籍　522－7，683－8
門族　198－12
門弟子　4－3
門徒　4－8
問者　9－7，10－5·6·12
問状　162－1，465－5
問注　668－15
問答　10－7，93－5·6
——法式　700－16

や　行

や

野　93－9

野火　478－9

野葛　599－16

野人　654－1

野鹿　708－6

薬　31－12･14，210－5～9，364－9･14，445－10，593－3，599－9，600－7･9･11･13～15，601－1･2，649－11･12，656－16，698－7･8，699－7，702－11･13，703－3･5･8･14･16，704－3･4，705－7，707－13，708－3･6，713－3･4･10，714－5

薬園　366－9，698－3･7，706－14，713－14

薬戸　698－8

薬種　708－5

薬升（斗）　707－1

薬食　704－1

薬生食　709－5

薬殿承塵椽絁幔　707－1

薬刀　707－1

薬品　445－9

薬物　99－2，698－3，704－5

籥　650－11

ゆ

油　222－6，308－6･13･14，310－7･14～16，311－1～3･6･7･9･15･16，312－4，384－5

楡　354－6･7

輸官之物　463－9

輸租　296－15，322－11

――田　282－5･12，283－2･11，284－4･5，285－4，440－7，490－10

輸地子田　282－5･6，284－4･5，285－4，316－11，440－7

輸稲　317－4

輸物　462－9

輸納　267－5，273－3･15，294－9

右衛門陣　532－6･10

右近衛陣　63－13，131－16，148－16，202－5

右陣　148－16，532－10

――官人　134－15

――小忌将監　134－15

右政　527－4

右大忌将監　134－16

右兵衛陣　64－1，202－6

有位　338－4，522－4，577－2，611－2，670－2，

671－6，672－8・9・11，689－4
有蔭　656－7・14，657－7，658－4，687－14
有官　279－15，423－11，476－2，496－6，508－15，656－4・10・14，657－15，658－3・13
――法　496－6
有拠之帳　338－15
有験之寺社　602－12
有限之法　543－16
有司　595－15，631－7，635－1，641－6
有相　8－3
有職　582－13，710－1
――之文　239－14
有勢之家　663－4・14
有損之戸　277－7
――之国　253－11，263－2，502－13
――之年　65－7，276－15，304－9，331－13，502－12
有田園之寺　403－10，404－1
有智　717－1
有徳　15－13
有犯之僧　397－16
有品　588－2・8
有封寺　401－11
――之社　337－13，338－2・7，340－16
――始祖大社　478－10
――神社　337－14，340－8，421－3
――神主　337－16
優婆塞　609－14・16
幽魂　4－16
幽霊　4－13
――善神　198－5
遊宴　135－15
遊学　3－13
遊蕩之輩　412－5
――放縦　270－11
――――之輩　270－13
遊男　164－11
遊牝　11－10，12－10・11
熊氏　568－16，569－1
熊皮　210－14，211－2・11，214－2・4
柚　90－15・16
雄黄　704－13

よ

与奪　154－2
与不勘知　401－14
――之状　401－15
輿　71－5・6，73－16，74－16，132－11，179－14
輿屋　42－14
預考　82－11・14
預政　581－2
預蔵人　117－4
余熱　10－2
用音　375－1，382－12
用水（之）家　355－8～12，356－8，358－10，361－4・6，445－6・16

用税　447－3
用途勘文　670－16
用度　379－11
――帳　425－8・9・12，428－11・12，429－3・6・8・11，438－14
用稲　509－15
羊　58－7，184－2，208－8・11，547－8，561－5，704－13
羊羔　571－5
羊蘚　183－16
羊肉　705－13
羊乳　183－14
徭　324－13，336－16，346－6・9・10，347－5・6，349－13，351－6・15，355－10，359－9，423－16，443－1・9，444－4・6，446－13，447－1・16，448－3・8・10・11，449－15，450－1・2・5・15，453－11，454－11，457－15，458－11・12・14，507－2・5
徭役　363－8，447－2，449－16，450－1，452－5，453－11，454－10
徭散帳　449－4～6・11
徭人　449－12
徭帳　324－10
徭丁　322－12・13，323－8，324－4・5，449－1，450－8・10・15
――食料　323－8
――粮　324－4
徭分稲　451－9
徭分米　450－12
徭民　447－2
徭料　450－15
庸　252－4・15・16，253－10，255－1・2・6・8・10・13・14，256－2・3・5～9・14，257－1・7，259－9・10，261－7・8・10・14～16，262－6・7，263－1，264－1・9・10，265－16，258－2，266－5・7・8・15・16，267－1・2・7・16，268－2・4・11・12・15・16，269－4・6，270－1・2・4・6・11・12，271－7・8，272－1・2・5・8・12，273－1・3・4・11・13・15・16，274－5・9，275－2・3・5・11・12，276－1・6・7，277－10・13～15，278－4・7・9・15，279－1・3，280－2，294－8・9・11・12，296－15，301－6，323－7・12・16，324－1・2，325－1，328－1・3・7・8，349－6，354－11，359－2，405－1，409－4・5・15，418－5・15・16，419－6・14，421－14・16，422－2・3，424－16，426－7，427－5・7・12，428－1・3・6・8・14，429－3・5，443－10・12，444－1・4・10，445－16，447－9，450－1，451－8，453－11，454－8，456－4，457－11，458－4・12，465－4，477－11，483－7，484－5・6・10，485－12，486－3，491－15，501－13，502－10・12・14，503－1・4・10・16，505－2，506－6，511－11，614－13，

670－2，671－6
庸作　512－9
庸帳　427－1･3
庸賃　614－3･14
庸丁　418－7，421－12，422－3，455－3･5･6
庸布　152－10～12･16，153－3･6･8･15，157－12･13，158－1･2･8，173－16，190－14
庸米　503－2
庸徭　450－1
鷹　544－13～15，545－4･6･12･16，593－5，612－6～8･10･12･14，613－1～3･6～9
鷹飼官人　544－14･15
遙授　160－4･6･11･13，161－2，404－15
――官　161－13
――国司公廨田　282－4，284－4，285－3，440－7
――人　404－16
遙点　62－13
葉畳　74－11
葉薦　74－6･7･9･15，75－5･8，165－10，167－8，199－14･16，200－4･5･9，201－10
妖言　608－5･14，696－3
妖書　608－5･7
陽　88－10
陽神　540－2，645－9
陽明門　217－3，220－13，221－図
楊　67－3
楊筥　201－8
様　331－9，335－7
様器　546－14
瑤図　108－13
腰料　124－2･3･5
腰輿　202－6，203－3
要劇田　665－4
養牛之戸　119－3
養蚕　514－10
養生之法　714－6
養性之薬　601－2
養田　451－11
養物　451－9，452－9，633－3
養母　611－8
養命之薬　601－1
鎔範　196－5
抑留　408－10

ら　行

ら

蘿葛　125－3
羅　557－3，564－10，565－1，593－1・8
羅繍　596－10
羅頭巾　564－14
螺　199－3
螺鈿鞍　593－2，598－2
螺盃　166－3，167－13
来業　535－4
癘鬼　211－1・3～5
雷公祭　130－6
雷電　707－11
雷颪　605－13
洛都　531－3
酪　183－14～16，184－2
駱駅　408－16，420－7
乱声　79－13・14
藍　445－8
藍田　708－1
濫悪　252－5・8，258－3・6・13・16，260－1・4，268－5・8，271－11・14，273－4・16，278－6，279－1・2，405－2，409－5・7
濫尾　29－6・9・10・12，30－3
闌遺馬牛　620－6・10・11
――物　619－2・4・10
――亡失物　593－7，618－12
闌畜　593－7，618－12・13，621－2・8
鸞　208－12
鸞刀　716－16

り

里（50戸）　485－4～6，508－5～7
里人　609－3
里倉　278－7
――物　402－15
里第　605－8
履　124－4・6，202－9，560－2～4・10，563－1，564－15
履虎尾　197－2
履長之賀　101－7
李　405－3・12，704－12
梨　180－12，705－3
梨子　177－3
利益　198－3，606－5
利潤　270－15
利稲　719－12・13・15，720－5
陸田　117－11，328－10・16

陸道夫 445－15，459－10，460－6
戮刑 89－6
立歌 151－4
立義 8－13，92－11・15，371－4，373－3
——者 93－2・5・6，95－14
——僧 92－12
立皇后 223－10
立皇太子 223－10
立飼牛 366－4
立春 88－7・10・12・14，89－2，173－1・4，188－2・6，200－13・14，221－1・2，631－5，647－3
立陣 204－11
立制 586－10
——宣旨 526－8
立丁 458－12・13
律 12－5・6・14・15，16－4・8・9，18－1・15，19－3，21－7，23－1・4，162－1，252－4，258－2・15，259－10，261－16，296－10，336－2，353－10，407－13，423－11，431－16，465－15，466－7・8，468－7，469－5～7，472－3，473－11・14，493－16，496－16，497－9，498－16，499－9，500－2，508－16，520－1，521－2・7・8，522－4，555－4，556－13・14，572－6，573－11・15，578－14，582－10，589－13，599－12・13，604－3，614－14，619－13，623－4・11，625－8・9・11・14・15，627－15，630－2，635－10・11，636－10・11，644－13，647－7，655－5・9・10・13～16，657－16，658－1・3・10・13・14，668－14，669－8・16，371－11，672－1・2，674－15，680－14，681－2・3・5・10・13，682－4・5，683－15，684－10，692－1，693－3・8，694－16，695－10・15・16，696－2，699－16
律庫 535－5
律宗僧 395－8
律条 242－16，252－11，258－9，260－7，268－11，272－1，279－16，296－9，408－10，412－11，467－12，470－2，554－15，555－5，611－2，662－5，693－1
律令 19－3・9，190－8，197－5，247－5，249－8・9・11・12，427－11，525－9，534－3・6，625－16，669－5
律暦 711－6
栗 177－3，513－8，704－12，705－3
栗毛 48－13
流（罪・刑） 18－15，23－2，89－3・8・10，242－15・16，247－1，455－13，488－9，494－2，497－2・8～10・14・15，499－2・8・10・14・15，503－8・9，565－3，591－2～4，599－12～14，604－

3，623－5，624－7・10～15，625－1・4・5，630－4・5・16，631－6，645－4・5・7・10，647－5～8・10，655－9・10・13～15，656－1～6・8～12，657－5～7・9・11・15・16，658－1～4・8・10・11，660－6・15・16，667－1・13，668－5・11・14，671－5・16，672－2～6・8・15，674－2，681－1・2・7・9・10，682－2・5，683－5，684－2・3・11，691－13，693－4・10・11，694－3・5・14
流移人　584－14，585－4
流記　397－15
流死　419－3・4，472－3，503－1・4
――調庸物　328－8
――百姓　328－6，503－1・4
流因　691－16
流人　418－3，584－14，645－7
流損　291－4
流徒加杖法　693－10・11，694－4
流配　656－7
流百姓口分田　328－3
留役　443－10～12，447－5
留落　253－11，263－2
柳　354－6
柳色下襲　165－8
騮　211－15
龍　197－3，207－9，208－8・10・12，232－10
龍花之初会　96－12
龍顔　240－10，241－6
龍駒　60－8
龍光　5－12
龍鬚　197－3
龍象　95－14，198－2
龍門　716－11
龍楼　4－16
膂力之士　6－7，9－5
――婦女　451－14，454－11
――婦女田　282－3・4，284－2・3，285－2・3，314－2，316－10，440－5・6
閭里犯法　689－2
両面端畳　129－10
寮印（主計寮）　427－10
寮家儲物（典薬寮）　706－16
寮官　267－2，431－2
寮庫　217－4
寮司　586－14
寮中雑用料　719－12
寮吏　420－2
梁（国名）　647－16
梁　46－16，47－1・4
粱　329－16
陵　187－12，188－1・8・16，189－1，190－5・9・11・14，191－5・6，193－5・6・13，195－12，199－10，200－16，201－1・10，202－1・12・14，204－16，205－1～3・6，206－11・16

陵戸　189－8～10, 190－4･7, 193－7･11, 195－11･15, 206－5･6, 418－3, 428－3, 453－9, 578－14･15
陵子帳　417－12
陵墓預人　191－2, 201－16
獵衣　551－8, 553－3
獵使　139－9
療疾　698－9, 700－1, 704－6
療病（法）　697－1･2, 702－7
――合薬之術　701－3
料紙　100－7
料稲　324－9, 509－9
料帛　217－4
料物　46－14, 48－10, 165－9, 181－11, 345－12, 347－8･16, 348－6, 350－6･8･13, 353－7, 360－4, 386－3, 387－14, 389－4, 403－10
料餅　97－16
料米　95－15, 96－13, 159－2
粮　159－15, 286－11･12･14, 344－9･10･12･13, 379－8, 410－4, 508－2･7･14
粮食　325－1
粮賃　465－10
粮稲　324－6
粮米　121－13, 425－2
粮料　286－9･13
良（民）　418－5, 579－1, 599－14, 684－10, 695－16
良医　713－5
良宰　344－1
良人　579－1, 680－1･5, 685－3, 689－12, 690－11
良田　283－9, 294－2
良二千石　495－14
良牧　492－15, 493－13
良吏　489－2, 495－2, 516－5, 627－1
諒闇　133－6, 172－14, 179－7, 180－7, 219－11, 448－4, 567－4･6･9
綾　129－9, 165－6･14, 167－5･10, 179－16, 548－9, 549－4, 550－3, 551－8, 552－5, 557－1, 558－3, 561－13, 564－10, 593－1･8, 594－8, 595－1･11･12, 596－2
綾綺殿　15－6, 43－2, 48－16
綾毯代　165－6･14, 167－5･10
綾羅　548－9, 549－4, 564－10, 593－1･8, 594－8, 595－1･11･12, 596－2
領巾　124－6
――紗　124－4
領作　278－5
領帥　289－8
領送　3－9
力営　516－8
力役　451－15･16

力者　495－2，516－8
力田之輩　305－5
緑端畳　165－15，176－7
林　513－8･9･11
臨幸　557－6
臨時行事　129－2
——競馬勝物　97－12
——差役　484－8
——祭　166－10，168－11，169－16
——祭装束　170－3
——雑事　539－2･4
——之行列　577－16
——召物　270－3
——申請　160－8･14
——宣旨　518－7，530－3，532－12，533－9，662－13，688－16，690－3，691－3
——大祀　246－15
——度者　375－15
——別勅　532－12
釐務　3－9
綸言　223－7，229－3，555－7，577－5
綸旨　51－11，495－11，544－4
綸綍　561－10
輪轤轂　555－16
霖霪　488－7･11
麟　207－9，208－8･12，209－12
隣保　512－12

る

累騎　571－1，575－2
羸老扶杖之輩　556－8，583－1･16

れ

令　12－5･15，16－9･10，19－3，85－2，88－13，89－1，146－8，152－14，208－2，227－9･11，229－2，255－13，256－16，277－7，287－13，293－11，297－10･14･15，298－1～3，334－4･5，335－8，391－9，392－15，417－2，424－3，441－2，447－5，455－12，460－1，465－4，474－4，479－5，483－11，484－7，486－1･3，488－7，491－4，513－13，514－5，524－9，525－4，543－4，549－13，561－7，565－3･13，567－3･13，572－7，574－9，579－16，582－2･10，588－7，589－1･5，600－9，601－1，625－9，627－7，647－4，649－4･11，654－2，659－9，663－5，666－14，668－12，673－1･15，674－15，683－9，692－16，693－1，697－10，701－9
令旨　541－5，577－5
令条　89－2，153－10，270－2，276－7，297－10･14，299－14，366－4，418－7，426－5，444－4･7･10，445－6･7･9，446－4･10，453－15，461－5，511－16，

512－4，513－11，520－16，527－7，561－6·10，631－5，663－2，691－1
令文　230－10·11，248－14，335－13，336－1，474－10，565－12，584－11，664－8
令例　586－10
冷泉院　180－4
例益　481－6·11
例減　591－6
例交易雑物　433－3
例進　306－5，307－1·3～9，317－11，436－2
——塩　307－2·7·10
——外地子稲　307－1·2·11，308－5
——外稲　308－7
——雑物　256－7
——雑物勘文　312－4
——図籍　426－6
——地子雑物　308－11
——内乗塩　307－1
——内地子稲　327－9
例損　418－5·11，419－3，504－2
——戸　418－14，483－2，501－3·7·14，504－10
——戸率　483－2，501－3
例用　304－8，306－9，307－9，308－2
——位禄　304－8
——王禄　304－8
例料（例修理料）　477－16
礼　146－1
礼器　341－10
礼儀　522－7·10，524－11·13·16，525－1·2·4·6·10～12·14
礼教　518－9，640－11
礼讃　46－11
礼懺　394－2
——之法　174－12，393－13
礼節　684－8
礼拝　392－1，401－5
——仏名　175－11
礼盤　176－11，178－9·11·12·14
礼服　557－3，564－6·7·13，579－5·14
——装束法　172－5
礼仏　398－4
——仏名　178－14
礼法　590－14
醴酒　209－1
鈴　76－1，123－10，131－15，231－7·8，232－3～6，507－7·8
鈴印　16－3
鈴数　191－1
霊祇　103－3
霊魂　5－11
霊座　6－2
霊符　109－11
驪騵　67－3
黎庶　46－13
黎甿　174－15
歴任　461－2·12，658－8·9，674－4
暦　98－16，99－5·6·8·10·11·15·16，100－4·5·11～13·15，102－7，103

－4，105－10･12･14，106－5，112－12
暦家　99－11･14，106－7
暦術　105－11，106－3
暦数　99－7･9，101－9，105－15，456－8，697－3
暦道　68－15
暦法　99－4
暦本　99－2･3，100－5･8
歴名　62－13，75－3，132－14，143－2，154－11･12，156－3，158－13･15，181－4，189－1，216－10，299－13，405－1，720－5
――札　202－1
――帳　584－4
櫪　51－3，52－2
櫪飼　522－14
櫟（くぬぎ）　562－3
列見（れけん）　24－7，25－8，26－2，27－3，31－1，32－4，308－6，311－16，476－13
列国　601－3
列星　707－11
――精　708－5
茢　211－11･12
奩　177－6，179－1
連（むらじ）　118－6，355－1，496－13，498－12
連坐　252－7，258－5･14，260－3，268－7，271－13，523－9，667－3，682－4･6，692－4
連着総鞦　522－16
連判之官　533－8･11
蓮座　94－16，199－6
簾　37－10，41－16，43－11･12，129－8，135－10･11，136－1･10，137－2･3･8～10･13･16，140－9，165－6･9，168－14，176－5･7，177－5，178－1･3･15，179－3･12･13，238－8，558－3
簾席　716－13
練染　201－3
練道之人　259－3
輦　137－10･11

ろ

呂　650－12
魯（国名）　198－1
盧思道　137－12
路次　13－10，72－16，408－16，410－9，411－11，412－7，420－7，492－3
――国　3－10，14－2･8，382－8
――之駅　413－5
路粮　20－2
露蜂房　714－7
驢乳　184－2
鹵簿陣　541－14
弄法舞文之誡　640－9
牢籠　160－7
臈　400－13
臈次　15－2
郎（名）　38－15･16，39

－5，40－12，50－16，52－11，54－10
浪人　277－13，279－14・16，295－13，305－5，420－10，462－8，504－5
漏剋　199－3，697－7
瀧口　177－3・13，179－4
狼　701－5
楼閣　335－3
臘月
老（六十一歳以上）　422－10
老者　423－15
老残　424－6
——帳　417－12
老少　416－14
老人星　103－4・5・10，110－9・14
老丁　418－5，423－2・3，447－16
——帳　417－11
籠　184－6
籠頭　598－4
——料布　71－16
櫳人　38－9・12・16，40－8・9，52－6・8・12，54－7
六夏　369－11・13・14，370－2・4
六官　500－10
六議　246－16，535－3，565－3・5，573－15，603－16，643－1・5・6・8，655－11，666－15・16，671－16，672－7・10
六宮　543－4
六藝　711－5，718－13
六月禊　32－4
六月月次祭　73－1・8
六月神今食　133－13
六合　70－7
六根　174－12，393－13
六斉日　378－12
六時　196－10
六尺大盤　147－4
六情　173－10・11
六世王　423－16，457－2
六贓　20－16
六地　7－16，8－6
——菩薩　7－5
六道　173－12
六念　179－2
六蠻　15－12
六味　704－3
禄　8－13・15，9－3・15・16，10－8，20－2，21－8・11・12，23－6，31－1，45－2，61－3・8・11，80－11，98－10，142－13・15，143－3，151－8，152－2，153－11，154－2・13・16，155－1・4，156－9，167－16，288－13，308－6，311－16，574－4，583－12，602－11・12，603－8，633－13，661－4，671－10・13
禄案　147－10
禄位　466－12
禄主　162－7
禄所　151－12
禄台　148－6，151－7，

152－1
禄物　63－8，80－11・12，98－9，154－15・16，179－2・3，660－10・16，661－1
――価法　157－12
禄法　146－15，148－7，574－1，580－11
禄綿　65－1，97－10
禄目録　65－1
鹿　208－12，209－5，210－2，561－6
鹿耳　713－2
論義　9－7，10－1・6・7
――注記　93－5
論議　8－12・14・16
論告　684－12
論奏　89－9，223－5，227－11～13，247－5・7・8，248－14，249－6・13
論定（稲）　323－11

わ　行

わ

倭歌　179－13
倭琴　80－3·6，135－15，179－15
倭舞　151－4
倭文　71－16，190－14·15
窪手　133－15
和衣　540－4
和歌　536－14，543－15
和雇　350－16
和市　466－5
――法　330－14
和尚　395－14
和買　48－1
和誘　464－8·9，473－4
――法　464－8·9
穢　202－15，540－2
椀　706－14

あとがき

いささか煩わしいが、この索引の成り立ちについて記しておきたい。

かつて、私が東京学芸大学に在職中、課外ゼミとして「平安遺文ゼミ」なるものを主宰していた。学部と大学院の学生合わせて10人前後の集まりで、1967年から79年までの12年間続いた。

「平安遺文」を読んで行くうえで、諸種の史料を参照したが、そのひとつに「政事要略」があった。細かい経緯については記憶しないが、「政事要略」の索引を作ろうということになった。各自およその分担を決めて読み進みながら、必要項目をカードに採録していった。

約6年を経て採録を終えたが、この仕事に携わったのは、後記の如く私を含めて13人であった。就中、中心となって尽力してくれたのは、山田安利・苗代田敏明の両氏であった。両氏の働きがなければ、この仕事の完成は覚束なかったと思う。

こうして原稿が整い、いざ出版という段になって予期せぬことが起こった。某出版社から同類の書が刊行されたのである。やむなく私たちの原稿はお蔵入りとなってしまった。

以来、原稿は私の手許に置かれたまま四半世紀をへたが、このたび同成社が本索引の重要性を認め、陽の目を見ることになった。そこで、旧稿の再点検をメンバーの1人であった苗代田氏に依頼し、かく出版にこぎつけた次第である。往時を思い、うたた感慨なきを得ない。

2006年10月

編者

＜索引作りに携わった者＞

阿波連依子	阿部　猛	石黒洋子	小野久志
甲藤進一	内藤千明	中里裕司	中島智恵子
苗代田敏明	深井　薫	真庭一郎	三木潤子
山田安利			

詳細《しょうさい》　政事要略索引《せいじようりゃくさくいん》

■編者略歴■

阿部　猛（あべ　たけし）

1927年　山形県に生まれる

1951年　東京文理科大学史学科卒業。北海道教育大学、東京学芸大学、帝京大学に勤務。

現　在　東京学芸大学名誉教授、文学博士。

主要著書　『日本荘園成立史の研究』（雄山閣、1960）、『律令国家解体過程の研究』（新生社、1966）、『中世日本荘園史の研究』（新生社、1967）、『尾張国解文の研究』（新生社、1971）、『日本荘園史』（新生社、1972）、『中世日本社会史の研究』（新生社、1980）、『平安前期政治史の研究 新訂版』（高科書店、1990）、『日本古代官職辞典』（高科書店、1995）、『北山抄注解　巻十吏途指南』（東京堂出版、1996）、『荘園史用語辞典』（東京堂出版、1997）、『古文書・古記録語辞典』（東京堂出版、2005）、『日本荘園史の研究』（同成社、2005）、その他

2007年4月20日　発行

編　者　阿　部　　猛

発行者　山　脇　洋　亮

印　刷　三美印刷（株）

発行所　東京都千代田区飯田橋 4-4-8 東京中央ビル内　㈱同成社

TEL 03-3239-1467 振替 00140-0-20618

ISBN978-4-88621-382-2 C3021